健康养老专业系列教材

老年服务礼仪与沟通

主　编　陶　娟　张　玲　周美晨
副主编　李火把　陈玉飞　罗清平　刘　静

复旦大学出版社

本书编委（按拼音顺序排列）

陈玉飞（安徽卫生健康职业学院）
冯景景（安徽城市管理职业学院）
胡文茜（安徽城市管理职业学院）
江文娟（安徽城市管理职业学院）
李火把（安徽城市管理职业学院）
刘　静（山东医学高等专科学校）
刘　军（淮北职业技术学院）
刘　蕾（安徽城市管理职业学院）
罗清平（长沙民政职业技术学院）
陶　娟（安徽城市管理职业学院）
徐心瑶（安徽城市管理职业学院）
张　玲（安徽城市管理职业学院）
周美晨（中康养（安徽）健康产业发展有限公司）

健康养老专业系列教材编委会

学术顾问 吴玉韶（复旦大学）
编委会主任 李　斌（长沙民政职业技术学院）

编　　委
唐四元（中南大学湘雅护理学院）
张永彬（复旦大学出版社）
黄岩松（长沙民政职业技术学院）
范　军（上海开放大学）
田奇恒（重庆城市管理职业学院）
杨爱萍（江苏经贸职业技术学院）
朱晓卓（宁波卫生职业技术学院）
罗清平（长沙民政职业技术学院）
王　婷（北京劳动保障职业学院）
高　华（广州卫生职业技术学院）
张国芝（北京青年政治学院）
陶　娟（安徽城市管理职业学院）
李海芸（徐州幼儿师范高等专科学校）
王　芳（咸宁职业技术学院）
罗　欣（湖北幼儿师范高等专科学校）
刘书莲（洛阳职业技术学院）
张伟伟（聊城职业技术学院）
朱建宝（复旦大学出版社）

石晓燕（江苏省社会福利协会）
郭明磊（泰康医疗管理有限公司）
邱美玲（上海九如城企业（集团）有限公司）
丁　勇（上海爱照护医疗科技有限公司）
关延斌（杭州暖心窝科技发展有限公司）
刘长松（上海福爱驿站养老服务集团有限公司）
李传福（上海瑞福养老服务中心）
谭美花（湖南康乃馨养老产业投资置业有限公司）
马德林（保利嘉善银福苑颐养中心）
曾理想（湖南普亲养老机构运营管理有限公司）

编委会秘书 张彦珺（复旦大学出版社）

前言

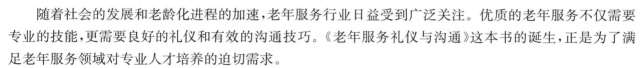

Preface

随着社会的发展和老龄化进程的加速,老年服务行业日益受到广泛关注。优质的老年服务不仅需要专业的技能,更需要良好的礼仪和有效的沟通技巧。《老年服务礼仪与沟通》这本书的诞生,正是为了满足老年服务领域对专业人才培养的迫切需求。

本教材内容丰富,涵盖了八个项目,从认知老年服务礼仪开始,逐步深入到养老服务从业人员基础礼仪、社交礼仪、岗位礼仪等方面,全面系统地介绍了老年服务中的各种礼仪规范。同时,还深入探讨了沟通原理、团队沟通、与老年人及其家属的沟通,以及特殊情况沟通等重要内容,为老年服务从业人员提供了切实可行的沟通技巧和方法。

本教材具有以下几个显著特点:

首先,结构清晰,内容丰富。教材中每个项目都配有导学图,让读者能够一目了然地了解该项目的主要内容和学习重点。同时,教学目标明确,知识储备丰富,通过情境案例引入,使读者能够更好地理解和掌握相关知识。拓展知识部分则进一步拓宽了读者的视野,丰富了知识内涵。课后练习形式多样,包括单选、多选、判断、案例分析和能力训练等,有助于读者巩固所学知识,提高实际应用能力。

其次,注重实践,实用性强。教材中的内容紧密结合老年服务实际工作,涵盖了老年服务中的各种场景和情况。无论是礼仪规范,还是沟通技巧,都具有很强的可操作性,能够帮助老年服务从业人员在实际工作中更好地为老年人服务。

最后,与时俱进,适应时代需求。随着社会的不断发展和进步,老年服务行业也在不断变化和创新。本教材充分考虑到了这一点,在内容上融入了最新的老年服务理念和方法,使读者能够紧跟时代步伐,不断提升自己的专业素养。

本教材由安徽城市管理职业学院的陶娟、张玲,长沙民政职业技术学院罗清平提出编写思路,并负责最终审稿、统稿;安徽城市管理职业学院刘蕾负责项目一的编写;淮北职业技术学院刘军负责项目二的编写;安徽城市管理职业学院陶娟、冯景景负责项目三的编写;中康养(安徽)健康产业发展有限公司周美晨、安徽城市管理职业学院张玲负责项目四的编写;安徽卫生健康职业学院陈玉飞、安徽城市管理职业学院张玲负责项目五的编写;安徽城市管理职业学院徐心瑶负责项目六的编写;安徽城市管理职业学院胡文茜、山东医学高等专科学校刘静负责项目七的编写;安徽城市管理职业学院李火把负责项目八的编写;安徽城市管理职业学院江文娟、长沙民政职业技术学院罗清平负责教材案例及部分资源的制作。上海九如城企业(集团)有限公司、安徽静安健康产业发展股份有限公司的专业人士也为本书的编写提供了宝贵的参考意见以及资源支持。这些编写者们结合自己的专业知识和实践经验,精心打造了各个项目的内容,确保了教材的专业性和实用性。

本教材是安徽省高等学校提质培优项目"智慧健康养老服务与管理专业群建设"(项目编号:TZ2021-ZYQ001)、健康养老创新教学团队(项目编号:TZ2021-CXTD003),安徽省质量工程项目"智慧健康养老服务与管理专业资源库"(项目编号:2022jxzyk002),安徽省2022年高校学科(专业)拔尖人才学术资助项目、高校优秀青年骨干人才国内访学研修项目，安徽省高水平专业群"智慧健康养老服务与管理"建设项目，安徽省职业院校智慧康养产业学院项目的阶段性成果。

衷心期望这本教材能够在老年服务领域发挥积极的引领作用，助力培养出更多专业素养高、服务意识强的优秀人才，为推动老年服务行业的发展贡献力量。让我们携手共进，以礼仪之美、沟通之善，为老年人的晚年生活描绘出更加绚丽多彩的画卷。

编　者

2024 年 12 月

目 录
Contents

项目一　认知礼仪与老年服务礼仪 ... 001
　　任务1　认知礼仪 ... 001
　　任务2　认知老年服务礼仪 ... 004

项目二　老年服务从业人员基础礼仪 ... 010
　　任务1　打造老年服务职业形象 ... 010
　　任务2　注重老年服务举止仪态 ... 018
　　任务3　规范老年服务礼貌用语 ... 030

项目三　老年服务从业人员社交礼仪 ... 035
　　任务1　注重日常交往 ... 035
　　任务2　拜访重要客户 ... 047
　　任务3　接待重要来宾 ... 052

项目四　老年服务从业人员岗位工作礼仪 ... 057
　　任务1　保持良好的工作环境 ... 057
　　任务2　遵守照护操作中的礼仪规范 ... 061
　　任务3　坚持活动开展的礼仪规范 ... 069

项目五　沟通原理 ... 075
　　任务1　认知沟通原理 ... 075
　　任务2　熟悉沟通原则 ... 083
　　任务3　消除沟通障碍 ... 089
　　任务4　掌握沟通技巧 ... 095

项目六　老年服务从业人员团队沟通 ... 103

任务 1　与上级沟通 ... 103
任务 2　与下级沟通 ... 111
任务 3　与平级沟通 ... 120
任务 4　跨专业团队沟通 ... 129

项目七　老年服务从业人员与老年人及其家属的沟通 ... 136

任务 1　与不同老年人群的沟通 ... 136
任务 2　与老年人家属的沟通 ... 147

项目八　特殊情况沟通技巧 ... 157

任务 1　处理突发事件 ... 157
任务 2　正确应对纠纷与投诉 ... 166

主要参考文献 ... 175

项目一 认知礼仪与老年服务礼仪

项目导学图

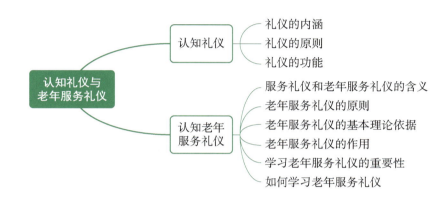

任务 1 认知礼仪

情境案例

一天,老师带领智慧健康养老服务与管理专业的同学们前往一个较大的养老集团应聘。出发前,老师告诉同学们,这家集团的总经理是他大学同学,而且这次想多招几名实习生。同学们一听都很高兴,感觉沾老师的光,结果一定会不错的。到了集团,工作人员照顾得特别周到,为每位同学倒水,同学们大多坦然接受服务,没有半分客气。在交流过程中,总经理临时有事需要处理,不断向同学们表示歉意,但没有人应声。交流结束,工作人员送来纪念品,总经理亲手递送,同学们大都伸着手随意接过。只有一位同学起身,双手接过,客气地说了声"谢谢,您辛苦了"。最后,只有这位同学收到了集团的实习录用通知。有同学很疑惑,甚至不服气:"他成绩并没有我好,凭什么录取了他而没录取我?"老师叹气说:"我给你们创造了机会,是你们自己丢失了呀。"

思考:请结合案例分析这些同学失去机会的原因。

学习目标

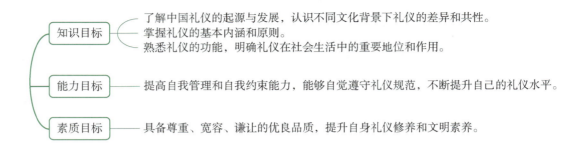

- **知识目标**
  - 了解中国礼仪的起源与发展,认识不同文化背景下礼仪的差异和共性。
  - 掌握礼仪的基本内涵和原则。
  - 熟悉礼仪的功能,明确礼仪在社会生活中的重要地位和作用。
- **能力目标** —— 提高自我管理和自我约束能力,能够自觉遵守礼仪规范,不断提升自己的礼仪水平。
- **素质目标** —— 具备尊重、宽容、谦让的优良品质,提升自身礼仪修养和文明素养。

知识储备

知识点一:礼仪的内涵

1. 礼、礼貌、礼节与礼仪

拓展阅读
中国古代的"五礼"

《辞源》中解释:"礼仪,行礼之仪式。"历史学家范文澜在《群经概论》一书中注解道:"礼仪合言,皆名为礼,分言之则礼为体,仪为履。体者立国经常之大法,所谓守其国,行其政令,无失其民者是也。履者各官司治事之细目,揖让周旋之节文,凡史官所守之史法,司马所守之司马法,大卜所掌三易之法,与夫妻礼十七篇,皆所谓履。"可见,我国古代社会礼仪的含义是十分广泛的,它是治国、育人、维系社会之根本。礼仪存在于社会的一切交往活动中,其基本形式受物质水平、历史传统、文化心态、民族习俗等众多因素的影响。

(1) 礼

拓展阅读
礼仪的起源与发展

"礼"的本意是敬神,后引申为表示敬意的通称。"礼"的含义比较丰富,它既指为表示敬意而举行的仪式,也泛指社会交往中的礼貌、礼节,是人们在长期的生活实践中约定俗成的、共同认可的行为规范。它还特指奴隶社会、封建社会中等级森严的社会规范和道德规范。在《中国礼仪大辞典》中,"礼"被定义为特定的民族、人群或国家基于客观历史传统而形成的,以确定、维护社会等级秩序为核心内容的价值观念、道德规范,以及与之相适应的典章制度和行为方式。礼的本质是"诚",有敬重、友好、谦恭、关心、体贴之意。"礼"是人际交往,乃至国际交往中相互表示尊重、亲善和友好的行为。

(2) 礼貌

"礼貌"是人们为维系社会正常生活而共同遵守的最基础的道德规范。它是人们在长期的共同生活和相互交往中逐渐形成的,并以风俗、习惯和传统等方式固定下来。在日常工作与生活中,"礼貌"表现在人们的举止、仪表、语言上,表现在服务的规范、程序上。叔本华曾说过:"礼貌之于人,犹如温暖之于蜡。"

(3) 礼节

"礼节"是人们在日常生活中,特别是在交际场合中相互问候、致意、祝愿、慰问,以及给予必要协助和照料时的惯用形式。"礼节"是对他人态度的外在表现,是礼貌在语言、行为、仪表等方面的具体规定。"礼节"往往从对他人表示敬意的仪式方面表现出来,如点头致敬、鞠躬、握手等均属于礼节。

(4) 礼仪

"礼仪"是指在人际交往中,以约定俗成的程序、方式来表现的律己敬人的行为规范或准则,涉及穿着、仪态、交往、沟通、仪式等内容。从个人修养的角度来看,"礼仪"是一个人的思想道德水平、文化修养、交际能力的外在表现;从交际的角度来看,"礼仪"是人际交往中适用的一种艺术、一种交际方式或交际方法,是人际交往中约定俗成的,给人以尊重、友好的习惯做法;从传播的角度来看,礼仪是在人际交往中进行相互沟通的技巧。

2. 礼、礼貌、礼节与礼仪之间的关系

礼是人们在社会交往中形成的行为准则，是一种社会道德规范。礼貌、礼节与礼仪都属于礼的范畴，三者之间是相互联系、相辅相成的，它们既有联系，又有区别。如果说礼貌侧重于强调个人的道德品质，那么礼节强调的就是这种品质的外在表现形式。有礼貌而不懂礼节就容易失礼，虽然对他人有尊敬、友好的心意，却不知怎样去表达，因而在与他人交往时往往会出现尴尬、紧张、手足无措等。但如果不懂礼貌，只学些表面的礼节形式，就难免会出现机械模仿、故作姿态，让人感到虚情假意。因此，讲礼貌、懂礼节应当是内在品质与外在形式的统一。礼仪的文化内涵相对较深，它侧重于在社会交往中，人们在礼遇规格、礼宾次序等方面应遵循的行为规范，多用于较大规模或较为隆重的场合。礼貌、礼节多指在交往过程中个别的行为，而礼仪则是指在社交活动中，自始至终以一定的程序、方式来表现的完整行为。一般来说，礼节产生于礼仪之前。最初的社交活动规模较小，礼节也较为简单，随着社会交往的扩大化和现代化，交往活动的频繁、深入，礼节也越来越复杂，并逐渐形成了一些约定俗成的礼节程序，礼仪就从礼节中自然而然地脱离出来。因此，礼节是礼仪的基础，礼仪是程式化的礼节。

知识点二：礼仪的原则

1. 真诚尊重原则

苏格拉底曾说："不要靠馈赠来获得一个朋友，你须贡献你诚挚的爱，学习怎样用正当的方法来赢得一个人的心。"可见在与人交往时，真诚尊重是礼仪的首要原则，只有真诚尊重，方能创造和谐愉快的人际关系。

2. 平等适度原则

在社交场上，礼仪行为总是表现为双向性。平等是人与人交往时建立情感的基础，是保持良好的人际关系的诀窍。

3. 自信自律原则

自信自律是社交场合中心理健康的一个原则，也是社交场合中可贵的心理素质。

4. 守信宽容原则

守信即讲究信誉的原则。孔子说，"民无信不立"，守信是我们中华民族的传统美德，在社交场合，尤其要讲究信用。宽容即容许别人有行动和判断的自由，对不同于自己或传统观点的见解的包容。在人际交往中，宽容的思想是创造和谐人际关系的法宝。

知识点三：礼仪的功能

礼仪是人类社会进步的产物，其功能可以从伦理学、社会学、民俗学、美学等各个角度进行诠释。当今社会，我们学习礼仪，其基本功能主要体现在以下方面。

1. 教化功能

礼仪蕴含着丰富的文化内涵，体现着社会的要求与时代的精神。礼仪潜移默化地熏陶着人们的心灵，使人们成为文明知理的公民。

2. 美化功能

礼仪讲究和谐，塑造美好形象。交谈讲究礼仪，可以更文明；举止讲究礼仪，可以更高雅；穿着讲究礼仪，可以更端庄；行为讲究礼仪，可以更美好……讲究礼仪，可使人充满魅力，给人以美的印象。

3. 沟通功能

礼仪是社交中的礼节和仪式。热情的问候、亲切的微笑、文雅的谈吐、得体的举止等，有利于扩大社会交往，提升职业能力，促进事业成功。

4. 维护和谐功能

礼仪指导人们立身处世、立身社会，使人与人之间和人与社会的关系更加和谐。学习礼仪有助于人们把握社交尺度,友好相处,达到家庭温馨、社会稳定。

一、理论测试

请扫描二维码,完成知识测试。

二、案例分析

在一家养老院中,新入职的护理员小李在照顾老年人时,总是风风火火,说话声音很大。有一次,王大爷正在休息,小李进来打扫房间,动静很大,把王大爷吵醒了。王大爷有些不悦地说:"能不能轻点,我在休息呢。"小李却不以为意地说:"这有啥,一会儿就好了。"后来,又有几次类似的情况发生,老人们对小李的意见越来越大。

思考:

(1) 小李的行为违背了哪些礼仪原则?

(2) 如果你是小李的领导,你会如何教导小李遵守礼仪原则来更好地照顾老人?

任务 2　认知老年服务礼仪

情境案例

在某养老机构中,接待人员小李迎来一位前来咨询的老年人王奶奶。小李面带微笑,微微弯腰,向王奶奶致以问候,且主动搀扶她步入接待室。在交谈过程中,小李始终保持目光温和,耐心聆听王奶奶诉说需求与担忧。在介绍机构时,小李语言清晰且礼貌,同时她为王奶奶递上一杯温水。当王奶奶提出问题时,小李皆能迅速起身,微微前倾,给予详细解答。临别,小李将王奶奶送至门口,并叮嘱其注意安全。王奶奶为小李的周到礼仪所触动,最终决定入驻这家养老机构。

思考: 小李在接待王奶奶的过程中,注意礼仪规范的意义。

学习目标

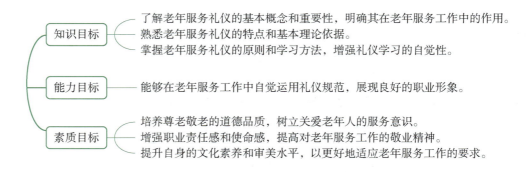

知识点一：服务礼仪和老年服务礼仪的含义

服务礼仪属于职业礼仪的一种，它是在各种服务工作中形成的，并得到共同认可的礼节和仪式，是服务人员在对客服务过程中恰当地表示对客人的尊重以及与客人进行良好沟通的技巧和方法。

老年服务礼仪是指在从事老年服务工作中普遍遵守的职业服务规范。它的主要目的是满足老年人的服务需要，让老年人享受热心和温馨的服务。老年服务礼仪是老年服务从业人员在长期的、为老年人服务过程中总结和提炼出来的，对老年服务从业人员具有重要的指导意义。它要求老年服务从业人员在工作中不仅要遵循通用礼仪的普遍规律，而且要遵从老年服务行业特有的准则和规范。

养老机构服务礼仪规范

老年服务礼仪可以分为个体服务礼仪和群体服务礼仪。个体服务礼仪主要包括两个方面。一是外在表现形式，即个人的仪表、仪态、举止、谈吐、着装等；二是内核修养，即个人的职业道德、学识水平、人文素养等。老年服务从业人员的个体服务礼仪，重点在于职业道德、工作态度、礼貌修养、心理素质等层面上，从业人员应将人文关怀体现在整个老年服务工作过程中。群体服务礼仪是指老年服务从业人员在老年服务行业中，自觉遵守群体礼仪中的行为规范和准则，即尊重老年人，尽量让其在被服务的过程中体会到宽松、和谐的氛围。

老年服务礼仪的本质

知识点二：老年服务礼仪的原则

1. 德礼一体原则

任何时代的礼仪都有其特有的道德内涵，礼仪行为与其道德内涵互为表里。德礼一体，表现为礼仪是道德的外壳，道德是礼仪的灵魂，两者缺一不可。中国传统的礼仪文化以儒家核心价值观为道德内涵。老年服务礼仪应以尊重为核心，将"老年人至上"作为服务的一项基本原则，作为老年服务行业的座右铭，也作为老年服务工作中处理问题的出发点。在老年服务工作中，从业人员对老年人的尊重，是自身良好品质和素养的体现，也是建立良好人际关系的基础，否则将是失礼甚至失职的表现。因此，老年服务从业人员要将对老年人的尊重渗透在日常生活和工作的习惯中，展示在动人的微笑、优雅的体态、清新自然的职业妆容、得体的礼貌语言和基本的人际沟通能力中。

2. 审美向善原则

礼仪具有美的属性。不论是内在的礼仪思想，即对别人的尊重，还是外在的礼仪行为，即谦虚谨慎的态度、文明礼貌的语言、优雅得体的举止、整洁规范的行为等，都是美的表现形式。老年服务礼仪秉承了礼仪一贯的对美的追求，要求从业人员在体态上"头容正""肩容平""胸容宽""背容直"，这既符合人类行为审美的规律，又观照了有益身体健康这一善的诉求，更重要的是让老年人感受到一种美的享受和服务，从而带来心灵和精神的满足。

3. 知行一致原则

我国素有"礼仪之邦"之称，从远古的典籍到今天的知识数据库里，积累了大量礼仪知识。然而，良好礼仪的养成需要依靠礼仪的践行，正如《吕氏春秋·孝行览》所说，"礼者，履此者也"。因此，老年服务从业人员在履行礼仪中，一方面要充分利用网络媒体、图书资料、广播电视等形式，全面而系统地学习老年服务礼仪以及先进的服务艺术，另一方面要将知识与品行有机地结合在一起，通过礼的践行培养良好的礼仪修养与道德品格。一边学习老年服务礼仪和服务艺术，一边逐步运用实践，坚持实践，身体力行，真正做到"诚于中而行于外，慧于心而秀于言"，并最终在实践中检验和丰富老年服务礼仪和服务艺术，用优质的服务赢得老年人的赞誉。

4. 反躬自省原则

古人强调个人要注意反躬自省,"吾日三省吾身"。学习服务礼仪和服务艺术,同样需要自我监督。在老年服务工作中,要反躬自省,发现缺点,及时改正,将学到的服务礼仪和服务艺术运用在工作中。在具体实践老年服务礼仪时,要着重解决两个问题。一是要摆正位置,以老年人满意为服务宗旨。具体来讲,应尊重老年人的宗教信仰、风俗习惯,特别注意自己是否冒犯老人们的宗教习惯和禁忌,是否保护他们的合法权益。如果遇到一些分歧,应多沟通,体谅他们的处境与困难,主动听取老年人的意见,积极配合他们,以礼相待。二是要调整心态。老年服务从业人员应具备良好的心理素质,在工作过程中做到自觉性、自制性、坚忍性和果断性四个方面的统一。处事时应沉着冷静,有条不紊;处理复杂关系时要机智、灵活、友好协作;处理老年人的不满投诉时要干脆利落,做到合情、合理、合法。

5. 和谐的原则

冯友兰先生曾说:"宇宙本来即有天然之秩序,即是一大调和,而礼乐则此秩序调和之具体例证也。"和谐是礼治秩序所形成的一种最终的形态,在老年服务过程中始终注意营造和谐氛围是广大老年服务从业人员共同追求的目标。老年服务从业人员在与老年人的交往过程中,应把握"贵和"的道德价值取向,根据自身的分工,将行为规范约束在一定的礼仪范畴中,各就其位,各尽其职,努力为老年人提供优质的服务,以融洽主客之间的关系,建立和谐的文化氛围,促进老年服务机构的可持续发展。

6. 真诚原则

在老年服务工作过程中,除了对老年人表示尊重,还要坚持真诚原则。真诚是立身之本、为人之道,老年服务工作人员在与服务对象打交道的过程中,务必待人真诚、言行一致、表里如一。只有如此,才能够更好地被服务对象理解和接受。

老年服务工作是长期的服务过程,老年服务礼仪有助于从业者与服务对象建立和谐、稳定的关系,树立良好的个人和组织形象。只有恪守真诚原则,将"真心尊重老年人,真诚服务老年人"作为开展老年服务活动的出发点和落脚点,通过长期潜移默化的影响,最终才能为个人和工作单位带来良好的声誉。

7. 从俗原则

"十里不同风,百里不同俗",礼源于俗,礼和俗之间有着密不可分的关系。由于民族、地域、年龄、文化背景的不同,人在交往时的礼俗差别就很大。老年服务从业人员对这一客观现实要有正确的认识。同时,随着年龄的增长,老年人对自己家乡的情感越来越浓。家乡的风俗习惯、礼仪文化、宗教禁忌等,在其情感中占有重要的位置。只有这种风俗习惯被尊重了,老年人才会有被尊重感,才能感受到愉悦和幸福。因此,在与老年人打交道的过程中,老年服务从业人员首先要了解并充分尊重老年人家乡的风俗习惯,开展日常工作及节假日活动须符合其习惯性做法,切勿否定老年人的习惯性做法。

知识点三:老年服务礼仪的基本理论依据

1. 马斯洛需要层次论

马斯洛是人本主义心理学家,他从人性理论出发,较早地对人的需要进行了具体的研究、分类和阐述。他在《人类动机理论》一文中首次提出了"需要层次论",将人的基本需要分为生理需要、安全需要、爱和归属需要、尊重需要和自我实现需要等五类。随后,他于《动机与人格》一书中,在第四层与第五层需要间补充了求知需要和审美需要,使之增加到七个层次。马斯洛把七种基本需要又分为高低两级。其中,生理需要、安全需要、爱和归属需要属于低级需要,又称缺失性需要,这些需要通过外部条件使人得到满足;而尊重需要、求知需要、审美需要、自我实现(存在或成长)需要属于高级需要,此类需要可以从内部得到满足,但永远不会完全得到满足。

马斯洛认为上述七种需要是按次序由低向高逐级发展的。当低一级需要获得基本满足以后,追求高一级的需要就成了驱动行为的动力。也就是说,低层次需要得不到满足,一般不会产生高层次需要。另外,他从儿童成长的角度出发,认为人的低层次需要来得较早,而高层次需要来得较晚,并提出了"优势需要"的概念。所谓"优势需要",即那些处于人的需要结构的主导地位,对人的行为积极性影响最大的需要。人在某一时刻的行为往往是由优势需要决定的,人的需要结构及优势需要的形成,是由人所处的具体的社会、生活环境条件和人的个性所决定的。因而,同一时刻不同的人往往具有不同的需要结构和优势需要。

当老年人享受服务时,他们不仅仅期望满足基本的吃住等生理需要、安全需要,还希望可以获得更多的精神和心灵上的满足。老年服务从业人员的礼仪服务,包括对老年人的一个眼神、一个微笑、一句问候、一个动作,都能温暖老年人的心窝。

2. 以人为本的思想

就老年服务礼仪而言,必须贯彻"以人为本"的服务理念。"以人为本"的价值取向在服务礼仪中最主要体现为"敬"。"敬"是礼的根本精神,敬人就是尊重人性,尊重人格,尊重人的价值。

具体地说,就是以老年人为本,贯彻"老年人第一、服务至上"的理念。对老年人利益的尊重和关爱,也就是对老年人人格、尊严的维护。它的关键在于老年服务从业人员对老年人充满人性的关怀,用爱心、耐心、细心、热心去对待每一位接受服务的老年人,让他们感受到内心的温暖以及精神的愉悦和放松。

3. 服务理论

服务理论是在服务业兴起,同时制造业技术和产品趋于同质化的背景下产生的。服务是满足他人需求的价值多赢的情感性劳动。服务的前提是为他人的利益或为某种事业而工作;服务的基础是对顾客的尊重和服从;服务的目的是提供完美的解决方案,为顾客创造价值,和谐内外关系,实现价值多赢;服务的本质是人与人之间的文化的沟通、价值的确认、情感的互动、信任的确立。老年服务礼仪的内涵与以上观点是基本一致的。值得一提的是,服务产业正在迅速地扩展和壮大,使得服务理论的研究正向管理学领域渗透发展,这也为老年服务行业的发展提供了新的前景和视角。

早在20世纪60年代,里根就提出,服务是顾客购买产品或服务时所得到的一种无形的满意结果或有形与无形结果相结合的活动。此后,大多数学者赞成服务是一种管理活动的说法。斯坦顿提出,服务是能够给消费者或者工业用户带来满足的一些可感知但无形的活动。服务管理学派奠基人之一的克里斯丁·格罗鲁斯指出服务一般是以无形的方式,在顾客和服务职员、有形资源商品或服务系统之间发生的、可以解决顾客问题的一种或一系列行为。

由此可见,服务将客人与服务提供者有机地联系起来,并且服务活动可以加强双方的沟通和联系,服务的好坏将直接关系到客人的满意度。老年服务礼仪通过从业人员为老年人服务的方式展开,通过向老年人提供有形和无形的礼仪服务,使老年人产生满意感,进而达到内心的满足和精神的愉悦,从而为老年服务机构在市场中的发展赢得良好的口碑。

知识点四:老年服务礼仪的作用

1. 提高修养

服务礼仪是修养的体现,学习服务礼仪也有利于行为主体提高自身的修养。礼仪修养是指人们为了达到一定的目的,按照礼仪规范的要求,结合自身的实际情况,在礼仪品质、意识理念等方面进行的自我修炼和自我改造。在老年服务礼仪的学习和运用过程中,老年服务从业人员通过自己的努力,把良好的礼仪规范内化为个人自觉自愿的行为,这是一个不断提高自身修养的过程。在这个过程中,老年服务从业人员会自觉克服自身不良的行为习惯,不断提高个人修养,体现自身价值。

2. 沟通情感

礼仪是一种信息,通过这种信息可以表达尊敬、友善、真诚等感情,使交往对象感到温暖。在老年服务工作的过程中,热情的问候、友善的目光、亲切的微笑、文雅的谈吐、得体的举止等恰当的礼仪,不仅可以获得老年人的好感、信任,而且可以促进沟通和交流的进展,有助于工作的开展。

3. 协调关系

老年服务从业人员在老年服务工作的过程中，少不了要与老年人进行沟通交流。在沟通过程中，礼仪承担着十分重要的润滑剂作用。老年服务礼仪除了可以使老年服务从业人员个人在沟通交流中充满自信、胸有成竹、处变不惊，还能使其艺术性地处理各种复杂关系，以便于更好地向服务对象表达自己的尊重和敬佩、友好和善意，增进彼此的了解和信任，达到升华感情的目的。

4. 塑造形象

良好的个人形象不仅是促进个人发展的基础，也是建设社会主义精神文明、构建社会主义和谐社会的重要内容。践行老年服务礼仪是老年服务从业人员塑造个人形象的重要手段。老年服务从业人员只要讲究礼仪，就容易把事情做得恰到好处，个人就可以变得充满魅力，更容易受到服务对象的欢迎。

同时，在人际交往与沟通的过程中，一个老年服务从业人员的个人形象，有时代表的就是企业形象。从团体的角度来看，老年服务礼仪是老年服务企业文化、精神的重要内容，是企业形象的主要附着点。成熟的老年服务企业都会对员工的礼仪规范提出高标准、严要求，都会把礼仪培训作为建设企业文化的重要举措，因为它是企业获得社会认可的重要标志之一。

5. 规范行为

礼仪具有规范与约束思想和行为的作用。孔子所说的"非礼勿视，非礼勿听，非礼勿言，非礼勿动"，即强调礼仪对行为的约束性。老年服务礼仪作为一种明确的行为规范，不断地支配和规范着老年服务从业人员的行为。在一切老年服务工作中，高素质的老年服务从业人员都能够自觉自愿地用它来规范、约束自己的言行，从而赢得服务对象的好感和尊重。

知识点五：学习老年服务礼仪的重要性

1. 有利于树立个人形象，建立良好的人际关系

礼仪是一个人内在素质和外在形象的具体体现，学习老年服务礼仪有利于树立良好的个人形象，能够使老年服务从业人员与老年人之间形成一种相互尊重、理解和包容的融洽关系。遵守礼仪的人懂得去遵守人际交往过程中的各种规则，从而在生活和工作中给老年人留下良好的印象，从而使老年人愿意与之交往，形成良好的人际关系。一个具有良好交往能力的人，往往更自信和自尊，在很大程度上能够避免挫折感。

2. 有利于提高人文素质

人文素质是指人们在人文方面所具备的综合品质或达到的发展程度。"人文"的重点在于如何去做人、如何与人交往，人文影响和改变着人的价值观、人生观，最终目的是教育人们做文明人。老年服务礼仪在行为美学方面指导着老年服务从业人员不断地充实和完善自我，在潜移默化中陶冶情操，塑造美好的形象。

3. 有利于提高从业人员道德水平，构建文明、和谐的社会

礼仪是一种社会规范，是社会成员在社会生活中的行为准则。作为一种非法律规范，礼仪包括道德规范、生活习俗、交往准则等。其中，道德规范具有特殊的地位和作用，因为它是从社会生活中概括、提炼出来的一种自觉的社会意识形态，是依靠社会舆论、传统习惯和个人信念来维持的。老年服务礼仪教育可以丰富老年服务从业人员的礼仪知识，并指导其在实际生活中按照礼仪规范来约束自己的行为，把内在的道德品质和外在的礼仪形式有机地统一起来，成为有较高道德素质的文明人。

老年服务礼仪是老年服务从业人员在社会和工作中保持人际关系和谐的基础。社会是不同群体的集合，群体是由众多个体汇合而成的，而个体的差异性是绝对的，如性别、年龄、贫富等。礼仪是社会交往的润滑剂和黏合剂，会使不同群体之间相互敬重、相互理解、求同存异、和谐相处。

知识点六：如何学习老年服务礼仪

1. 提高认识，用心学习

改变首先要从内心开始，内心的改变才是真正的改变。要想具备良好的老年服务礼仪，老年服务从业人员要从内心真正认识到老年服务礼仪的重要性，任何时候与老年人沟通交流，都能报以认真、投入的态度。因此，老年服务从业人员要不断对自己强调、暗示："为老年人服务是我人生中非常重要的事情，我要与老年人保持良好的沟通与人际关系，我必须培养良好的礼仪风范。"有了这种意识，技术上的学习就有了坚实的基础。

老年服务礼仪本质上是一种规范，这种规范有大家都知晓的，如要尊重老年人，遇到老年人要主动打招呼。但更多的是大家不清楚，或知之不详的，如老年人过生日时，如何为其挑选一个合心意的礼物。再如，给老年人打电话进行入户调查时，什么时间段打电话合适，每次通话以多长时间为宜，由谁先挂电话等。这些看似简单的问题，如果处理不好，就会影响服务效果。所以，一定要用心学习老年服务礼仪。

2. 锤炼技能，勤于实践

老年服务礼仪的学习是一种不同寻常的学习，它不仅仅是理论知识的学习，更需要在学习过程中做到学以致用、学用结合，将书本知识与个人行为培养、个人礼仪实践及社会实践很好地联系起来，做到知行合一，即一边学习礼仪知识，一边将所学的知识运用于实践之中。只有边学边用，学用结合，才能更好地理解老年服务礼仪的思想、要领和价值。

3. 小处入手，强化细节

老年服务礼仪规范是从细节上来规范言行举止的，只有每处细节都考虑到位，不断坚持，积小善而成大事，才能体现出良好的礼仪精神与礼仪风范。那种大大咧咧、马马虎虎的行为习惯是学习老年服务礼仪的天敌。若凡事满足于差不多，不愿从个人卫生、生活起居等具体事情上做起，是不利于提高礼仪修养的。

同步训练

一、理论测试

请扫描二维码，完成知识测试。

二、案例分析

在某社区老年服务中心组织的活动中，张爷爷请求中心服务人员小雅为他倒一杯水，小雅应允会即刻前来。然而，由于事务繁忙，小雅未能立即将水送达。当小雅把水送至张爷爷面前时，面带微笑地说道："张爷爷，非常抱歉，由于我的疏忽，耽误了给您送水，我深感歉意。"但是，张爷爷仍旧表示不满。在整个活动过程中，为弥补自身的过失，小雅每次经过张爷爷身边，都会面带微笑地询问他是否需要帮助，而张爷爷余怒未消，并未予以理会。在活动结束征求大家意见时，张爷爷要求发言，小雅认为张爷爷要投诉她，但依然微笑着说："爷爷，请允许我再次向您致以真诚的歉意，欢迎您留下宝贵意见。"然而，张爷爷却说道："我是要表扬你呢！孩子，是你的行为感动了我，下次活动我还来！"

思考：为什么张爷爷对小雅的态度发生了转变？

项目二

老年服务从业人员基础礼仪

项目导学图

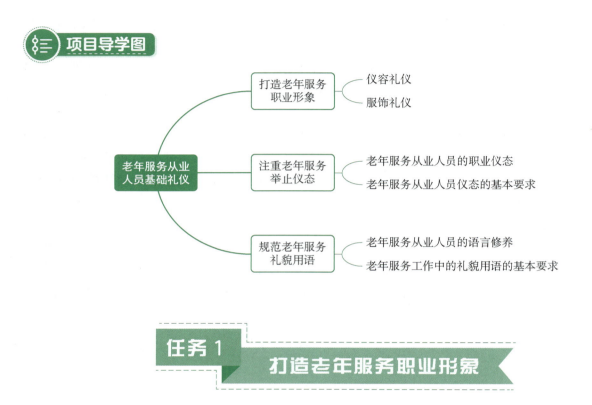

任务1 打造老年服务职业形象

情境案例

某大型养老机构因优厚的待遇吸引了众多应聘者。某校智慧健康养老服务与管理专业毕业生小林同学也加入了面试的行列,她提交的应聘材料极为出色:在大学期间,她已在各类刊物上发表了累计两万余字的作品,显示出其扎实的专业功底;同时,她还为两家机构成功策划过周年庆典,展现了其出色的策划能力和组织能力。除此之外,小林还具备流利的英语口语表达能力,为她的应聘增添了更多亮点。小林不仅才华横溢,外貌亦十分出众。她五官端正,身材高挑匀称。面试当日,小林身着一条迷你裙,上身则穿着紧身衣,她涂着鲜红的唇膏,轻盈地走向一位考官。她未经邀请便自行坐下,并跷起二郎腿,笑眯眯地等待着面试官的提问。面对此景,三位考官不禁互相交换了眼神。随后,主考官礼貌地表示:"林小姐,请您回去等待通知。"听到这句话,小林面露喜色,迅速回应:"好!"并挎起小包迅速离开了面试现场。

思考: 小林能等到通知吗?为什么?假如你是小林,你打算怎样准备这次面试?

项目二 老年服务从业人员基础礼仪

学习目标

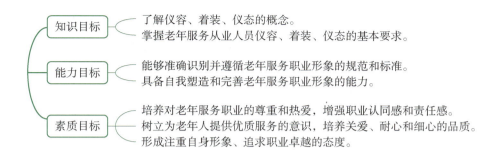

知识储备

知识点一：老年服务从业人员仪容礼仪

仪容，特指人的外观与外貌，其核心在于人的容貌。在人际交往的复杂脉络中，仪容所扮演的角色举足轻重。良好的仪容能给予他人美丽、端庄、稳重、大方的印象，这不仅展现了从业人员的自尊与自爱，更表达了对他人的尊重与礼貌。

老年服务从业人员的仪容在职业中具有独特性和专业性，与普通社交场合的仪容有着显著的区别。当老年人入住养老机构时，他们首先观察到的是服务人员的外表。适宜、得体的仪容不仅体现了服务人员的专业素养和敬业精神，也有助于营造亲切、友好的氛围，促进与老年人之间的交流与互动，进而赢得他们的信任。

老年服务从业人员职业形象的基本要求

知识点二：老年服务从业人员仪容礼仪要求

老年服务从业人员仪容礼仪要求主要涉及头发、面部、颈部、四肢等方面。

1. 头发

头发应定期清洗、修剪和护理，确保干爽、整洁、无异味、无异物，以维护良好的职业形象。建议每周清洗2—3次，油性发质可每日清洗，干性发质可适当减少清洗频率。发型应简洁大方，男性可留平头、分头，头发长度适中，不遮挡面部；女性以短发为主，长发需用发卡或发网固定于脑后，避免佩戴过于艳丽的发饰，发夹以深色为宜。工作场合避免夸张的发色和怪异的发型，见图2-1-1。

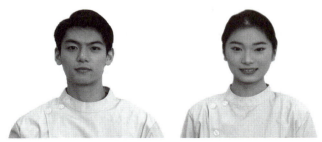

图2-1-1 男士和女士发型

2. 面部

（1）皮肤

严格遵守面部清洁规范，形成定期洗脸的习惯，确保面部皮肤始终维持清洁、清爽状态，无汗渍、油污等不洁痕迹。采取科学的方法洗脸：先以温水轻润面部，以促进毛孔张开，便于深度清洁；根据个人肤质选用适宜的洁面产品,并运用恰当的按摩技巧,以促进面部血液循环,加速污垢排出;确保清洁全面,无死角遗漏。对于男性从业人员,应经常修面,保持面部整洁、干练,不留小胡子和大鬓角,以展示专业、整洁的形象。

为确保皮肤健康,应重视日常保养工作。首先,均衡饮食,多摄入富含维生素与矿物质的水果蔬菜,以助力皮肤细胞的再生与修复。其次,维持充足的水分摄入,确保身体水分平衡,使皮肤保持水润状态。再次,根据个人皮肤性质选择合适的护肤产品至关重要。对于干性皮肤,应选用滋润型护肤品;油性皮肤则推荐使用控油型护肤品。通过科学、合理的保养措施,可以有效维护皮肤健康,使皮肤保持光滑、有弹性的状态。最后,良好的睡眠习惯对皮肤的自我修复与再生也非常重要。

(2) 五官

第一,眉毛。每日检查眉毛,确保其自然整齐,无杂乱和异物附着。对于过长或杂乱的眉毛,应在适当的时间和场所进行修剪和整理,以保持面部的整洁与和谐。

第二,眼睛。应时刻保持眼部清洁,避免分泌物和充血现象的出现。特别要注意眼部疾病的预防和治疗,确保眼部健康,避免传染给他人。在工作时,应避免佩戴墨镜或有色眼镜。

第三,鼻子。保持鼻腔清洁,避免在公众场合抠鼻孔。如确实需要清洁鼻腔,应在私密场所进行。同时,对于过长的鼻毛,也应在适当的场所进行修剪。

第四,口腔。应保持口腔清洁,无异味,牙齿洁白。建议采用"三个三"原则进行牙齿保洁,即每日三餐后三分钟内刷牙,每次刷牙不少于三分钟。此外,还应避免食用易产生异味的食物,以保持口腔的清新。

第五,耳朵。保持耳朵内外干净,无耳屎和污垢。在清洁耳朵时,应避免在公众场合进行掏耳屎、剪耳毛等行为,以保持个人形象的整洁和庄重。

(3) 化妆

化妆,作为人类追求美的一种手段,其本质不在于颠覆原有面容,而是在自然之美的基础上强化个体的独特魅力。对于老年服务从业人员而言,化妆不仅是为了维护自身的职业形象,更是为了展现他们敬业爱岗的精神,激发老年人对美好生活的向往与追求,为老年人营造出一个宁静、舒适、欣赏美、享受美的心理环境。清新淡雅的妆容能够增添老年服务从业人员形象的美感,使他们在为老年人提供服务时更显精神焕发。

① 老年服务从业人员化妆的基础要求。

第一,藏拙避短。化妆的目的是提升个人的美丽与魅力。因此,应基于个人特点进行适宜的修饰,妆容应避免过于新奇或怪异,追求自然与真实,不刻意。

第二,协调得体。化妆应与环境、场合相协调。在工作场合,妆容应淡雅;而在参加晚宴等活动时,可适当加重妆容。同时,化妆的色彩应与服装色调相搭配,保持整体的和谐统一。

第三,自然淡雅。老年服务从业人员的妆容应以表现健康为主,避免浓妆艳抹。过于浓重的妆容不仅与养老环境不协调,还可能影响老年人的心情。整体妆容应追求自然、大方、洁净、高雅,以"妆成有却无"为最高境界,即妆容自然到仿佛未加修饰,却又能明显提升个人魅力。

② 老年服务从业人员化妆的注意事项。第一,避免当众化妆,尤其是在老年人面前,应尊重老年人的感受,避免在他们面前进行化妆或补妆。第二,及时补妆。午休后或其他适当时间,应及时补妆,确保妆容的完整与美观,避免妆容残缺影响形象。第三,不评论他人妆容。在工作场所,应避免对他人的妆容进行评论或评价,以维护良好的工作氛围。

③ 老年服务从业人员化妆的方法。老年服务从业人员需熟练掌握护肤与化妆的技巧,以展现健康、自然、专业的形象。重视日常的皮肤保养是基础;下班后及时卸妆,确保皮肤得到充分的休息。化妆时,应以展现健康的肤色为主,追求美化、生动与生命力,同时保持真实、自然与朴素,避免过度浓重或夸张的妆容。

化妆程序主要包括以下七个步骤:

第一步,洁面。清洁面部是化妆前的首要步骤,目的是确保妆容更加贴合。正确的洁面方法包括使用洁面乳彻底清除面部油污,用清水冲洗干净,并用干毛巾擦干。洁面乳在脸上停留的时间不宜超过3分钟。

第二步,粉底。粉底以调整面部皮肤颜色为主要目的。上粉底时应注意:先往脸颊拍上适量的化妆水或乳液,再根据个人肤色选择合适的粉底液。用海绵均匀涂抹,确保薄厚适中。不可忽略脖颈部位,确保面部与颈部肤色协调。

第三步,眼线。画眼线能显著提升眼部神采。选择合适颜色的眼线笔,紧贴睫毛根部从内眼角向外眼角方向画。画下眼线时,应从外眼角向内眼角画。注意眼线要自然过渡,避免浓重或呆板。

第四步,眼影。眼影能增强眼部立体感。选择浅咖啡色眼影为佳,涂抹时由浅入深,层次分明,以突出眼部轮廓。

第五步,眉形。描眉时,先修除杂乱眉毛,然后逐根细描,保持立体感。描眉时需考虑性别、年龄与脸型,手法上两头淡、中间浓。

第六步,腮红。上腮红时,选择优质腮红,与唇膏或眼影色调协调。腮红与面部肤色的过渡要自然。

第七步,唇彩。涂唇彩前,先用唇线笔描出理想唇形,再涂上唇膏并去除多余部分,最后上唇彩。唇线笔颜色应略深于唇膏。

特别提醒:老年服务从业人员在工作期间禁止使用香水,以免影响对老年人异常气味的判断或造成老年人过敏。

3. 颈部

老年服务从业人员应当特别注重颈部的卫生保养,确保颈部始终保持清洁、无污垢。同时,在工作期间,为了维护专业形象及工作安全,建议将项链等装饰品隐藏于工作服内,避免其暴露于工作服之外。

4. 四肢

(1)手部卫生与护理 老年服务从业人员的手部卫生与护理是其专业素养和职业标准的重要要求,直接关系到老年人的健康与安全。手部卫生与护理既是体现老年服务从业人员良好形象的关键因素,更是保障老年人免受交叉感染风险的重要环节。

第一,洗手规范。老年服务从业人员应充分认识到手部卫生与护理的重要性,积极采取措施保持手部的清洁与卫生。在接触老年人前后、处理老年人排泄物、更换床单等关键时刻,严格执行手部清洁程序,使用合格的洗手液或消毒液进行手部消毒,并定期接受手部卫生与护理的培训与指导。同时,养老机构也应加强对从业人员手部卫生与护理的监督和管理,确保每一位从业人员都能够严格遵守相关规定和标准。

第二,指甲管理。在为老年人进行护理操作时,从业人员应避免留长指甲(图2-1-2),应定期修剪并保持清洁。建议形成"三天一修剪、每天一检查"的习惯,并持续执行。同时,避免在公共场合修剪指甲,以保持专业的职业形象。

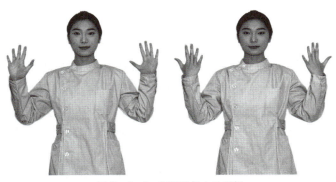

图2-1-2 老年服务人员手部

第三,装饰禁忌。为确保服务的专业性与安全性,在进行护理操作时,老年服务从业人员应避免染甲、美甲或佩戴戒指、手链等首饰，也不应在手臂上刺字或刻画。五颜六色的指甲在视觉上可能对老年人产生不良影响，与专业形象不符。

（2）腿部与脚部修饰　在老年服务行业中，腿部与脚部的修饰对于从业人员维持专业形象、保障老年人舒适度以及体现对老年人的尊重十分重要。在工作中应遵循以下规范：

第一，夏季着装规范。女性老年服务从业人员在夏季应优先选择长裤作为工作服装，避免穿着短裤或超短裙，以减少腿部的不当暴露，确保服务过程中的专业性和得体性。

第二，脚部卫生。老年服务从业人员必须保持脚部清洁与卫生，定期清洗鞋袜，防止异味产生。男性从业人员在上班期间，应严格禁止穿着短裤和拖鞋，确保整体形象的整洁与专业。

第三，正式场合着装。在正式场合，老年服务从业人员必须穿着得体，不得赤脚穿鞋，或穿着拖鞋、无跟鞋等不符合职业要求的鞋履。建议选择坡跟工作鞋，既符合职业形象要求，又能确保工作的舒适度。

第四，饰品限制。在工作期间，老年服务从业人员应避免佩戴脚链等可能分散注意力或影响专业形象的饰品。保持简洁的着装风格，有助于提升服务专注度和专业性。

知识点三：老年服务从业人员服饰礼仪

服饰即人们日常穿着的服装与佩戴的饰品的总称，是仪表的重要组成部分。《大戴礼记》载，"见人不可以不饰，不饰无貌，无貌不敬，不敬无礼，无礼不立"，这句话深刻揭示了服饰在塑造个人形象、表达敬意与礼仪方面的重要性。

在老年服务这一充满人文关怀的领域，服饰礼仪扮演着举足轻重的角色，其重要性体现在多个层面。

首先，得体的着装是专业性的直观展现。当老年服务从业人员以整齐、规范的着装出现在老年人面前时，仿佛在无声地传达着他们经过专业训练、具备专业知识与技能的信息。这能让老年人及其家属在第一时间建立起对服务人员的信任，如同为良好的服务关系搭建了一座稳固的桥梁。例如，一位穿着整洁制服、搭配专业配饰的养老护理员，相较于穿着随意的人，更容易让老年人放心，认为对方能妥善地照料自己。

其次，着装影响着老年人的感受。老年人通常更加注重细节，他们对于服务人员的着装会有着敏锐的感知。适宜的着装能够给予老年人被尊重的感觉，让他们在心理上获得极大的满足。比如，色调柔和、款式简约的服装会给人一种亲切温和的印象，使老年人在接受服务过程中感受到如家人般的关怀，从而更加积极地配合各项服务工作。

最后，着装对于营造和谐、温馨的服务环境氛围至关重要。整个老年服务场所的氛围是由众多元素共同构成的，而服务人员的着装便是其中不可或缺的一部分。统一且得体的着装能够让服务环境显得更加有序、专业，进而提升整体的服务体验，使老年人仿佛置身于一个温馨舒适的大家庭中，享受着贴心的照顾。

知识点四：老年服务从业人员着装的基本原则

1. 整洁干净

这是着装礼仪的基石。老年服务工作要求从业人员始终保持服装的整洁干净，不能有丝毫的懈怠。衣物应定期清洗，确保无污渍残留，无论是食物渍、汗渍，还是其他污渍，都要及时处理。同时，要注意熨烫平整，避免出现褶皱，哪怕是细微的褶皱也可能影响整体形象。因为老年人的视觉感受较为敏感，不整洁的着装可能会引起他们的不适，甚至产生负面印象，认为服务人员不够认真负责。

2. 舒适实用

鉴于老年服务工作的特殊性，从业人员需要频繁地进行各种身体活动，如搀扶老年人行走、帮助他们起身、弯腰，进行日常照护等。因此，着装必须以舒适实用为首要考量。选择质地柔软、透气性佳的面料是关键。如棉质面料，不仅穿着舒适，还能让皮肤自由呼吸，尤其在长时间工作时，能有效避免因衣物不透气而产生的不适感。在款式方面,裤子要有足够的宽松度,方便蹲下、弯腰等动作,而裙子的长度也应适宜,避免过长影响行动或过短显得不庄重。上衣则要合身且不妨碍手臂的伸展,确保在服务过程中能够自如活动。

3. 得体大方

老年服务工作的场景和氛围决定了着装风格应偏向得体大方。过于时尚张扬或奇装异服显然是不合适的,这会让老年人感到突兀甚至产生距离感。颜色搭配上,应以淡雅色系为主,如淡蓝色、米白色、浅灰色等,这些颜色能给人一种宁静、温和的感觉,仿佛传递着一种默默的关怀。款式上,选择简约经典的设计,例如:女性可穿着得体的衬衫搭配及膝裙或直筒裤,展现出优雅知性的气质;男性则可身着整洁的衬衫搭配西裤,彰显出稳重干练的形象。

4. 符合机构规定

老年服务机构往往会根据自身的特色和管理需求,制定特定的着装要求,包括穿着统一制服(如图2-1-3),佩戴特定标识等。从业人员必须严格遵守机构的相关规定,这不仅是为了体现团队的整体性和规范性,更是一种对机构文化的尊重和认同。统一的着装能够让老年人及其家属一眼识别出服务从业人员的身份,同时也有助于提升机构的整体形象,在社会上树立良好的口碑。

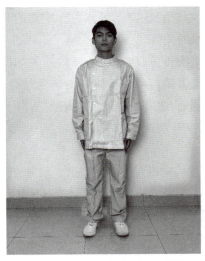 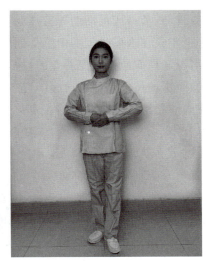

图2-1-3 某养老机构男女日常工作着装

知识点五:老年服务从业人员不同场合的着装规范

1. 日常服务场合

在日常为老年人提供生活照料、陪伴聊天等一般性服务时,着装需在保证舒适、得体的基础上,充分考虑到服务工作的便利性和老年人的感受。

对于女性从业人员而言,工作服套装是常见且实用的选择。比如,可以选择淡蓝色的衬衫搭配深蓝色的及膝裙或直筒裤。淡蓝色的衬衫给人一种清新、柔和的感觉,仿佛能带来如春日微风般的舒适与宁静,让老年人在与从业人员相处时心情更加舒畅。衬衫的材质应选用透气性良好的棉质面料,这样能帮助从业人员即使在长时间的工作中,也能保持肌肤的干爽,避免因出汗过多而产生不适感。领口可设计为简洁的小翻领,既显得精神又不会过于拘谨。袖口可以是适度的收口样式,既能防止袖口在活动时过于拖沓,又能展现出利落的感觉。

与之搭配的深蓝色及膝裙或直筒裤则在保证美观的同时,极大地满足了实用性需求。及膝裙的长度恰到好处,既不失端庄,又方便行走和蹲下等动作。例如,在帮助老年人整理衣物或捡起掉落物品时,不会因裙子过长而造成阻碍。直筒裤则更具干练感,其宽松适度的版型,让女性在搀扶老年人起身、行走或

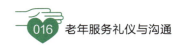

是弯腰进行一些照护操作时,能够自如地活动腿部,不会有任何束缚感。

在鞋子的选择上,一双低跟、舒适的皮鞋或平底鞋是必备的。低跟的设计确保了行走的稳定性,避免了鞋跟过高可能导致的摔倒风险,这在老年服务环境中尤为重要,毕竟保障老年人和自身的安全是首要任务。皮鞋或平底鞋的颜色宜选择与服装相协调的色系,如黑色、深棕色等,既能保持整体着装的和谐统一,又能给人一种稳重、可靠的印象。

男性从业人员在日常服务场合,通常可穿着浅蓝色或浅灰色的衬衫搭配深色西裤。浅蓝色或浅灰色的衬衫能传递出一种温和、亲切的气息,让老年人感受到平易近人的服务态度。衬衫的面料同样要注重透气性和舒适度,确保在忙碌的服务工作中能够保持舒适的体感。领口应保持平整,可适当系上一颗纽扣,展现出精神饱满的状态。袖口要干净利落,不妨碍手臂的活动,在为老年人递拿物品、协助他们进行一些简单的肢体活动时,不会因为袖口的问题而显得手忙脚乱。

搭配的深色西裤要注重版型的合身,裤腿既不能过于宽松导致拖沓,也不能过于紧身影响活动。西裤的颜色可选择深灰色、深蓝色等经典色系,这样的颜色不仅耐脏,而且能彰显出稳重、专业的形象。配上黑色或棕色的皮鞋,皮鞋要保持光亮,定期擦拭,以体现对工作的认真态度。在走动过程中,皮鞋发出的沉稳脚步声,也能给老年人一种踏实、安心的感觉。

2. 特殊活动场合

当举办老年人生日会、节日庆祝活动等特殊场合时,着装在遵循得体大方原则的基础上,可以适当增添一些节日氛围,让老年人在欢乐的氛围中感受到浓浓的关怀。

女性从业人员可以选择颜色稍鲜艳一点的衬衫,如淡粉色、浅黄色等。淡粉色如同春天绽放的花朵,给人以温馨、喜悦的感觉;浅黄色则似冬日暖阳,散发着温暖与活力。这样的颜色选择能够瞬间点亮活动现场的氛围,让老年人的心情也随之变得愉悦起来。衬衫的款式可以在简洁的基础上,增加一些精致的细节,如领口处可以有小小的蕾丝花边装饰,或者袖口上有淡淡的绣花图案,这些细节既能增添女性的柔美气质,又不会显得过于繁琐。

搭配的裙子可以是一条有少许装饰(如简单的花边或蝴蝶结)的及膝裙。及膝裙的长度依旧要考虑到行动方便,不能过长,以免在活动中绊倒,也不能过短而失了庄重。裙子上的花边或蝴蝶结装饰要恰到好处,既能体现出节日的喜庆氛围,又能展现出女性的优雅魅力。再配上一双与服装相协调的中跟鞋,中跟鞋的高度适中,让女性既能在活动中保持良好的姿态,又不会因为鞋跟过高而行动不便。同时,头发的打理也很重要,可以将头发盘起,露出优美的颈部线条,显得更加精神、利落,再搭配上一个与服装风格相符的发饰,如一朵小巧的鲜花或一个精致的发卡,进一步增添节日的喜庆氛围。

男性从业人员在特殊活动场合,可以在平时着装的基础上,添加一条颜色鲜艳的领带,如红色、金色等。红色领带象征着热情与活力,金色领带则带有一种华丽、喜庆的感觉,它们都能很好地为活动增添节日气息。领带的款式不宜过于花哨,要与整体着装相协调。例如,可以选择简洁的斜纹或平纹款式,避免过于复杂的图案和设计,以免显得过于张扬。皮鞋要擦拭得更加光亮,让整个人看起来更加精神焕发,展现出对活动的重视。此外,还可以在衬衫的袖口处佩戴一对简约的袖扣,增添一份精致感,但袖扣的样式也要简洁大方,不能过于夸张。

3. 正式会议或培训场合

参加与老年服务相关的正式会议或培训时,着装要更加正式规范,以体现出专业素养和对会议、培训活动的尊重。

女性从业人员通常应穿着职业套装,如深色的西装外套搭配白色衬衫和及膝裙,配上黑色的高跟鞋。深色的西装外套,如深灰色、深蓝色或黑色等,能给人一种庄重、严肃的感觉,展现出专业性。西装外套的版型要合身,不能过于宽松或紧身,肩部的线条要自然流畅,领口要平整,纽扣要齐全且扣好,以保证整体的整洁和规范。

白色衬衫作为内搭,要保持洁白无瑕,领口要系好,袖口要露出西装外套少许,一般露出约 1 厘米即可,这样的细节能展现出精致和专业。衬衫的材质要选择质地优良、透气性好的面料,确保在长时间的会议或培训过程中能够保持舒适。及膝裙的长度要合适,既符合职业规范,又方便行走和坐下等动作。裙子的材质也要注重质感,不能过于单薄或粗糙。

配上黑色的高跟鞋,鞋跟高度适中,一般在3—5厘米左右较为合适,既能提升女性的气质,又能保证行走的稳定性。高跟鞋的款式要简洁大方,避免过于花哨的设计,如鞋面可以是光滑的皮革材质,没有过多的装饰,这样能让整体着装更加专业、统一。头发应梳理整齐,可适当佩戴一些简约的首饰,如耳钉、项链等,但不宜过于华丽。耳钉可以选择简单的珍珠耳钉或金属耳钉,项链可以是细的金项链或银项链。这些简约的首饰能在不张扬的情况下,增添一份女性的魅力。

男性从业人员则要穿着深色的西装套装,搭配白色衬衫、领带和黑色皮鞋。深色的西装套装,如深灰色、深蓝色或黑色等,给人庄重、严肃的感觉。西装要合身,肩部、胸部、腰部等部位都要贴合身体,不能有明显的褶皱或紧绷感。领带的打法要规范,一般可采用温莎结(图2-1-4)或平结等常见打法,颜色和图案要选择简洁大方的,如纯色或简单的斜纹、平纹图案,避免过于复杂的设计,以免显得过于张扬。

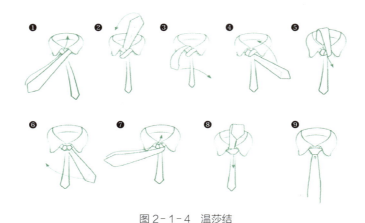

图2-1-4 温莎结

白色衬衫要保持洁白无瑕,领口要系好,袖口要露出西装外套少许,展现出专业的细节。黑色皮鞋要保持光亮,定期擦拭,鞋底要干净。头发也应梳理整齐,不能显得凌乱,这样能让整个人看起来更加专业、有素养,充分体现对正式会议或培训活动的尊重。

总之,老年服务从业人员应高度重视职业形象的塑造与维护,遵循一定的礼仪与原则,通过合理的装饰品佩戴,更好地展现个人品位与修养。这样不仅能为老年人带来愉悦的视觉享受,还能促进养老事业的健康发展。

理论测试

请扫描二维码,完成知识测试。

任务 2　注重老年服务举止仪态

情境案例

李先生是一家知名跨国养老集团的高级商务代表。在一次跨国商务谈判中,李先生代表集团与一家欧洲知名企业的高层进行会谈。会谈开始前,李先生便以他优雅的举止仪态给对方留下了深刻的印象。他准时到达会议室,穿着得体,面带微笑,与在场的每一位人员握手致意,并亲切地交流。在谈判过程中,李先生始终保持着良好的坐姿,身姿挺拔而不僵硬,显得既自信又谦逊。他聆听对方发言时,目光专注,不时点头表示理解和尊重。当轮到他发言时,言辞清晰、逻辑严密,同时配以适度的手势,增强了说服力。在谈判的关键时刻,李先生遇到了一位性格较为强势的欧洲谈判代表。面对对方的强硬态度,李先生并未失态,而是保持了冷静和礼貌。他巧妙地运用自己的举止仪态,如微微前倾身体以表示聆听,或者轻轻点头以表示理解,以此来缓和紧张的气氛。同时,他还不失时机地展现出了自己的专业素养和公司的实力,最终成功地说服了对方。经过几轮激烈的谈判,双方最终达成了合作协议。

思考: 李先生是怎样巧妙地运用举止仪态在跨国商务谈判中获得成功的?

学习目标

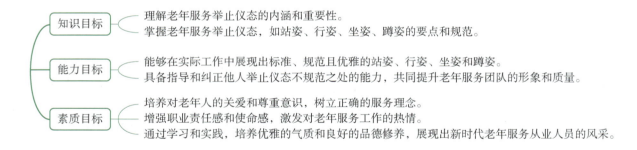

知识储备

知识点一:老年服务从业人员职业仪态

仪态,通常指一个人在特定场合下所展现出的身体姿态、动作举止以及面部表情的总和。它不仅仅是一种外在的表现,更是个人内在素质、修养和文化底蕴的外在反映。仪态涵盖了从站立、行走、坐到交流时的手势、眼神等多个方面,是人们在社交、工作、学习等各个领域所必须具备的基本素质之一。

养老工作的特殊性,要求老年服务从业人员将内心的美与外在的美融为一体,并创造出美的环境,使老年人产生美感,感受到生命与生活的美好,甚至增强他们对抗疾病与困难的信心与勇气。优雅的仪表作为传递温暖与关怀的媒介,能给予人们亲切、端庄、纯洁、文明的深刻印象。对于老年服务从业人员而言,其行为举止不仅是职业的日常表现,更是建立与老年人信任关系的桥梁,有助于养老工作的顺利进行。

这里所说的"美"的含义超越了外观的界限,它代表内在修养与外在表现的和谐统一,包括稳健的步伐、大方的风姿、轻柔的言谈、敏捷的动作,以及自然礼貌的待人之道。具体而言,老年服务从业人员的仪态在站、行、坐、蹲等方面均有所体现,应兼具文雅与健美、庄重与朝气,彰显其专业素养与对老年人的深切关怀。老年服务从业人员通过这些细致的举止,传递出对老年人的尊重与关爱,确保每位老年人在其照顾下都能感受到温暖与幸福。

知识点二:老年服务从业人员仪态的基本要求

1. 尊重他人

在老年服务工作中,老年服务从业人员在展现专业仪态的同时,必须深刻理解并尊重老年人的心理感受。在进行日常照护与操作时,特别是在递送物品的过程中,必须严格遵守安全、便利、尊重的原则。递送物品时,大部分物品应从胸前递出,以示对老年人的尊重与关怀。对于文件、名片等,应确保正面朝向对方,以方便对方查阅;对于尖利物品,如笔、刀、叉等,应将尖端朝向自己,避免直接指向老年人,确保老年人的安全,见图2-2-1。

图2-2-1 给老年人递送物品

2. 大方、得体、自然

在站姿、坐姿、行姿等方面,老年服务从业人员应利落而不失文雅、活泼而不失庄重。工作时,应保持专注而不慌乱,以确保工作的高效与安全;休息时,则应表现出轻松而不懈怠,让老年人始终感受到尊重与专业。在与老年人接触时,更应展现出礼貌而不傲慢,让老年人感受到尊重与关爱,从而建立起良好的人际关系。

3. 行为举止有分寸

老年服务从业人员的行为举止应恰到好处,既不过于夸张,也不显矫揉造作,以避免给老年人带来不适。在行为举止上,应注意情境、角色、距离三要素,即:根据不同的情境调整自己的仪态,以适应不同的工作环境与需求;明确自己的角色定位,了解自己在工作中的职责与义务;同时,保持适当的距离,既不过于亲近以免侵犯老年人的隐私,也不过于疏远以致老年人感到孤独,确保老年人在舒适与尊重中度过晚年生活,见图2-2-2。通过恰当的举止,老年服务从业人员能够展现出专业的职业素养,为老年人提供更加贴心、优质的服务。

图2-2-2 与老年人交流

知识点三:老年服务从业人员的站姿

站姿是展现静态美的直接方式。老年服务从业人员工作时常常需长时间保持站立,因此,正确的站姿不仅彰显其专业形象,更对维护身体健康至关重要。

老年服务从业人员在与老年人、老年人家属以及同事之间进行交谈、问候、安慰、询问、嘱咐等有关活动中,站姿应该体现出稳重、端庄、礼貌、挺拔、有教养,显示出静态美。这种站姿不仅是对他人的尊重,更是对自身职业形象的塑造,能够传递出优雅、从容不迫的气质,增强老年人及其家属的信任感和满意度,从而提升整体老年服务质量。

1. 站姿的方法

(1)基本站姿 两腿绷直,保持身体线条的流畅。收腹、挺胸、立腰、提臀,以展现挺拔的姿态。肩部展开,自然放松,头部正直,颈部挺直。下颌微微内收,双眼平视前方,保持目光的专注与平和。两手自然下垂,置于身体两侧,展现从容与自信。男士两脚分开,与肩同宽,展现稳健之姿;女士两脚并拢,展现优雅之态。见图2-2-3。

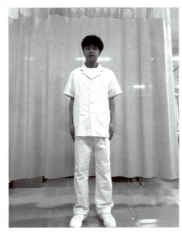

图 2-2-3　男女基本站姿

（2）丁字位站姿　在基本站姿的基础上，双脚一前一后站成"丁"字形。一只脚的脚后跟放于另一只脚内侧中间的位置，确保站立的稳定性。双膝靠拢的同时，可略微前后重叠，以保持身体平衡。头部微微侧向服务对象，以示关注与尊重。面部表情保持微笑，展现友好与亲切。见图 2-2-4。

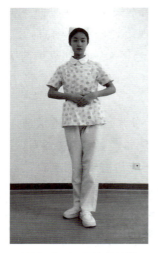
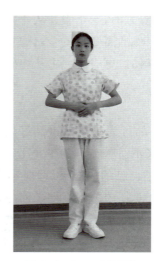

图 2-2-4　丁字位站姿　　　　图 2-2-5　V字位站姿

（3）V字位站姿　双脚跟部并拢，两脚尖张开约 10 厘米，脚尖之间呈 45 度的"V"形。确保身体重心穿过脊柱，落在两腿正中，以保持平衡与稳定。见图 2-2-5。

2. 站姿的基本要求

站立时，应把握"挺""直""高""稳"四个要点。

"挺"，即站立时要做到头平、颈直、肩夹、背挺。头要端正，双目平视，颈直背挺，表情自然，面带微笑，下颌微收。"直"，即站立时脊柱要尽量与地面保持垂直，注意收颌、挺胸、立腰、收腹、夹腿、提臀。"高"，即站立时身体重心要尽量提高，昂首提气，显出挺拔俊秀。"稳"，即两腿直立，绷紧，膝盖放松，足跟并拢，足尖分开，身体重心主要支撑于脚掌、脚弓上。也可采用"丁"字形站姿。站立时间较长时，可以一腿支撑，另一腿稍放松，保持自然随和。

3. 站姿禁忌

（1）全身歪斜不端正　应避免东倒西歪、斜肩、勾背、含胸、凸腹、撅臀、屈膝等不良姿势，以及双腿交叉或倚靠在支撑物上的懒散仪态。

（2）双脚开立与肩宽　与老年人交谈时，如需长时间站立，可采用稍息或丁字步等方式调节，但应避免双腿叉开过大。

(3) 手脚随意活动　不应做出玩弄衣带、咬手指甲等小动作,以及用脚尖乱点乱画、勾东西等不雅行为。

(4) 表现自由散漫　站立时应避免随意扶、拉、倚、靠、趴、踩、蹬、跨等不端仪态。

知识点四：老年服务从业人员的行姿

行姿,作为个人动态美的直观体现,深刻传递着个体的精神风貌与独特气质。行姿即走姿,是行走过程中自然流露的仪态,能够生动地展现个人的精神状态与个性特征。矫健的步伐,彰显精明强干与无限活力;稳重的步伐,传递沉着老练与深厚信赖;轻盈飘逸的步伐,则展现朝气蓬勃与积极向上的精神风貌。

在老年服务行业中,从业人员的行姿更是展现其专业素养与得体形象的关键环节。在接送老年人、提供照护服务等日常工作中,行走动作不可或缺。因此,正确且优雅的行走姿态至关重要。正确的行姿应如风行水上般轻快自如,既展现从业人员的专业形象与职业素养,又能为老年人及其家属带来愉悦的视觉体验,进而增进彼此间的信任与亲近感。通过行姿的塑造,老年服务从业人员不仅能够提升自身的专业形象,还能为整个服务团队带来正面的影响,共同营造温馨、和谐的养老环境。

1. 行姿的基本要求

(1) 基本体态　保持上身直立,头部端正,肩膀水平,双眼平视前方,见图2-2-6。

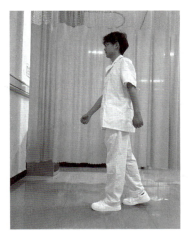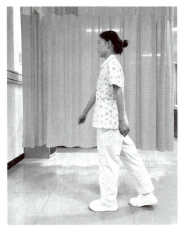

图2-2-6　男女基本行姿

(2) 行姿的细节　挺胸收腹、立腰提臀,展现活力与朝气;足尖自然向前,确保行走稳定;双臂自然摆动,维持行走的协调性和节奏感;步幅适中,通常为一脚或一脚半的长度。女士行走时,保持双脚在一条直线上,体现优雅与柔美;男士双脚保持平行,展现稳重与大方的气质。

(3) 行进速度　保持均匀、平稳的行进速度,步伐快慢适中;根据具体情况灵活调整行进速度,确保安全与舒适。

2. 不同场合的行姿

(1) 普通巡房　在巡视房间或进行操作时,应步伐轻柔、无声,轻盈稳健,展现出成熟自信的形象。

(2) 紧急情形　遇到紧急情况或听到呼救时,应保持冷静,加快步速而不慌乱。上身平稳,步伐轻盈敏捷,展现出职业老年服务从业人员镇定、敏捷、充满信心的形象。

(3) 上下楼梯　上下楼梯时,应注意礼让,单人行走,避免与他人并排。靠右侧行走,留出左侧通道,以便有紧急事务者快速通过。若为他人引领,应走在前方楼梯中间位置。上下楼梯时,注意安全,避免交谈,留心脚下。与尊者一同下楼梯时,应主动行走在前,以防身后之人有闪失。同时,与前后之人保持一定距离,以防碰撞。

（4）出入电梯　乘坐电梯时，应遵守规则，注意安全。电梯门关闭时，切勿扒门或强行挤入。电梯超载时，切勿硬挤。出入电梯应有序，按先来后到进入，由外而里依次而出。与尊长、女士、客人同乘有人管理的电梯时，应主动后进后出；若乘坐无人看管电梯，则应先进后出，主动控制电梯，为他人服务。乘坐扶梯时，可立于右侧，留出左侧作为紧急通道，顺序应上时在后，下时在前。

（5）引路　在为老年人引路时，应尽可能走在老年人左侧前方，身体半转向老年人方向，保持两步的距离。遇到上下楼梯、拐弯、进门时，应伸出左手示意，提示老年人上楼、进门等。

（6）前行转身　在前行中需要拐弯时，应在距所转方向远侧的一脚落地后，以该脚掌为轴，转过全身，然后迈出另一脚。

（7）后退　与人告别时，应先后退两三步，再转身离去。退步时，脚应轻擦地面，步幅要小，先转身后转头。

3. 行姿的禁忌

（1）方向不定　行走时，应避免忽左忽右、左摇右晃、重心不稳、瞻前顾后等不雅仪态。

（2）体位失当　行走时，不应摇头、晃肩、扭臀，以免显得轻浮不稳。

（3）左顾右盼　行走过程中，应避免左顾右盼，尤其是不应反复回头注视身后。

（4）步态不雅　应避免扭来扭去的"外八字"步和"内八字"步，这些步态既不美观也不符合职业形象。

（5）行为失当　与多人走路时，应避免勾肩搭背、奔跑蹦跳、大声喊叫等不雅行为。

（6）手部动作不当　行走时，应避免背手、插兜、抱肘、叉腰等手部动作，双手也不应插入裤袋。

知识点五：老年服务从业人员的坐姿

坐姿，即个体在就坐之后所呈现的身体姿势和体态。在人际交往与长时间沟通中，坐姿是极其常见的姿势。对于老年服务从业人员而言，日常工作多样而复杂，如电话沟通、查阅资料、记录书写等，这些任务往往需要在坐姿下完成。因此，老年服务从业人员在工作时所展现的坐姿，既体现了其专业素养，也反映了其个人气质。

正确的坐姿，不仅能够凸显老年服务从业人员的专业形象，还能展现出其端庄、稳重、文雅的气质。更重要的是，舒适的坐姿还能有效提升工作效率，减少因长时间工作而产生的身体疲劳。通过规范的坐姿，老年服务从业人员不仅能够更好地与老年人及其家属进行沟通与交流，更能为他们提供更为优质、贴心的服务，从而进一步提升老年服务的整体质量。

1. 坐姿的基本要求

（1）入座要求

第一，讲究顺序。与他人一同入座时，应礼让尊长，请位尊者先入座。平辈之间或亲友之间可同时入座。

第二，入座得当。就坐时应背对座位、面向他人入座。入座时，若距离椅子稍远，可向后轻移右腿，感知椅子位置后，左脚跟上，轻轻入座。着裙装的女士应先抚平裙摆，然后坐下，并坐在椅子的 2/3 处。

第三，讲究方位。从任何方向走向座位时，通常应遵循"左进左出"的原则，即从左侧走向座位入座并从左侧离开。

第四，落座无声。无论是移动座位、落座，还是调整坐姿，都应保持安静，避免发出声响。

第五，坐姿端庄。上身应挺直微向前倾，两肩平正放松。手可自然放在双膝上或屈放在桌子、沙发扶手上，掌心向下，目视前方或注视交谈对象。双膝可并拢，或一脚稍前一脚稍后。

（2）离座要求

离座时，若旁边有人就坐，示意后方可离开；与他人同时离座时，尊者先离座，地位相当者可同时起身离座。离座动作应轻缓无声，由椅子左侧离开，避免突然站起或碰翻物品。

2. 坐姿的类型

（1）标准式　轻缓走到座位前，转身成小丁字步，上身前倾向下落座。落座后上身挺直，双肩平正，两手可交握放在两腿中部，男性也可将手自然垂放于腿上，女性也可交叠放于腹部，见图2-2-7。

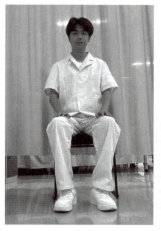
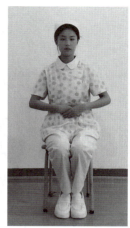

图2-2-7　男女标准式坐姿

（2）重叠式　也称"二郎腿"或"标准式架腿"，即在标准式基础上，一条腿提起，腘窝落在另一腿的膝关节上。见图2-2-8。

（3）前伸式　在标准式基础上，左腿向前伸出一脚距离，脚尖不翘起。见图2-2-9。

（4）前交叉式　在前伸式基础上，右脚后缩与左脚交叉，两踝关节重叠，两脚尖着地。见图2-2-10。

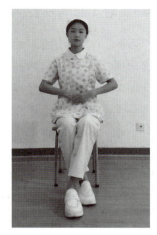

图2-2-8　重叠式坐姿　　　图2-2-9　前伸式坐姿　　　图2-2-10　交叉式坐姿

（5）单腿后点式　在标准坐姿基础上，提起右脚向后拉一小步，两脚平行，距离大约一脚远。见图2-2-11。

（6）侧点式　两小腿向左斜出，右脚跟靠拢左脚内侧，右脚撑地，左脚尖点地，头和身躯稍左转。见图2-2-12。

（7）侧挂式　在侧点式基础上，左小腿后屈，右脚提起贴住左踝，两膝和两小腿并拢，上身稍右转。见图2-2-13。

3. 坐姿的禁忌

在社交场合和日常生活中，良好的坐姿对于个人的形象和气质有着重要影响。一些常见的坐姿禁忌，应该避免。

① 双腿过度张开：尤其是在正式场合或公共场合，这种坐姿显得粗俗和不礼貌。

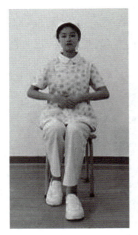
图 2-2-11 单腿后点式坐姿

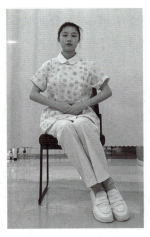
图 2-2-12 侧点式坐姿

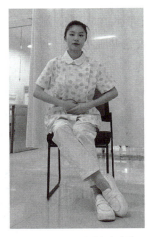
图 2-2-13 侧挂式坐姿

② 跷二郎腿且抖动：不仅可能影响他人，还可能给人一种浮躁、不稳重的印象。
③ 弯腰驼背：会显得精神萎靡，缺乏自信和活力，也不利于身体健康。
④ 身体歪斜：坐姿不端正，容易让人觉得态度不认真、不专注。
⑤ 半躺半坐：显得过于随意和懒散，缺乏职业素养。
⑥ 脚尖指向他人：被认为是不礼貌和不尊重的表现。
⑦ 坐在椅子边缘：可能会给人不安定、紧张的感觉。
⑧ 频繁变换坐姿：会让人觉得心不在焉或焦躁不安。

知识点六：老年服务从业人员的蹲姿

在老年服务工作中，当面对处于坐姿状态的老年人时，为了确保与老年人进行平等且充满尊重的交流，老年服务从业人员会采取蹲姿与老年人沟通。蹲姿能让从业人员维持与老年人平视或略微仰视的沟通角度，以彰显对老年人的充分尊重，同时也体现了老年服务从业人员文雅且专业的职业态度。通过采取蹲姿，老年服务从业人员能够更有效地聆听老年人的心声，深入理解他们的需求，从而提供更加贴心、细致且个性化的服务，进一步增进与老年人之间的情感联系，得到老年人的信任。

1. 蹲姿的基本要求

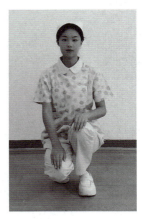
图 2-2-14 蹲姿

一脚在前、一脚稍后，双脚靠紧，臀部自然向下。前脚应全脚掌着地，小腿基本垂直于地面，以确保稳定性；后脚脚跟抬起，前脚掌着地，以维持身体的平衡。见图 2-2-14。

当需要俯身拾取物品时，应先靠近物体，以便减少不必要的弯腰动作。然后，一脚可稍微后退半步，屈膝下蹲，使得身体能够更加灵活地适应拾物动作。在此过程中，女性可用左手轻轻扶住衣裙下摆，以防衣物在动作中受到损坏或污染，右手则拾取物品，确保动作的流畅和高效。

整个下蹲过程中，应保持背部挺直，头部自然抬起，双眼注视前方，以展现出优雅且专业的形象。同时，也要注意呼吸的顺畅和动作的协调，以确保蹲姿的舒适性和持久性。

2. 蹲姿禁忌

① 避免面对他人下蹲。这种姿势可能会给他人带来不便，影响交流体验。
② 避免背对他人下蹲。背对他人下蹲被视为对他人不够尊重，不符合服务行业的职业礼仪。
③ 禁止双腿平行叉开下蹲。这种姿势与下蹲如厕的姿势相似，被形象地称为"洗手间姿势"，显然不

符合服务工作中所追求的文雅与端庄。

④ 避免下蹲时低头、弯背或翘臀部。这种姿势不仅不美观,特别是当女性穿着短裙时,会显得尤为不雅。

知识点七：老年服务从业人员的手姿

手姿是人体语言中最为丰富且极具表现力的组成部分,特指在沟通与交流过程中,人的双手及手臂所做出的各种动作和姿态。

1. 手姿的基本要求

（1）专业与规范　手姿应体现出专业性,遵循行业内的操作规范,确保老年人的安全与舒适。

（2）轻柔与细致　在与老年人接触时,手姿应轻柔、细致,避免对老年人造成不必要的刺激或伤害。

（3）稳定与准确　进行照护操作时,手姿应保持稳定,确保操作的准确性,减少因操作不当而带来的风险。

（4）尊重与关怀　手姿应传递出对老年人的尊重与关怀,使老年人感受到温暖与舒适,增强彼此之间的信任与亲近感。

2. 常用的手姿

（1）垂放　双手的垂放方式多样,包括双手垂握于下腹部、双手叠握于中腹部,以及两臂放松、自然下垂等,每种方式体现了端庄与尊重。

（2）持物　老年服务从业人员在工作中需持物的场景较多,如托治疗盘、持病历夹、推治疗车等。在持物时,需注重姿势的规范与物品的稳固。

（3）递送　在递送物品时,应采用双手递送的方式,以示尊重。同时,注意递送姿势的得体与安全,避免对他人造成不便或伤害。

（4）指示　指示主要是为他人指示方向、物品,请他人进门、请他人入座等。以下是四种常见的指示手姿及其具体做法：

第一,横摆式。主要用于指示方向。掌心向上,五指并拢,手臂自然抬起至与胸同高的位置。随后,手臂由体前向体侧横向摆动,指尖和视线应明确指向被引导或指示的方向,以确保信息的准确传达。见图2-2-15。

第二,直臂式。掌心依然向上,五指并拢,手臂从体侧直接抬起至与肩同高的位置。此时,指尖和视线应直接指向前方,这种姿势特别适用于引导或指示物品所在的位置,因为其直接且明确。见图2-2-16。

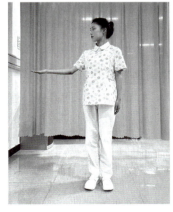 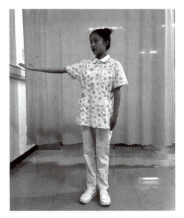

图2-2-15　横摆式指示手姿　　　　图2-2-16　直臂式指示手姿

第三,曲臂式。在采用曲臂式时,手臂需先弯曲,然后由体侧向体前摆动。同时上身需稍微前倾以表示尊重和关注。指尖应明确指向客人将要前往的方向,而面部则朝向客人来时的方向,面带微笑,以展现友好和热情。这种姿势常用于请人进门等场合。见图2-2-17。

第四,斜臂式。斜臂式要求手臂向下斜伸摆动,指尖和视线朝下,聚焦于要指向的物品。这种姿势在请人入座等场合尤为适用,因为其能够明确地指示出座位的位置。见图2-2-18。

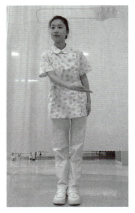 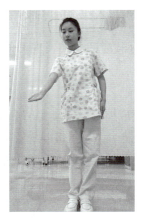

图2-2-17 曲臂式指示手姿　　图2-2-18 斜臂式指示手姿

(5) 引领　在引领来宾或老年人时,老年服务从业人员应主动走在前面,半侧着身体前行,面朝对方。开门、关门等细节也需注重礼仪与尊重。

(6) 握手　握手是一种常用的礼节性手姿,须注意手部的清洁、干燥与温暖。握手时掌心略向上,五指并用,以示谦虚和尊重。见图2-2-19。

图2-2-19 握手

(7) 搀扶　在搀扶老年人时,须尊重老年人意愿,采用得体的方式,确保行进速度适中,以保证老年人的安全与舒适。

(8) 鼓掌　鼓掌用于表达欢迎、祝贺、支持等情感,鼓掌时应节奏平稳、频率一致,并伴以微笑。

(9) 举手　举手是用于向他人表达问候、致敬、感谢之意的动作,既可以悄无声息地进行,也可以伴随相关的语言。在老年服务从业人员忙于工作时,若遇到熟人且无暇分身,向其举手致意可以有效地消除对方的被冷落感。

执行举手礼时,应遵循以下规则:

第一,面向对方。举手致意时,面部应朝向对方,至少确保上身和头部朝向对方,目光平视,面带微笑。

第二,掌心向外。举手示意时,五指应并拢伸直,掌心向外,指尖朝向上方。禁止以拳示意。

第三,臂部上伸。致意时,手臂应自下而上向侧上方伸出,手臂可适当弯曲或完全伸直。

第四,禁止摆动。伸出的手臂切忌来回摆动,以免产生"再见"的误解。

(10) 挥手　挥手是与人打招呼和告别时常用的动作。挥手时,应注意以下五点:

第一,身体直立。告别时,应保持身体静止,避免走动或摇晃。

第二,目视对方。即使手姿再标准,若不看对方,也会被理解为"目中无人",可能导致误会。

第三,手臂前伸。道别时,一般使用右手,也可双手并用。手臂应尽量向上、向前伸出,指尖向上。手臂不应伸得过低或过分弯曲。

第四,掌心向外。挥手时,掌心务必保持向外,以体现礼貌。

第五,左右摆动。在挥手告别时,应将手臂向左右侧轻轻挥动,避免上下摆动。若使用双手告别,应将双手由外侧向内侧来回挥动。

（11）出入房间　一般情况下,进入老年人房间前,应先轻轻敲门,得到允许后,用手将门推开。若手中持有物品,可侧过身,用肩背部将门推开,避免用脚、膝盖或臀部开门。进门后,应保持正面朝前,身体稍侧转,将门关好。离开房间时,应在走出后转回身体,确保门关好后再离开。

（12）搬、拿椅子　老年服务从业人员在搬、拿椅子时,应取右侧前位。面向椅背,右手握住椅背下缘中段,左手扶住椅背上缘,四指并拢,拇指在内侧,向上提起。搬拿、放下的动作应轻缓,既节省体力又保持美观,同时避免发出声响,以保持房间安静。

3. 手姿禁忌

（1）不卫生的手姿　在他人面前应避免搔头皮、掏耳朵、抠鼻孔、剔牙齿、擦眼垢、抓痒痒、摸脚丫等不卫生的动作。

（2）不稳重的手姿　在公共场合,应避免手势过多、动作过大、指手画脚、手舞足蹈等,这些行为显得人不稳重。双手乱动、乱摸,乱咬指尖,抱大腿等同样应避免。

（3）不礼貌的手姿　掌心向下挥动手臂、勾动食指招呼别人、用手指指点他人等,都是不礼貌的手姿,应避免使用。

知识点八：老年服务从业人员鞠躬礼仪

鞠躬礼,作为一种源远流长的传统礼仪形式,其适用范围广泛,既可见于庄严肃穆的正式场合,也常见于喜庆欢乐的聚会之中,同时更是日常社交和商业服务中不可或缺的礼仪。这一礼仪不仅体现了社会的文明程度和个体的文化修养,更是对他人敬意和感激之情的深刻而真挚的表达。

在老年服务行业中,老年服务从业人员对鞠躬礼仪的掌握与运用尤为关键。它是与老年人及其家属交流时的重要礼节,更是展现专业形象和服务态度的重要标志。一个恰到好处的鞠躬,不仅能够表达对老年人的尊重与关爱,还能增进与老年人之间的情感联系,提高服务质量。从业人员应掌握其正确的操作方法和规范,以确保在日常工作中能够灵活运用,为老年人提供更加周到、细致的服务。同时,也应注意行鞠躬礼的场合和时机,避免在不适当的场合使用,以免造成不必要的尴尬或误解。

1. 鞠躬姿势

在行鞠躬礼时,老年服务从业人员首先应确保自身站姿的端正。双手自然下垂或在身前交叠放好,双眼注视对方,面带微笑,以展现出真诚与尊重。随后,以臀部为轴心,上身挺直并缓慢向前倾斜,形成鞠躬的动作,见图2-2-20。鞠躬完成后,应缓慢恢复到标准的站姿,目光再次注视对方脸部,以示敬意和关注。

在鞠躬的过程中,老年服务从业人员应注重展现文明与尊重的态度。鞠躬的同时,可以辅以热情而亲切的问候声,以增强礼仪行为的亲切感和真诚感。通过正确的鞠躬姿势和热情的问候,老年服务从业人员能够更好地表达对老年人的敬意和关怀,进一步增进与老年人之间的情感交流。

图2-2-20　鞠躬

2. 鞠躬的度数

鞠躬的度数通常根据场合和对象的不同而有所差异。常见的鞠躬角度包括15度、45度和90度。15

度鞠躬,属于较为轻微的鞠躬,一般适用于日常社交场合,如问候、介绍、握手、让座等,用以表达基本的礼貌和尊重。45度鞠躬,则是一种更为正式的鞠躬方式,常用于表达下级对上级、学生对老师、晚辈对前辈,以及服务人员对来宾的敬意。这种鞠躬方式能够体现出更深的尊重和谦逊。而90度鞠躬,则是最为恭敬的鞠躬方式,属于最高的礼节。它通常用于非常正式或特殊的场合,如重大庆典、祭祀活动等,以表达对尊贵客人或重要人物的极高敬意。在决定使用90度鞠躬时,需要充分考虑具体场合和人物身份,以确保礼仪的得当和适宜。

知识点九:老年服务从业人员的表情管理

1. 表情的含义

表情管理的重要性

表情,作为非语言沟通中的关键组成部分,在人际交往中承载着无法忽视的重要地位。其独特之处在于,它不仅能够直观地展现个体的情感状态,如喜怒哀乐,还能深刻揭示人际关系的亲疏远近,为双方的情感交流提供直观的线索。更为关键的是,表情在特定情境下能够对语言信息进行有效的补充和验证,从而帮助人们更准确地理解彼此的意图和感受。

在老年服务行业中,表情更是被赋予了特殊的意义。老年服务从业人员与老年人之间的情感交流,往往需要通过表情这一非语言形式来深化和巩固。因此,从业人员需要具备良好的观察力和解读能力,善于从老年人的面部表情中捕捉和解读出他们内心的情感和需求。这不仅有助于从业人员更精准地把握老年人的心理变化,还能为提供个性化的照护服务提供有力支持。

2. 表情的类型

表情是人类表达情感和内心状态的重要方式,主要可以分为以下四种类型:

(1) 面部表情　面部表情是最常见和直观的表情类型。通过眼睛、眉毛、嘴巴、鼻子等面部器官的变化来传达情绪。例如:微笑时嘴角上扬、眼睛弯成月牙状,通常表示喜悦和友好;皱眉、紧闭双眼和紧绷嘴巴可能表示痛苦或愤怒;瞪大眼睛、张开嘴巴可能表示惊讶或恐惧。面部表情的细微变化可以传递出丰富而复杂的情感。

(2) 言语表情　言语表情是指在说话时的语气、语调、语速和声音的高低强弱等方面的变化。欢快的语调、快速的语速可能表达兴奋;低沉、缓慢的语气可能暗示悲伤或沮丧;尖锐、高亢的声音可能反映愤怒或激动。言语表情能够为语言内容增添情感色彩,使表达更加生动和富有感染力。

(3) 身体表情　身体表情包括身体的姿势、动作和手势。昂首挺胸、步伐坚定常表示自信;低头含胸、缩手缩脚可能显示自卑或胆怯;挥手表示打招呼或告别;双手抱胸可能表示防御或拒绝。身体的动作和姿势能够在很大程度上反映一个人的情绪状态和态度。

(4) 微表情　微表情是一种短暂、细微且难以察觉的表情,通常持续时间在1/25秒到1/5秒之间。尽管微表情很短暂,但它们往往能反映出一个人真实的、被压抑的情绪。例如,嘴角瞬间的抽搐可能暗示内心的紧张或不自在。

在实际生活中,这些表情类型通常相互结合、相互补充,共同构成了丰富多彩的情感表达。通过观察和理解他人的表情,可以更好地与他人沟通和互动,增进彼此的了解和关系。同时,我们自身的表情也在无意识中向外界传递着我们的内心世界。因此,学会控制和运用表情也是社交能力的重要组成部分。

3. 表情的主要表现形式

(1) 目光

眼睛是心灵的窗户,目光作为表情的重要组成部分,它能够流露心绪、调节互动、确定关系。在老年服务行业中,老年服务从业人员应掌握目光交流技巧,如温和的目光可消除新入院老年人的顾虑,亲切的目光可使孤独老年人感到温暖,镇静的目光可使危重老年人获得安全感等。同时,还需注意目光接触的向度、角度和长度,以体现对老年人的尊重和平等。老年服务从业人员的目光管理要注意以下三点:

第一,注意目光接触的向度。向度是指交往时注意目光的方向部位。在一般情况下,与他人相处时,不宜注视对方的头顶、大腿,对异性而言,尤其不应注视其胸部、裆部、腿部。交往时最好将目光落在对方眼以下、颔以上的区域,把目光放虚一些,不要将目光聚焦于对方的眼睛或脸上的某个部位,让眼睛的余光看到对方眼睛即可。

第二,注意目光接触的角度。在人际交往中,要注意目光接触的水平度。最理想的交流是双方的目光在同一水平上,这样可以体现一种平等关系,也能表现出老年服务从业人员对老年人的尊重。应避免向下看老年人,给人一种居高临下的感觉。一般来说:正视表示理性、平等、无畏;仰视表示尊敬、期待;俯视表示自信、权威。

第三,注意目光接触的长度,即注意目光停留的时间长短。目光接触的次数与每次接触维持的时间,是沟通信息量的重要指标,相互作用过多或过少都会引起不良后果。与老年人交谈时,视线接触对方脸部的时间应占全部谈话时间的30%~60%。超过这一平均值,可以认为对谈话者很感兴趣,也可以表示对对方抱有敌意,甚至为寻衅闹事;低于此平均值,可以认为对谈话内容和谈话者都不怎么感兴趣。若对方是异性,双目连续对视不宜超过10秒钟,目不转睛地长时间注视是失礼的。请记住,人的一双眼睛时刻都在"说话"。

(2)微笑

微笑是人际交往的金钥匙。笑是心理健康和良好精神状态的一个标志。笑是没有副作用的镇静剂,面对老年人,老年服务从业人员的微笑服务比语言表述效果会更好。第一,微笑能够帮助调节情绪。微笑是一种积极、乐观的情绪表现。在服务岗位中以微笑对人,既可以创造出一种和谐融洽的现场气氛,又可以感染在场的每个人,使其备感愉快温暖,并在一定程度上驱散烦恼和悲观情绪。第二,微笑能够帮助获取信任。当双方初次见面时,微笑的普遍含义是接纳对方,热情友善。因此它是人际交往的特别通行证,最易于得到交往对象的认同、喜欢。老年服务从业人员在工作中保持诚恳的微笑可以获取老年人的信任和配合。第三,微笑能够消除隔阂。人际交往难免会产生误会或隔阂,微笑是友谊的桥梁。当产生误会时,以微笑面对,耐心解释,往往可使双方的误解冰消雪化,增进双方之间的感情。第四,微笑能够优化形象。人际关系学家告诉我们"微笑的面孔就是一封介绍信",微笑是人际交往中的润滑剂,并提出一条公关的制胜法宝——笑脸相迎。有分寸的微笑,再配上优雅的举止,不仅可以美化老年服务从业人员的形象,还可以收到"此时无声胜有声"的效果。第五,微笑有益身心。"笑一笑,十年少",笑口常开的人,往往产生积极的心态。从事健康养老事业的人,更应该善于用微笑来感染对方,以获得精神和心理的最大满足。

微笑是社交场合中最有吸引力、最有价值的面部表情。发自内心的微笑是真诚、自然、适度、适宜的。

首先,友好、真诚的微笑能够为他人传递许多信息,能够使沟通在轻松的氛围中展开。真诚的笑容是发自内心的,就像是阳光洒满大地,让人感到温暖和舒适。我们用真诚的笑容去迎接每一位老年人,他们的内心一定会感受到那份关爱和温暖,这样的笑容也能让他们更愿意与我们交流,更愿意敞开心扉。

微笑训练方法

其次,发自内心的微笑应该是心情、语言、神情与笑容的和谐统一。当你与他人接触时面带微笑,表示你愿意与人交往。当你赞扬他人或受到他人赞扬时应面带微笑,因为微笑是应对的最佳利器。老年服务从业人员自然的微笑能够为老年人送去温暖,让老年人感受到生活的美好。

再次,微笑要适度。笑得过久,有小瞧他人或不以为然之味;笑得过短,给人以皮笑肉不笑的虚伪感;笑得过分,有讥笑之嫌。微笑的含义也要因对象不同而有所变化。对师长的微笑应包含尊敬和爱戴;对孩子的微笑应包含慈爱和关怀;对朋友的微笑应包含平等与友好;对老年人的微笑应包含关爱与尊重。老年服务从业人员应学会用真诚的微笑回答老年人提出的各种问题。

最后,微笑服务在具体运用时,还必须注意根据所处环境、场合来调整微笑的程度和方式。比如,当初次见到老年人时,展现出亲切、友善的微笑,程度适中,眼神专注而温和,能让老年人感受到尊重和友好。当聆听老年人讲述过去的经历时,给予理解和认同的微笑,微微点头,微笑程度较浅但充满真诚,表达出在认真聆听和共情。

老年服务从业人员的微笑艺术就是要用心去感受每一位老年人的情感,用真诚自然的微笑去传递关爱和温暖,用适度适宜的微笑去营造和谐愉快的氛围。这样,才能真正成为老年人心中的好朋友,让他们感受到家的温馨和幸福。

同步训练

一、理论测试

请扫描二维码,完成知识测试。

二、案例分析

某校智慧健康养老服务与管理专业毕业生小李,在某大型高端养老院的应聘中,专业考试成绩优秀,获得了面试资格。面试前,在等候区,小李一直低头玩手机,比较随意地瘫靠在椅子上,其他一同等候面试的人员和工作人员进出时,他都没有抬眼关注。当轮到他面试,进入面试房间时,他走路比较拖沓,进门后面对面试官只是微微点了一下头,就快速地坐在了椅子上,还无意识地抖腿。在面试交流过程中,小李眼神经常游离,没有和面试官进行很好的眼神交流互动,当面试官介绍养老院的一些理念和老年人的情况时,小李还时不时地皱眉和撇嘴,似乎对养老院的一些情况表示不满或不屑。面试结束后,小李起身就直接离开了房间,没有对面试官表达感谢或者礼貌性地告别。最终,面试官综合小李的专业知识和他整个面试过程中的举止仪态表现,认为他目前还不具备一个合格的老年服务从业人员的素养和形象,决定不予录用。

请思考:

(1) 小李在面试的过程中有哪些不恰当的地方?

(2) 老年服务从业人员在日常工作和生活中,应如何规范自己的举止仪态?

任务3 规范老年服务礼貌用语

情境案例

在某养老院,老年服务从业人员小李负责照顾王大爷的日常起居。一天早上,王大爷想要多睡一会儿,但小李急着完成工作任务,便生硬地说道:"都什么时候了,还不起床,别磨蹭了!"王大爷听后,心里很不是滋味。

到了午饭时间,王大爷因为身体不太舒服,吃得比较慢。小李不耐烦地说:"您能不能快点吃,大家都等着收拾呢!"王大爷感到既委屈又生气,他觉得自己没有被尊重和关心。

下午,王大爷向养老院的管理人员投诉了小李。他表示,小李的这些不恰当用语让他原本就有些孤独的内心更加受伤,对养老院的服务也感到非常失望。随后,院长在得知此事后,对小李进行了批评,指出她应该深入学习语言沟通的知识,并熟练掌握老年服务的礼貌用语。

思考:

(1) 礼貌用语在老年服务中究竟发挥着怎样的作用?

（2）老年服务从业人员应如何提升自己的语言修养？

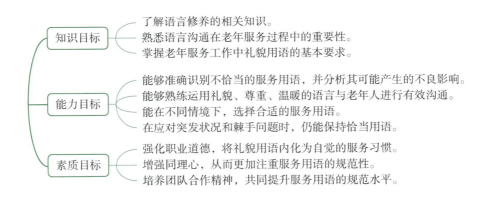

知识点一：老年服务从业人员的语言修养

语言修养是指个体通过语言表达所展现出的文化素养和精神风貌，是个体综合素质的外在体现。它与语言的运用能力和技巧有关，同时也与一个人的自身修养及综合素质紧密相连。

老年服务从业人员主要通过语言与老年人交流思想、传递情感、分享信息，语言对维护老年人心理健康、提高照护质量起着关键作用。

1. 语言是建立信任与亲近感的基础

通过温暖、亲切的语言，老年服务从业人员能够营造出和谐、安全的氛围，让老年人感受到关怀和尊重，进而建立起信任关系。这种信任关系有助于老年人更好地配合工作，提高从业人员的工作效果。

2. 语言是理解老年人需求与感受的关键

老年人由于年龄、身体、心理等方面的变化，可能无法清晰地表达自己的需求和感受。老年服务从业人员需要通过耐心聆听、细致观察，以及运用恰当的语言技巧，来准确理解老年人的需求，提供个性化的服务。

3. 语言是传递健康信息与教育知识的媒介

老年服务从业人员需要运用专业、易懂的语言，向老年人传递健康知识、疾病预防、康复锻炼等方面的信息，帮助他们树立健康意识，提高自我照护能力。

语言在老年服务工作中具有不可替代的作用。老年服务从业人员应重视语言的学习和运用，不断提高自己的语言能力和沟通技巧，为老年人提供更加优质、温馨的服务。

知识点二：提升语言修养的基本原则

1. 尊重与关爱原则

始终将尊重和关爱老年人放在首位，无论言语内容还是语气语调，都要传递出对他们的敬重之情。避免使用任何可能带有歧视、轻蔑或不耐烦的语言，即使在面对老年人的一些特殊情况或需求时，也要以理解和包容的心态去沟通。

2. 清晰准确原则

语言表达要清晰明了，避免模糊、含混的表述。在传达信息时，要确保每个字词、每句话的意思都能让老年人轻松理解。特别是涉及服务流程、健康状况等重要事项时，更要做到准确无误地传达，可适当放慢语速,突出关键信息。

3. 礼貌谦逊原则

保持礼貌用语贯穿始终,常用"请""谢谢""对不起"等礼貌词汇。同时,要展现出谦逊的态度,不要以居高临下的姿态与老年人交流,承认老年人的生活经验和智慧,虚心听取他们的意见和建议。

4. 积极乐观原则

多使用积极向上、乐观的语言来鼓励老年人。老年人可能会面临身体机能下降、生活方式改变等诸多挑战,积极的话语能给予他们精神上的支持,帮助他们树立面对生活的信心,如夸赞他们的优点、鼓励他们尝试新事物等。

老年服务从业人员礼貌用语的基本原则

知识点三:老年服务工作中礼貌用语的基本要求

1. 使用尊称与敬语

在与老年人交流时,应始终使用尊称,如"您""老人家""先生""女士""智慧的长者""经验丰富的前辈"等,以体现对他们的尊重与敬意。同时,在表达请求、提出建议或提供信息时,应使用敬语,如"请您告知我您的需求""我会竭尽全力为您提供帮助"等,这些措辞不仅显示出对老年人的尊重,更能增强交流的和谐氛围。通过遵循这些基本的礼貌用语要求,我们能够更好地与老年人及其家属建立互信与理解的关系,从而为老年人提供更加贴心、周到的照护服务。

2. 清晰简洁

表达中,语言应当清晰简洁,以便老年人能够轻松理解。应当避免使用过于复杂的词汇或句子结构,而采用更加直接、简明的表述方式。例如,当询问老年人的身体状况时,相较于"您今天的身体状况如何呢?"这样稍显冗长的提问,可以选择更加简洁明了的"您今天感觉怎么样?"同样,在鼓励老年人时,也应使用更直接、积极的语言。例如,用"您经验多又坚强,这点挑战难不倒您"来替代"您过往所积累的丰富经验和展现出的坚韧品质,使您在面对当前的挑战时具备了超越常人的优势和能力",这样的表述更能传递出正面的信息和激励的力量。通过这种方式,我们不仅能够更有效地与老年人沟通,还能增强他们的自信心和积极性。

3. 温和友善

在与老年人沟通时保持温和友善是非常重要的。与老年人说话时应面带微笑,语气轻柔,多使用关心的话语,如"爷爷/奶奶,您最近身体怎么样?""爷爷/奶奶,您别着急,慢慢说"。用耐心和尊重让老年人感受到关爱和温暖,这样他们会更愿意与我们交流。当老年人取得进步或成功完成某项任务时,应当及时给予正面的反馈和赞美。例如,可以表达:"您真的很棒,做得非常出色!这样的成就值得被肯定和赞扬。"这样的认可不仅能够让老年人感受到自己的努力得到了应有的回报,还能激发他们继续前进的动力。通过温和的鼓励和友善的沟通,老年服务从业人员能够与老年人建立更加和谐、亲密的关系。

4. 积极回应

在老年服务工作中,当老年人表达自己的想法或感受时,老年服务从业人员应表现出高度的耐心与尊重。应当全神贯注地倾听,不打断老年人的叙述,也不轻易否定他们的观点。为了更好地理解和支持老年人,老年服务从业人员可以采取一些积极的回应方式。例如,可以说:"我明白您的意思,您此刻一定很不舒服。"或者,"我也有过类似的经历,因此我非常能理解您此刻的心情。"这样的回应不仅展现了老年服务从业人员对老年人的理解与同情,还能有效促进双方之间的情感交流,使老年人感受到更多的关爱与温暖。

5. 慎用负面表述

在与老年人沟通时,应避免使用负面或消极的语言,如"不行""不能"等,这类表述可能使老年人产生沮丧或无助的情绪。当需要提出建议时,老年服务从业人员应采用更积极、更具有建设性的表达方式,如"我们可以尝试这个方法,或许会有意想不到的效果"。若老年人表达了对新技术产品的担忧,应以鼓励和支持的态度回应,例如,"请放心,这款产品操作简便,我可以指导您逐步操作,您很快就能掌握",避免使用如"您年纪大了,可能难以掌握这些新技能"等可能打击老年人信心的言辞。

6. 尊重隐私

每个人都希望有自己的个人空间和不愿被他人知晓的事情,老年人也不例外。在与老年人沟通时,务必尊重他们的隐私和个人空间。避免询问过于私人或敏感的问题,除非获得他们的明确许可。当老年服务从业人员尊重老年人的隐私时,老年人会觉得自己的人格和尊严得到了维护,会因为被尊重而更愿意敞开心扉,与从业人员分享更多,从而促进更深入、更有质量的交流。同时,尊重并保护老年人的隐私,能增强他们的安全感,让老年人在生活中感到安心、自在,不会因为担心隐私被侵犯而产生焦虑或不安的情绪。

7. 适当表达感谢与歉意

在老年服务工作中,恰当地表达感谢与歉意是维护良好关系的关键。在适当的场合,向老年人及其家属表达感谢或歉意是必要且重要的。当向老年人及其家属表达感激之情时,可以说"奶奶/爷爷,感谢您这么耐心地跟我分享您年轻时的故事,让我学到了很多宝贵的经验""叔叔/阿姨,感谢您对我们服务的理解和支持,有您这样通情达理的家属,我们工作起来也更有动力了"。这样的表达不仅让老年人和家属感受到被认可和重视,还能促进老年人更加积极地参与活动、配合照顾,激励家属更主动地提供支持和协助。

若因工作失误给老年人带来不便或困扰,老年服务从业人员应及时采取补救措施,并向老年人及其家属表达诚挚的歉意。在道歉时,老年服务从业人员应明确承认错误,表达解决问题的决心,并尽力消除不良影响。例如,可以说:"非常抱歉,由于我们的疏忽给您带来了不便。我们深感歉意,并会立即采取措施进行改正,确保类似问题不再发生。"这样的道歉不仅展现了老年服务从业人员的诚意和责任感,也能增强老年人及其家属对服务工作的信任感。

知识点四:老年服务工作中的用语禁忌

1. 避免命令式语言

与老年人沟通时避免使用命令式语言是非常重要的。命令式语言会让老年人感到不被尊重和自主权利被剥夺,可能引发他们的抵触情绪。例如,"您必须这么做!""马上给我……"这种强硬的表述容易伤害他们的感情。工作中,老年服务从业人员应该采用更温和、更具有建议性的表达方式。比如,把"您赶快把药吃了"替换为"爷爷/奶奶,为了您的身体好,您这会儿把药吃了怎么样?"或者将"你不能出去,外面太冷了"替换为"爷爷/奶奶,外面天气冷,出去可能不太舒服,咱们要不晚点再出去?"这样的沟通方式更能让老年人感受到关心和尊重,从而促进良好的交流和关系的建立。

2. 不贬低或忽视

在沟通中贬低或忽视老年人是极其不恰当且不负责任的行为。贬低老年人会严重伤害他们的自尊和感情。比如,使用轻蔑的语气说"您懂什么呀""您老糊涂了吧",这会让他们感到自己不被认可和尊重,产生失落和沮丧的情绪。忽视老年人同样是不可取的。例如,在交流时心不在焉、打断他们说话或者对他们的需求和意见置之不理。这会让老年人觉得自己无足轻重,被边缘化,从而导致心理上的孤独和无助。

老年服务从业人员应当始终以尊重、关爱和富有耐心的态度与老年人进行沟通,认真倾听他们的想法和感受,给予他们充分的关注和重视。

3. 不使用俗语或俚语

在与老年人沟通过程中避免使用俗语或俚语。首先,许多俗语和俚语具有较强的地域和时代特色,老年人可能来自不同的地区,成长于不同的年代,未必能理解这些特定的语言表达。其次,有些俗语或俚语可能含义模糊或不够准确,容易导致误解。老年人的理解速度可能相对较慢,复杂或不常见的俗语会增加他们的理解障碍。避免说"这事儿八字还没一撇呢",而用"这件事还没有任何实质性的进展"来表达；不说"竹筒倒豆子——直来直去"，而是说"我会直接坦率地跟您交流"。

4. 不过度解释或唠叨

与老年人沟通时，避免过度解释或唠叨是很重要的一点。过度解释可能会让老年人感到混乱或不耐烦。比如，在说明一个简单的操作时，反复强调过多细节，反而让他们难以抓住重点。唠叨则可能使老年人觉得不被信任，认为自己的理解能力受到质疑。不断重复同样的内容，会让他们产生抵触情绪。比如，不要说"爷爷/奶奶，您记住一定要按这个按钮，是这个，别按错了，按了就能打开电视，您可一定要记住啊"，简单直接地表达"您按这个按钮就能打开电视"就足够清晰明了。

5. 不随意打断或插话

与老年人沟通时，避免随意打断或插话是基本的礼貌和尊重。老年人可能思维和表达速度较慢，当他们在讲述时被打断，会感到不受重视，影响交流的积极性。比如，老年人正回忆过去的经历，"我年轻的时候啊，有一次……"，如果这时突然打断说"哎呀，先别说这个"，会让老年人感到失落。随意插话也可能打乱老年人的思路，使他们难以完整地表达自己的想法和感受。比如，老年人在讲述病情，"最近我这头疼啊，是一阵一阵的……"，这时插话"是不是没休息好？"可能会打断老年人原本想要描述的细节。因此，在与老年人交流时，应耐心倾听，等他们说完再发表自己的看法或回应。

6. 避免涉及敏感话题

在与老年人沟通时，应当避免涉及一些敏感话题。不主动提及他们过去的重大挫折、失败经历或者伤心往事，避免勾起不好的回忆和情绪，像曾经失去亲人的痛苦经历、生意上的重大失败等。也要避开谈论他们身体上的严重疾病，或可能面临生命末期等沉重话题，除非老年人自己主动提起并且愿意深入交流。还有如关于财产分配、子女间的矛盾等家庭内部敏感问题，也尽量不要触及，以免引起不必要的烦恼和纷争。

7. 避免使用不礼貌的称呼

在与老年人交流时，避免使用不礼貌的称呼是尊重和礼貌的基本体现。比如，不能对他们使用"老家伙""老东西""老太婆""老头子"这类带有贬低和不尊重意味的称呼。而应该使用如"爷爷""奶奶""伯伯""阿姨""叔叔""姥姥""姥爷"等亲切、尊重且恰当的称呼。这样可以让老年人感受到被尊重和关爱，从而促进更愉快和有效的交流。

总之，老年服务从业人员在与老年人交流时，应始终遵循尊重、清晰、温和、耐心和礼貌的原则，以建立和谐的关系，提高沟通效果，并为老年人提供优质的照护服务。

一、理论测试

请扫描二维码，完成知识测试。

二、案例分析

李奶奶在养老机构中向护理员小王反映自己的房间有点冷。小王回答说："冷啥冷，大家都不觉得冷，就你事儿多。"李奶奶听后很不开心，找到养老机构的负责人投诉小王的态度。

思考：

（1）请分析小王的回答存在哪些问题。

（2）如果你是小王，应该如何正确回应李奶奶？

项目三

老年服务从业人员社交礼仪

项目导学图

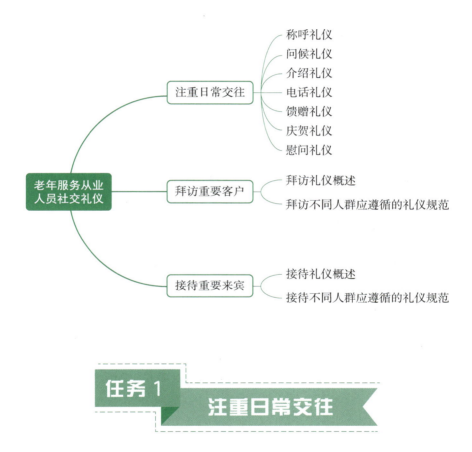

任务1 注重日常交往

情境案例

郭爷爷,65岁,高血压5年,半年前突发脑梗死,致左侧肢体偏瘫。因家庭照护负担较重,拟入住某养老机构。目前郭爷爷情绪稳定,因活动不便且对住院环境及注意事项不清楚,该养老机构派服务人员小张提供上门咨询服务。

思考: 在上门前,小张需要储备哪些日常交往礼仪知识?

学习目标

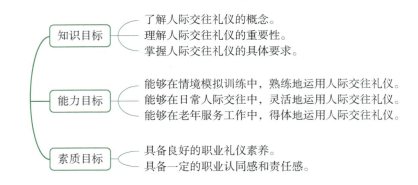

知识目标
- 了解人际交往礼仪的概念。
- 理解人际交往礼仪的重要性。
- 掌握人际交往礼仪的具体要求。

能力目标
- 能够在情境模拟训练中，熟练地运用人际交往礼仪。
- 能够在日常人际交往中，灵活地运用人际交往礼仪。
- 能够在老年服务工作中，得体地运用人际交往礼仪。

素质目标
- 具备良好的职业礼仪素养。
- 具备一定的职业认同感和责任感。

知识储备

知识点一：称呼礼仪

1. 称呼礼仪及其重要性

在老年服务工作中，恰当的称呼礼仪是建立良好服务关系、传递尊重与关怀的重要环节。首先，正确的称呼能让老年人感受到被重视和尊重，满足他们的心理需求。老年人在社会阅历和人生经验上较为丰富，给予他们恰当的称呼是对其身份和地位的认可，有助于拉近与老年人之间的距离。其次，合适的称呼也是建立信任的第一步。当老年人听到亲切、尊重的称呼时，会更容易对服务人员产生好感和信任，从而更愿意接受服务人员提供的各项服务，为后续服务工作的顺利开展奠定良好基础。最后，亲切、恰当的称呼可以营造出温馨、和谐的服务氛围，使整个老年服务环境充满人文关怀。在这样的氛围中，老年人会感到更加舒适和安心，有利于提升他们的生活满意度。

称呼的原则和顺序

2. 常见称呼方式及适用情况

恰当运用称呼礼仪，有助于营造愉快和谐的工作氛围，从而提高工作效率和工作质量。在工作场合，应以正式、庄重、规范、得体为前提，根据交往对象的职务、职称、身份、学历、年龄、性别等因素，综合决定如何称呼。

（1）对老年人的称呼

其一，按亲属称谓称呼。"爷爷""奶奶"是最为常见且亲切的称呼方式。适用于大多数老年服务场景，能给老年人一种家人般的温暖感觉。例如，在日常陪伴聊天、生活照料等服务过程中，称呼"张爷爷""李奶奶"，会让老年人觉得服务人员就像自己的晚辈一样贴心。"叔叔""阿姨"是相对来说比较年轻态的称呼，适用于那些稍显年轻、心态较为年轻，或者不太喜欢被称呼得过于"老气"的老年人。比如，在一些老年活动中心组织的较为时尚、较有活力的活动中，称呼"王叔叔""赵阿姨"可能会更易让老年人接受。

其二，加上姓氏称呼。在前面提到的亲属称谓基础上加上老年人的姓氏，如"张爷爷""李奶奶""王叔叔""赵阿姨"等。这种称呼方式既显得亲切，又能明确区分不同的老年人，避免混淆。特别是在服务多位老年人的场合，使用带姓氏的称呼可以让每个老年人都感受到服务人员对自己的特别关注。

其三，根据职务或身份称呼。如果知道老年人曾经从事教育工作，称呼"某老师"是很合适的，既能体现对其职业的尊重，又能唤起他们对曾经教学生涯的美好回忆。例如，称呼陈姓老年人为"陈老师"，他可能会因为这个称呼而倍感自豪，并且愿意和服务人员分享更多关于教育方面的故事。对于那些在退休前担任领导职务的老年人，用他们曾经的职务称呼，如"李主任""王院长"，可以彰显对他们过去成就的尊重,让他们在退休生活中依然能感受到自己的价值和地位。

其四,尊重个人喜好称呼。有些老年人可能有自己特定的喜好称呼,服务人员要留意并尊重他们的喜好。比如,有的老年人喜欢别人称呼他为"老某",如"老张""老李",虽然这种称呼相对简洁,但也是老年人认可的方式,服务人员就应该按照他们的要求来称呼。

（2）对领导的称呼

对领导可以使用职务称呼,以示身份和级别。可以只称呼职务,如"书记""院长""主任"等,也可以在职务前面冠上姓氏,如"李书记""张院长""冉主任"等。

（3）对同事、同行、合作者的称呼

其一,运用职称称呼或学历称呼。称呼时,一般应在职称或学历前面冠上姓氏,如"李教授""张工程师""刘博士"等,在某些正式的场合,可在职称或学历前冠上全名,以免与同姓者混淆。

其二,姓名称呼。对熟悉的、同龄的或比自己年轻的同事、同行、合作者,可以直接称呼其名字,如"李国强""张永富"等。

其三,运用职业称呼。对不太熟悉的同事、同行、合作者,称呼时一般在职业前面冠上姓氏,如"李老师""张医生""刘护士"等。

其四,运用其他尊称。对年长、比自己先入单位的同事,以及同行、合作者,应运用尊称,可以视情况在姓氏后加上"老师"等,如"李老师""陈老师"等。

（4）对下属的称呼

为体现领导的亲和力,可按上述"对同事、同行、合作者的称呼"中的方式称呼,对比自己年龄小的,也可根据姓氏称呼"小张""小王"等。

3. 称呼老年人的注意事项

（1）**观察与询问**　在初次接触老年人时,要先观察他们的神态、表情,以及与他人的互动方式等,初步判断他们可能喜欢的称呼方式。如果不确定,不妨礼貌地询问:"请问您喜欢我怎么称呼您呢?"这样既能体现服务人员的尊重,又能确保称呼的准确性。

（2）**避免不恰当称呼**　避免使用带有歧视性、轻蔑性的称呼,如"老头""老太婆"等,这些称呼会严重伤害老年人的自尊心,破坏服务关系。不要随意给老年人起昵称,除非得到他们的明确同意。即使是出于好意起的昵称,如果老年人不喜欢,也会造成不必要的反感。

（3）**保持一致性**　一旦确定了称呼方式,就要在后续的服务过程中保持一致,不要随意更改。这样可以让老年人形成习惯,也能进一步强化他们对服务人员的信任。

（4）**语气要亲切**　称呼老年人时,语气要亲切、温和,就像和自己的长辈说话一样。即使是在较为正式的场合,也不能让语气显得生硬或冷漠,要让老年人感受到服务人员的真心关怀。

知识点二:问候礼仪

1. 问候礼仪的重要性

在老年服务工作中,问候礼仪是建立良好服务关系、传递关怀与尊重的重要开端,具有多方面的重要意义。首先,亲切恰当的问候能瞬间营造出温馨、和谐的服务氛围,让老年人感受到如同在家一般的温暖与关怀。这种积极的氛围有助于缓解老年人可能存在的孤独感和陌生感,使他们更愿意融入服务环境,享受服务过程。其次,问候是一种直接表达对老年人尊重和关爱的方式。通过热情、真诚的问候,服务人员向老年人传达出他们在自己心中的重要地位,满足老年人渴望被重视的心理需求,进而拉近与老年人之间的距离。最后,合适的问候如同打开沟通之门的钥匙,为后续与老年人的顺畅交流奠定基础。它能让老年人放松心情,更乐意与服务人员展开对话,分享自己的想法、感受和需求,从而保障服务工作能够根据老年人的实际情况有效开展。

2. 不同时间段的问候规范

（1）早晨问候

［问候语示例］"爷爷奶奶/叔叔阿姨，早上好呀！希望你们今天过得开心呢。""亲爱的（姓氏）爷爷/奶奶，早啊，新的一天开始啦，您精神看起来很不错哦。"

［语气语调］语调应轻快、明朗，充满活力，仿佛带着清晨的阳光，给老年人带来一天的好心情。声音要清晰、温和，确保老年人能够清楚听到问候内容。

［肢体语言］面带微笑，眼神专注地看着老年人，可适当点头示意。如果距离较近，还可以轻轻拍拍老年人的肩膀或手臂（需根据与老年人的熟悉程度及对方接受程度而定），增强问候的亲切度。

（2）中午问候

［问候语示例］"爷爷奶奶/叔叔阿姨，中午好呀，午饭吃了吗？吃得好不好呀？""（姓氏）爷爷/奶奶，中午啦，您这会儿休息一下吧，别累着了哦。"

［语气语调］语调可较为平缓、温和，带有一丝关切之情。因为中午时分老年人可能正在用餐或准备休息，所以语气要平和，不要过于喧闹。

［肢体语言］面带微笑，与老年人有眼神交流，可微微点头。若在餐厅等场所，可用帮忙摆放餐具等行动来配合问候，体现服务的贴心。

（3）晚上问候

［问候语示例］"爷爷奶奶/叔叔阿姨，晚上好呀，今天过得怎么样呢？""亲爱的（姓氏）爷爷/奶奶，时间不早啦，您好好休息哦，祝您有个甜甜的美梦呀。"

［语气语调］语调应轻柔、舒缓，营造出一种宁静的氛围，帮助老年人放松身心，准备进入休息状态。

［肢体语言］保持微笑，眼神温柔地注视着老年人，轻轻摆摆手或拍拍手（视情况而定），传达出关怀与祝福的心意。

3. 不同场合的问候规范

（1）日常服务场合问候

在为老年人提供生活照料、陪伴聊天等日常服务时，每次见面都要及时送上问候。

［问候语示例］"爷爷，我来帮您穿衣服啦，您早啊，今天感觉怎么样？""奶奶，我陪您出去走走吧，中午好呀，您这会儿有空吗？"

［语气语调］根据具体服务内容和与老年人的熟悉程度，语气可灵活调整。总体上要亲切、自然，像是和自己长辈的日常相处一样。

［肢体语言］结合具体服务动作，自然地展现出肢体语言。比如：在搀扶老年人时，可以边问候边轻轻扶住对方的手臂；在递东西给老年人时，可以微笑着看着对方并送上问候。

（2）特殊活动场合问候

在举办老年人生日会、节日庆祝活动等特殊场合，问候要更具节日氛围和喜庆色彩。

［问候语示例］"爷爷/奶奶，生日快乐呀！愿您福如东海，寿比南山呢。""叔叔阿姨，新年好呀！祝你们在新的一年里身体健康，万事如意哦。"

［语气语调］语调要热情、欢快，充分体现出对活动的热情和对老年人的美好祝福。声音可以适当放大，以突出喜庆的氛围。

［肢体语言］除了面带微笑、与老年人眼神交流外，还可以送上拥抱（需根据老年人的接受程度而定），或者用为老年人戴上生日帽、献上鲜花等行动来配合问候，让老年人感受到浓浓的节日氛围和关爱之情。

（3）正式会议或培训场合问候

在参加与老年服务相关的正式会议或培训时，遇到熟人要致以礼貌、正式的问候。

［问候语示例］"×老师（或根据其职务称呼），您好呀，很高兴见到您。""×主任，早啊，希望您在这次会议/培训中有所收获呢。"

［语气语调］语气要庄重、正式，但仍要保持一定的亲切度，不能显得生硬冷漠。声音要清晰、沉稳，体现出专业素养。

［肢体语言］微笑着点头示意，身体微微前倾，以示尊重。如果在入座时遇到熟人，且此时会议或培训尚未开始，可站起来问候，交谈结束后再坐下，展现出良好的礼仪规范。

4. 问候时的注意事项

（1）**真诚热情**　问候必须出自真心，要让老年人感受到服务人员是真诚地关心他们、希望他们过得好。避免机械式的问候，那种缺乏感情的问候会让老年人觉得敷衍，从而影响服务关系的建立。

（2）**关注个体差异**　不同老年人有不同的性格、喜好和接受程度。有些老年人可能喜欢热闹、热情的问候方式，而有些则可能更喜欢安静、含蓄的方式。服务人员要留意观察，根据每个老年人的特点来调整问候的方式和内容，以满足他们的个性化需求。

（3）**及时回应**　当老年人回应问候时，服务人员要及时作出反应，如继续展开对话或者根据情况进行下一步服务动作。如果老年人提出问题或发表看法，要认真倾听并给予恰当的回答，让老年人感受到自己的话语被重视。

（4）**注意语气语调**　语气语调在问候中起着关键作用。要根据不同的时间段、场合，以及老年人的情况，合理调整语气语调，使问候达到最佳的问候效果。无论是轻快、明朗，还是轻柔、舒缓，都要以让老年人感觉舒适、亲切为原则。

文档

问候的顺序

知识点三：介绍礼仪

1. 介绍礼仪的重要性

在老年服务工作场景中，恰当的介绍礼仪对于建立良好的服务关系、提升服务人员形象，以及促进与老年人及相关人员的顺畅沟通，都具有至关重要的意义。

首先，恰当的介绍能帮助建立信任关系。清晰、专业且礼貌的介绍能让老年人及其家属迅速对服务人员产生信任感。当服务人员以规范的方式介绍自己，展示出自身的专业素养和负责态度时，老年人会更放心地让服务人员对自己进行生活照料、健康护理等，为后续服务工作的顺利开展奠定坚实基础。其次，介绍能够明确服务人员在老年服务工作中的具体身份和职责范围。这有助于老年人清楚了解谁将为他们提供何种服务，避免出现服务过程中的混淆或误解，从而提高服务的针对性和有效性。最后，在涉及多个服务人员协同工作的情况下，规范的介绍礼仪可以让团队成员、老年人及其家属更好地相互了解。这有利于促进团队协作，确保各项服务环节紧密衔接，共同为老年人提供优质、全面的服务。

2. 自我介绍的礼仪规范

（1）基本内容构成

① 姓名。清晰、准确地说出自己的全名，让老年人及其家属能够记住。例如，"我叫李华"。

② 身份。明确说明自己在老年服务机构中的具体身份，如"我是这里的护理员""我是负责活动组织的工作人员"等。

文档

自我介绍的顺序

③ 职责范围。简要介绍自己主要负责的工作内容，如"我的职责是协助老年人日常生活起居，像穿衣、洗漱这些方面""我主要负责组织大家开展各类娱乐活动，让爷爷奶奶在这里过得开心"等。

（2）语气语调

自我介绍时语气要亲切、温和，就像向自己的长辈介绍自己一样。避免使用生硬、冷漠的语气，要让老年人感受到服务人员的热情与真诚。语调可适当平稳，但在强调关键信息（如身份、职责）时，可以稍微加重语气，以便让对方更清楚地听到和理解。

（3）肢体语言

自我介绍时，站姿要端正，双脚平稳站立，身体挺直，展现出自信和专业的形象。面带微笑，眼神与对方有良好的交流，在介绍过程中适时地与老年人及其家属对视，让他们感受到被关注。可根据情况适当点头或做一些简单的手势辅助介绍,但动作不要过于夸张,以免分散对方的注意力。

3. 介绍他人的礼仪规范

介绍他人的顺序

(1) **介绍顺序** 当介绍两位或多位服务人员相互认识时,应遵循"尊者优先了解情况"的原则,即通常先介绍年轻的或职位较低的服务人员给年长的或职位较高的人员认识。例如,要把年轻的护理员小王介绍给资深的护士长张老师,就先说,"张老师,这是我们的护理员小王",然后再对小王说:"小王,这是我们的护士长张老师。"

(2) **基本内容构成** 对于被介绍的双方,都要清晰地说出其姓名或称呼、身份和职责范围(如果相关)。比如:"爷爷奶奶,这是我们的营养师李老师,他负责为大家制定科学合理的饮食计划。这是我们的康复师赵老师,他主要负责帮助大家进行身体康复训练。"

(3) **语气语调** 要保持亲切、温和的语气,让双方都能感受到介绍人的热情与善意。在介绍过程中,语调要清晰、平稳,确保每个字、每句话都能让大家清楚听到。

(4) **肢体语言** 介绍人应站在被介绍双方的中间位置,身体微微倾向被介绍者,以便更好地引导双方的视线和注意力。面带微笑,眼神在双方之间交替,促进双方的眼神交流。可适当做一些简单的手势,如指向被介绍的人,但动作要适度,避免过于夸张。

4. 接受介绍的礼仪规范

(1) **专注倾听** 当别人在介绍自己或他人时,要认真倾听,保持专注的状态。不要东张西望、心不在焉,要通过眼神交流、点头等方式,表示自己在认真听,让介绍人、被介绍的他人感受到被尊重。

(2) **回应及时** 听完介绍后,要及时给予回应。如果是介绍自己,可简单地说一些感谢的话,如"谢谢,很高兴能为大家服务"。如果是介绍他人,可向对方表示问候,如"您好呀,很高兴认识您"。

(3) **重复确认** 为了确保自己准确理解介绍的内容,可在回应后适当重复关键信息进行确认。比如,听到介绍人说,"这是负责康复训练的赵老师",可接着回应说,"哦,赵老师,您是负责康复训练的呀,很高兴认识您",这样既能加深印象,又能避免出现误解。

5. 介绍时的注意事项

(1) **简洁明了** 无论是自我介绍、介绍他人,还是接受介绍,都要确保内容简洁明了,避免冗长、复杂的表述。老年人的注意力和理解能力相对有限,简洁的介绍便于他们快速理解和记住。

(2) **尊重个体差异** 不同老年人有不同的性格、喜好和接受程度。有些老年人可能喜欢热情、详细的介绍方式,而有些则可能更喜欢平淡、简短的介绍方式。服务人员要留意观察,根据每个老年人的特点来调整介绍的方式和内容,以满足他们的个性化需求。

(3) **避免错误信息** 在介绍过程中,要确保说出的每一个信息都是准确无误的。错误的姓名、身份或职责信息不仅会造成混淆,还会影响服务人员的形象和老年人对服务的信任度。

(4) **保持微笑与眼神交流** 始终保持微笑,通过眼神交流与对方建立情感联系。微笑能传递出友好、亲切的情感,眼神交流则能让对方感受到被关注和重视,这两者结合起来能极大地提升介绍礼仪的效果。

知识点四:电话礼仪

1. 电话礼仪的重要性

在老年服务工作中,电话沟通(包括用微信通话)是与老年人及其家属进行联系的重要方式之一,良好的电话礼仪具有多方面的重要意义。首先,规范的电话礼仪能展示老年服务从业人员的专业形象,让老年人及其家属在电话交流中感受到服务人员的认真、负责和训练有素,从而提升对服务机构及服务人员的信任度。其次,遵循正确的电话礼仪,能够使电话沟通更加清晰、顺畅,减少因沟通不当而产生的误解或遗漏重要信息的情况,确保服务相关事宜得以准确传达和落实。最后,亲切、礼貌的电话用语和恰当的语气语调,可以在电话中传递出对老年人的关怀与温暖,即使双方不在面对面的情况下,也能让老年人感受到被重视和关爱,拉近彼此的心理距离。

2. 拨打电话的礼仪规范

(1) 准备工作

一是，明确通话目的。在拨打电话之前，要清楚自己打电话的目的是什么，是询问老年人的身体状况、通知活动安排，还是处理其他服务相关事项等，以便在通话过程中能够清晰、准确地传达信息。

二是，整理思路。将要传达的内容在脑海中梳理清楚，最好能列出一个简单的提纲，避免在电话中出现语无伦次或遗漏重要内容的情况。

(2) 选择合适时间

第一，避开老年人休息时间。一般来说，早上过早(如7点之前)、中午午休时间(通常12点至14点)、晚上过晚(如21点之后)不宜打电话，除非有紧急情况。要充分考虑老年人的生活作息规律，选择他们可能比较空闲且精神状态较好的时间进行通话。

第二，了解特殊情况。如果知道某个老年人有特殊的生活习惯或健康状况，通话可能会影响其正常作息时间，应根据实际情况另行选择合适的通话时间。

(3) 礼貌问候

电话接通后，首先要送上亲切、礼貌的问候语。例如，"您好呀，×爷爷/奶奶，我是××机构的工作人员××，您现在方便接听电话吗？"通过询问是否方便接听，体现对老年人的尊重，给他们选择的权利。

(4) 清晰表达

其一，语速适中。说话的语速要适中，不要过快，以免老年人听不清楚，也不要过慢，让对方觉得拖沓。要根据老年人的听力情况和理解能力，适当调整语速。

其二，语言简洁明了。用简洁、易懂的语言表达通话内容，避免使用过于专业、生僻或复杂的词汇和句子。如果是涉及医疗、健康等专业内容，要尽量转化为通俗易懂的说法。

其三，重点突出。将要传达的重要信息突出出来，可通过适当的停顿、重复等方式让老年人更容易记住关键内容。

(5) 耐心倾听

在向老年人传达信息后，要给予他们足够的时间来回应，耐心倾听他们的想法、感受和问题。不要急于打断他们的发言，通过"嗯""哦""是的"等简短回应来表示自己在认真听。

(6) 礼貌结束语

在通话结束时，要使用礼貌的结束语，如："爷爷/奶奶，那今天就先聊到这儿啦，您好好休息哦，祝您生活愉快呀！"等老年人挂断电话后，自己再挂断，这体现了对老年人的尊重。

3. 接听电话的礼仪规范

(1) 及时接听　电话铃声响起后，要尽快接听，最好在三声之内接听电话，以显示自己的工作效率和对来电者的重视。如果因为特殊原因未能及时接听，要在接听后首先向对方道歉，说明原因。

(2) 礼貌问候　接听电话后，要使用亲切、礼貌的问候语，如："您好呀，这里是××机构老年服务部，请问您是哪位？"

电话中的女高音

(3) 确认身份　如果对方是老年人或其家属，要尽快确认其身份，可通过询问姓氏、与老年人的关系等方式来确定。例如，"请问您是哪位老人的家属呀？"或者"您自己就是××老人吗？"这样可以更好地针对来电者的身份进行沟通。

(4) 认真倾听　接听电话过程中，要认真倾听来电者的讲话内容，不要东张西望、心不在焉。通过"眼神交流"(虽然对方看不到，但要保持专注的状态)、点头(如果自己一个人在房间里)等方式表示自己在认真听，同时要做好记录，以便后续处理相关事宜(图3-1-1)。

图3-1-1　接听电话时记录

（5）清晰回应　根据来电者的讲话内容，要给出清晰、准确的回应。如果来电是询问服务相关事项，要详细、准确地回答；如果是提出问题或诉求，要认真对待，分析问题或诉求，并给出合理的解决办法。

（6）礼貌结束语　在通话结束时，要使用礼貌的结束语，如："好的，那先这样啦，感谢您的来电，祝您和家人身体健康呀！"等对方挂断电话后，自己再挂断。

4. 电话沟通中的注意事项

（1）保持微笑　在电话沟通中，虽然对方看不到自己的表情，但保持微笑可以让自己的语气更加亲切、温和，通过声音传递出友好的感觉，有助于提升沟通效果。

（2）控制情绪　无论遇到什么情况，在电话中都要保持良好的情绪，不要因为对方的态度不好、提出不合理要求等原因，而发脾气或表现出不耐烦。要以平和、耐心的态度去处理问题，维护好老年服务从业人员的专业形象。

（3）避免嘈杂环境　在拨打电话或接听电话时，要尽量选择安静、无嘈杂声的环境，以免影响通话质量，导致对方听不清楚自己说的话。如果实在无法避免嘈杂环境，要提前向对方说明情况，并尽量提高自己的说话音量，确保沟通顺畅。

（4）尊重个人隐私　在电话沟通中，要尊重老年人及其家属的个人隐私，不要随意打听与服务无关的私人问题。如果涉及需要了解的必要信息，要先说明理由，征得对方同意后再询问。

知识点五：馈赠礼仪

1. 馈赠礼仪的重要性

在老年服务工作中，恰当的馈赠行为以及遵循相应的馈赠礼仪，具有多方面重要意义。首先，馈赠是一种直接且温暖的方式，能向老年人传递服务人员的关怀、尊重与敬爱之情。一份精心挑选的礼物可以让老年人深切感受到其在服务人员心中的重要地位，从而拉近彼此的距离，增强情感联系。其次，对于老年人来说，收到一份合适的礼物往往能带来喜悦和满足感，为他们的日常生活增添一抹温馨色彩，进而提升他们在老年服务机构或接受服务过程中的整体满意度。最后，合适的馈赠礼仪有助于营造更加和谐融洽的服务关系。当老年人感受到服务从业人员的这份心意，他们会更加积极地配合服务工作，也会对服务从业人员和整个服务机构产生更高的好感度与信任度。

2. 馈赠的基本原则

（1）尊重个人喜好　在选择馈赠物品时，首先要充分考虑老年人的个人喜好。了解他们平时的兴趣爱好，比如：有的老年人喜欢读书，那就可以考虑送一本适合他们阅读的书籍；有的老年人热衷于下棋，送一副精致的象棋就是不错的选择。尊重他们的喜好能让礼物更贴合他们的心意，使其感受到服务从业人员的用心。

（2）注重实用性　老年人通常更看重礼物的实用性。选择一些能在日常生活中派上用场的物品，如保暖的围巾、舒适的拖鞋、便于携带的保温杯等。实用的礼物能给老年人的生活带来便利，让他们在使用过程中常常想起这份关怀。

（3）考虑健康因素　鉴于老年人的身体状况，馈赠物品要兼顾健康因素。例如：可以送一些有助于健康的食品，如富含营养的坚果、易消化的糕点等；或者送一些辅助保健器材，像按摩球、轻便的拐杖等，帮助他们更好地照顾自己的身体。

（4）文化传统适宜　要结合当地的文化传统来选择礼物。有些地区有特定的节日习俗，在相应节日馈赠符合习俗的礼物，能让老年人感受到浓浓的节日氛围和文化归属感。比如，在重阳节送重阳糕（需根据实际情况确保符合健康等要求），在春节送福字、春联等。此外，挑选礼物切忌触碰文化禁忌。

3. 不同场合的馈赠规范

（1）节日场合　重要节日，如春节、中秋节、重阳节等，是馈赠的好时机。春节时，可以送一些寓意吉祥的物品，如春联、福字、红灯笼等，让老年人感受到浓浓的年味，还可以送一些适合节日期间食用的食品,如年糕、蜜饯等。中秋节可送月饼、水果等,与老年人一起分享节日的团圆氛围。重阳节则适合送重阳糕、茱萸香囊(需确保安全无过敏等问题)、保健茶等,契合节日主题,也表达对老年人健康长寿的祝愿。

(2) 生日场合　当老年人生日时,礼物要更具个性化和纪念性。可以送一本定制的相册,将老年人在服务机构或日常生活中的照片整理成册,写上温馨的祝福语,让他们在翻阅时回忆美好时光;也可以送一件带有他们名字或生日标识的定制首饰,如刻有名字的项链、手链等,增添生日的仪式感。

(3) 特殊纪念日场合　对于老年人来说,有些特殊纪念日意义非凡,如结婚纪念日等。在这种场合,可以送一些与婚姻相关的纪念品,如一对精美的情侣杯、一幅结婚照的拼图等,帮助他们重温美好回忆,表达对他们长久爱情的祝福。

4. 馈赠时的注意事项

(1) 包装精美　无论馈赠何种物品,都要确保包装精美。一个漂亮的包装能增加礼物的吸引力,让老年人在收到礼物时首先感受到视觉上的愉悦。可以选择色彩柔和、质地优良的包装纸,系上一个漂亮的蝴蝶结等,使礼物看起来更加精致。

(2) 附上祝福语　在礼物上附上一张精心书写的祝福语卡片,用温暖、真诚的话语表达对老年人的祝福。祝福语要根据不同场合和老年人的具体情况来写,如在生日场合可以写:"亲爱的×爷爷/奶奶,祝您生日快乐,愿您岁岁平安,笑口常开!"让老年人在打开礼物时,能同时读到这份深情厚意。

(3) 选择合适时间馈赠　要选择合适的时间进行馈赠。一般来说,在节日当天、生日聚会时或特殊纪念日当天赠送礼物最为合适。避免在老年人忙碌、休息或情绪不佳的时候送礼物,以免影响他们对礼物的感受和接受程度。

(4) 馈赠方式得体　馈赠要以得体的方式进行。如果是当面馈赠,要面带微笑,双手递上礼物,同时送上温馨的祝福语,眼神要与老年人有良好的交流,让老年人感受到尊重和真诚;如果是委托他人代送,要提前告知代送者相关注意事项,确保礼物能准确、及时地送到老年人手中,并且附上同样的祝福语。

(5) 注意礼物的价值　虽然馈赠是为了表达心意,但也要注意礼物的价值不宜过高,以免给老年人造成心理负担。要根据服务机构的规定以及与老年人的关系等因素综合考虑,选择合适价值的礼物,让老年人能够轻松接受。

知识点六:庆贺礼仪

1. 庆贺礼仪的重要性

在老年服务工作中,恰当的庆贺礼仪对于丰富老年人的生活、增强他们的幸福感,以及促进良好服务关系的建立都具有至关重要的意义。首先,通过为老年人举办各类庆贺活动,能够为他们单调的日常生活增添色彩,使其体验到不同的乐趣和喜悦,让他们感受到自己依然充满活力、生活依然充满意义。其次,庆贺往往伴随着他人的祝福和关注,这会让老年人深切感受到自己被重视、被关爱,从而极大地增强他们的幸福感,提升他们对生活的满意度和对老年服务环境的认同感。最后,老年服务从业人员用心地为老年人筹备并参与庆贺活动,以真诚的态度送上祝福,能够拉近与老年人之间的距离,增进彼此的情感联系,进而促进整个服务关系更加和谐融洽,使老年人更愿意配合服务工作。

2. 不同庆贺场合的礼仪规范

(1) 生日庆贺场合

[活动筹备]提前了解老年人生日的具体日期,做好活动筹备计划。可以根据老年人的喜好和身体状况,确定活动的规模、形式(如小型家庭式聚会、较大型的机构内集体庆祝等)。准备生日蛋糕、蜡烛、生日帽等必备物品,确保蛋糕的口味符合老年人的喜好,蛋糕上可写上老年人的名字和祝福语。安排合适的场地,如在机构的活动室或老年人居住的房间内进行布置,营造出温馨、喜庆的生日氛围,可悬挂彩色气球、彩带等装饰。

[活动进行]生日当天,服务人员要提前到达场地,再次检查各项准备工作是否就绪。当老年人到达

时,全体服务人员要面带微笑,热情地送上生日祝福,如"祝您生日快乐!×爷爷/奶奶,愿您福如东海,寿比南山!"同时可送上鲜花或小礼品(遵循馈赠礼仪)。随后点燃蜡烛,引导老年人许愿,然后一起唱生日歌,在唱歌过程中,要保持声音洪亮、欢快,眼神注视着老年人,传递出真挚的祝福。唱完生日歌后,协助老年人吹灭蜡烛,接着为老年人切蛋糕,将第一块蛋糕恭敬地递给老年人,并说一些温馨的话语,如"爷爷/奶奶,这第一块蛋糕当然要给您啦,希望您吃了甜甜蜜蜜的!"

在活动过程中,要注意与老年人互动,鼓励老年人分享生日感言,耐心聆听并给予回应,让老年人感受到自己是活动的主角。

[活动后续]活动结束后,要及时清理场地,将垃圾清理干净,恢复场地的整洁。可以将活动中的照片或视频整理出来,制作成纪念册或电子相册,送给老年人,让老年人能够随时回忆起这美好的生日时刻。

(2) 节日庆贺场合

[活动筹备]针对不同的节日,如春节、中秋节、重阳节等,了解其传统习俗和文化内涵,根据这些来筹备活动。可准备与节日相关的物品,如春节的春联、福字、红灯笼,中秋节的月饼、水果,重阳节的重阳糕、茱萸香囊等。同时确定活动的形式和场地,例如:春节可以举办联欢晚会,在机构的大厅或活动室进行;中秋节可以组织赏月、吃月饼活动,选择在户外庭院或阳台等视野开阔的地方举行;重阳节可以安排登山、赏菊活动,视老人身体状况,选择合适的登山路线或赏菊地点。

[活动进行]在节日当天,服务人员要以饱满的热情投入到活动中。向老年人送上节日的祝福,如"爷爷奶奶,春节到啦,祝你们新春快乐,万事如意!""叔叔阿姨,中秋节快乐,愿你们团圆美满!""爷爷奶奶,重阳节快乐,希望你们健康长寿!"语气要欢快、热烈,传达出节日的喜庆氛围。同时组织老年人参与各项活动,如:在春节联欢晚会上,鼓励老年人上台表演节目或参与互动游戏;在中秋节赏月活动中,与老年人一起分享月饼、畅谈人生;在重阳节登山活动中,搀扶老年人、保障他们的安全,同时与他们一起欣赏美景。在活动过程中,要注意观察老年人的身体状况和情绪变化,及时给予关心和帮助,确保老年人能够安全、愉快地参与活动。

[活动后续]活动结束后,清理场地,妥善保管或处理相关物品,以备下次使用。可以将活动中的精彩瞬间记录下来,制作成纪念册或电子相册,与老年人分享,让老年人回忆起美好的节日时光。

(3) 特殊纪念日庆贺场合

[活动筹备]对于老年人来说,特殊纪念日可能包括结婚纪念日、金婚纪念日、退休纪念日等。要了解老年人具体的特殊纪念日日期和相关背景,制定相应的活动筹备计划。可准备与特殊纪念日相关的物品,如:普通结婚纪念日,可以准备一对精美的情侣杯、一幅结婚照的拼图等;金婚纪念日,可以准备金婚纪念证书、象征长久爱情的首饰等;退休纪念日,可以准备退休纪念章、与工作相关的纪念品等。

同时确定活动的形式和场地,根据老年人的喜好和身体状况,选择在老年人居住的房间内进行小型庆祝,或者在机构的活动室等举行较为大型的庆祝活动。

[活动进行]在特殊纪念日当天,服务人员要提前到达场地,检查各项准备工作是否就绪。当老年人到达时,服务人员要面带微笑,热情地送上与特殊纪念日相关的祝福,如"祝你们结婚纪念日快乐,×爷爷、×奶奶,愿你们的爱情长长久久!""×爷爷和×奶奶,金婚纪念日快乐,你们的爱情真是让人羡慕啊!""×叔叔/阿姨,退休纪念日快乐,希望您的退休生活丰富多彩!"并向老年人展示准备好的纪念物品,介绍其寓意和用途,让老年人感受到这份用心和纪念物品特殊的纪念意义。在活动过程中,要注意与老年人互动,鼓励老年人分享特殊纪念日当天的感受和相关回忆,耐心聆听并给予回应,让老年人成为活动的主角。

[活动后续]活动结束后,要清理场地,将垃圾清理干净,恢复场地的洁净。可以将活动中的照片或图片整理出来,制作成纪念册或电子相册,送给老年人,让老年人能够随时回忆起这美好的特殊纪念日。

3. 庆贺时的注意事项

(1) 尊重老人意愿　在筹备和开展庆贺活动时,要充分尊重老年人的意愿。如果老年人不想举办大型活动,或者对某种活动形式不感兴趣,要按照老年人的要求进行调整,确保活动能够让老年人满意。

（2）关注老年人身体状况　老年人的身体状况可能存在差异,在庆贺活动中要密切关注老年人的身体状况,如在登山活动中要确保老年人的安全,在长时间的活动中要注意老年人是否需要休息等,避免因活动强度过大而对老年人造成伤害。

（3）体现个性化　每个老年人都有自己的喜好和特点,在庆贺活动中要尽量体现个性化。例如,根据老年人的爱好选择活动形式,或者在礼物准备上体现老年人的名字、喜好等,让老年人感受到这份庆贺是专门为他们量身定制的。

（4）全体参与　作为养老机构的工作人员,在庆贺活动中要尽可能全体参与,以饱满的热情投入到活动中,让老年人感受到整个服务团队对他们的重视和关爱,而不是个别服务人员的单独行为。

（5）与文化传统适宜　在筹备庆贺活动时,要注意与当地的文化传统相适宜。遵循传统习俗,选择合适的庆祝方式和物品,既能让老年人感受到浓浓的文化氛围,又能传承和弘扬传统。

知识点七：慰问礼仪

1. 慰问礼仪的重要性

在老年服务工作中,慰问是表达关怀、传递温暖的重要方式,遵循恰当的慰问礼仪具有多方面的重要意义。首先,老年人在生活中可能会面临各种情况,如身体不适、情绪低落等,慰问能让他们感受到被关注、被重视,给予他们情感上的慰藉,缓解孤独、焦虑等负面情绪,使他们的心灵得到安抚。其次,通过真诚的慰问,老年服务从业人员可以进一步拉近与老年人之间的距离,增强彼此之间的信任和情感联系,从而促进整个服务关系更加和谐融洽,有利于后续服务工作的顺利开展。最后,慰问体现了老年服务工作中的人文关怀精神,展示了服务人员对老年人的尊重与关爱,营造出温馨、充满关爱的服务环境,提升老年人对服务的满意度和生活质量。

2. 不同情况的慰问规范

（1）身体不适慰问

[准备工作]了解老年人身体不适的具体情况,如病症、严重程度等,以便有针对性地进行慰问。可以准备一些适合其身体状况的慰问品,如易消化的食品(如粥、软糕点等)、保暖用品(如毛毯、围巾等),或有助于康复的小物件(如按摩球、助行器等),视情况而定。

[慰问过程]到达慰问地点后,先轻声敲门(如果在室内),得到允许后轻轻推门进入,动作要轻缓,避免惊扰到老年人。面带微笑,眼神关切地看着老年人,用温和、轻柔的语气说:"×爷爷/奶奶,我听说您身体不舒服,可担心您了,现在感觉怎么样啦?"靠近老年人床边或座位坐下(保持适当距离,尊重老年人的个人空间),聆听老年人诉说身体的不适,不时点头表示理解,并用简短的话语回应,如:"嗯,那您可得好好休息呀!""是啊,生病确实挺难受的。"将准备好的慰问品递给老年人,同时介绍一下慰问品的用途,如:"爷爷/奶奶,这是给您带的粥,比较容易消化,您喝点暖暖胃。""奶奶,这条围巾给您,您披着能暖和些。"在慰问结束时,要鼓励老年人积极配合治疗,保持乐观的心态,说一些鼓舞人心的话,如:"爷爷/奶奶,您别担心,现在医疗条件可好了,您肯定很快就会好起来的。"

[后续工作]离开时,要再次叮嘱老年人好好休息,注意身体。可以与老年人的家属或负责照顾老年人的医护人员沟通一下,了解老年人后续的治疗和康复计划,以便持续关注其身体状况。

（2）情绪低落慰问

[准备工作]先通过与老年人日常接触或其家属、其他工作人员了解老年人情绪低落的原因,做到心中有数。随后准备一些能带来好心情的小礼物,如鲜花、有趣的小摆件、老年人喜欢的书籍或音乐等。

[慰问过程]轻轻敲门进入房间,动作要轻柔。面带微笑,用亲切、温暖的语气说:"×爷爷/奶奶,我看您好像有点不开心呀,能和我说说怎么回事吗?"坐在老年人身边,与老年人保持适当距离,给予老年人充分的表达机会,聆听老年人倾诉内心的烦恼和苦闷。通过眼神交流、点头等方式表示自己在认真听,并适

时给予回应,如:"嗯,我理解您的感受。""是啊,遇到这种情况确实会让人心情不好。"把准备好的小礼物递给老年人,说:"爷爷/奶奶,这是给您带的小礼物,希望能给您带来一点好心情呢。"在慰问结束时,要给老年人一些积极的建议和鼓励,帮助老年人调整心态,如:"爷爷/奶奶,您别想那么多啦,事情总会好起来的,您可以试着去做一些自己喜欢的事情呀。"

［后续工作］离开时,要再次安慰老年人,让老年人感受到服务人员的关心并不会因为离开而停止。在之后的日子里,要持续关注老年人的情绪变化,适时再次进行慰问或提供其他形式的帮助。

(3) 特殊节日或纪念日慰问

［准备工作］根据不同的节日或纪念日,准备相应的慰问品和装饰品。例如:春节,准备春联、福字、红包等;中秋节,准备月饼、水果等;老年人的生日,准备生日蛋糕、鲜花等;结婚纪念日,准备象征爱情的纪念品等。提前了解老年人对节日或纪念日的期待和喜好,以便使慰问活动更贴合老年人的心意。

［慰问过程］节日或纪念日当天,提前到达老年人所在的地方,营造出喜庆或温馨的氛围。如果是在室内,可以张贴装饰品、摆放慰问品等;如果是在室外,可以通过布置场地、播放音乐等方式营造氛围。用热情、欢快的语气向老年人送上节日或纪念日的祝福,如:"×爷爷/奶奶,春节到啦,祝您新春快乐,万事如意!""×叔叔、×阿姨,中秋节快乐,愿你们团圆美满!""×爷爷/奶奶,生日快乐,愿您福如东海,寿比南山!""×爷爷、×奶奶,结婚纪念日快乐,愿你们的爱情长长久久!"将准备好的慰问品恭敬地递给老年人,同时介绍一下慰问品的寓意和用途,如:"×爷爷/奶奶,这是给您的红包,寓意着新的一年里吉祥如意呢。""×奶奶,这盒月饼,希望您吃得开心。"在慰问结束时,要与老年人一起庆祝,参与一些简单的庆祝活动,如唱生日歌、吃蛋糕、赏月等,让老年人充分享受节日或纪念日的喜悦。

慰问老年人时如何选择合适的礼品

［后续工作］离开时,要再次送上祝福,让老年人感受到节日或纪念日的欢乐氛围一直延续。可以将慰问活动中的精彩瞬间记录下来,制作成纪念册或电子相册,送给老年人,让老年人能够随时回忆起这美好的时刻。

3. 慰问时的注意事项

(1) **真诚关心**　慰问必须出自真心,要让老年人感受到服务人员是真正关心他们的身体状况、情绪变化,以及生活中的各种情况。避免机械式的慰问,那种缺乏感情的慰问会让老年人觉得敷衍,从而影响慰问效果和服务关系。

(2) **尊重隐私**　在慰问过程中,要尊重老年人的隐私。如果老年人不想谈及某些问题,不要强行追问;对于老年人透露的个人信息,要严格保密,不得随意传播。

(3) **注意语气语调**　慰问时的语气语调非常重要。要根据不同的情况,如身体不适、情绪低落等,采用合适的语气语调。身体不适时要用温和、轻柔的语气;情绪低落时要用亲切、温暖的语气;特殊节日或纪念日时要用热情、欢快的语气,让老年人感受到服务人员的关心和喜悦之情。

(4) **关注个体差异**　不同老年人有不同的性格、喜好和接受程度。有些老年人可能喜欢热闹、热情的慰问方式,而有些则可能更喜欢安静、含蓄的方式。服务人员要留意观察,根据每个老年人的特点来调整慰问的方式和内容,以满足他们的个性化需求。

(5) **保持适当距离**　在慰问过程中,要与老年人保持适当的距离,既不能太远,让老年人觉得疏远,也不能太近,侵犯老年人的个人空间。要根据老年人的接受程度和具体情况灵活调整距离,让老年人感到舒适自在。

一、理论测试

请扫描二维码,完成知识测试。

二、案例分析

小王是江苏省××市人,毕业后到某养老院工作。该地区在日常生活中称呼别人有个习惯,对女性以"阿姨"为尊称。小王上班不久,对人热情礼貌,为了工作需要经常到办公室找一些经验丰富的同事沟通信息,但是她总是叫女同事"阿姨",让大家很不舒服。慢慢地有人开始不愿意理睬小王了。

思考:为什么会出现上述情况?在以后的工作中,小王应该怎么做?

三、能力训练

训练任务:以小组为单位,分角色进行各种日常交往礼貌用语的训练,注意日常交往语言礼仪的运用原则。

训练目的:运用各种日常交往礼貌用语。

训练步骤:

1. 学生按5—6人分组;
2. 互相用常见的日常交往礼貌用语进行交流,并注意日常交往语言礼仪的运用原则;
3. 组内互相点评每位同学对日常交往礼貌用语的使用情况;
4. 每组推荐1位代表上台进行展示,教师进行点评。

任务2 拜访重要客户

情境案例

李爷爷和王奶奶今年都是75岁,他们的儿子为某企业高管,因工作调动,将携儿媳和孙子前往外市工作。李爷爷和王奶奶考虑到年事已高不便外出,拟入住某养老护理院。作为工作人员的小张,在接到李爷爷儿子电话后,需前往李爷爷家,就入住养老护理院事宜进行沟通。

思考:在拜访李爷爷前,小张需做好哪些准备工作?

 学习目标

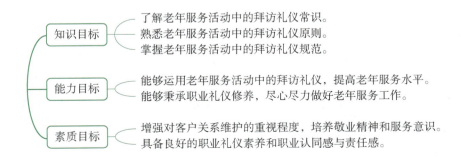

知识储备

知识点一:拜访礼仪的重要性

增强拜访好感的细节

在老年服务工作中,拜访是与老年人及其家属进行深入沟通、提供更贴心服务的重要方式,遵循恰当的拜访礼仪具有多方面的重要意义。首先,规范的拜访礼仪能让老年人深切感受到服务人员对他们的尊重和关怀,满足他们渴望被重视的心理需求,从而拉近与老年人之间的距离,使他们更愿意接受服务人员的帮助与照顾。其次,合适的拜访礼仪有助于营造轻松、和谐的氛围,在这样的氛围下,服务人员与老年人及家属能够更加顺畅地进行沟通交流,确保服务相关的信息准确传达,也能更好地了解老年人的需求、想法和感受。最后,良好的拜访礼仪是老年服务从业人员专业素养的体现,展示了整个服务团队的规范性和可靠性,有助于提升老年人及其家属对服务机构及服务人员的信任度,进而维护和提升服务形象。

知识点二:拜访应遵循的原则

(1)尊重原则　在拜访过程中,应该尊重被拜访者,客随主便。尊重对方的爱好和感情,尤其是在馈赠环节,需要尊重对方的民族习惯、宗教信仰等。除此以外,尊重原则还体现在拜访前应主动和被拜访者进行预约,确定一个对双方均适宜的拜访时间。

(2)适度原则　在拜访过程中,拜访者应尽量不给对方带来麻烦,不影响其正常的生活秩序。例如,最好不要在中午12点至14点进行拜访,以免影响被拜访者的午休。在拜访过程中,要把握感情尺度、行为尺度,以建立和保持健康、良好、持久的关系。

(3)守信原则　守信是忠诚的外在表现,反映了一个人行为的规律性和稳定性。在拜访过程中必须遵守守信原则,必须在双方约定的时间准时到达约定地点,如果不能准时到达,必须和对方及时进行沟通并致歉。

总之,拜访是为了与对方建立良好的关系,因此,在拜访过程中,需要把握尊重、适度和守信的原则,努力实现拜访的目的。

知识点三:拜访老年人应该遵循的礼仪规范

1. 拜访老年人的目的

老年服务从业人员拜访老年人的目的主要有日常关怀问候、服务跟进沟通,以及告知活动邀请。日常关怀问候包括了解老年人的身体状况、生活情况,给予情感上的支持与陪伴,让他们感受到关心和温暖。服务跟进沟通指就正在提供的各项服务(如生活照料、健康护理等)与老年人进行沟通,询问他们对服务的满意度,了解是否有需要调整或改进的地方。告知活动邀请通常是向老年人介绍即将举办的各类娱乐、文化、健康等活动,邀请他们参加,丰富其生活内容。

2. 拜访老年人的礼仪规范

拜访老年人的注意事项

(1)拜访前

① 明确目的。确定此次拜访是为了关怀问候、服务跟进,还是活动邀请等,以便准备相应的话题和资料。

② 预约时间。提前与老年人联系,充分考虑其生活作息规律,选择合适的时间,避免打扰其休息、用餐等。一般早上不宜过早(如7点之前),中午避免午休时间(通常12点至14点),晚上不宜过晚(如21点之后),除非有紧急情况。

③ 了解情况。熟悉老年人的基本信息,包括健康状况、兴趣爱好、近期生活状态等,以便更好地互动交流。同时了解拜访场所的相关情况,如是否有特殊进入要求等。

④ 准备物品。根据拜访目的准备物品,如:关怀问候,可带水果、糕点等小食品或保暖用品等小礼品;服务跟进,可带上相关服务记录表单等;活动邀请,可准备活动介绍资料、宣传海报等。

(2) 拜访中

一是按照预约时间准时抵达拜访地点。若可能迟到,须提前电话告知并说明原因、表达歉意。

二是轻轻敲门,力度适中,敲两三下后稍作停顿,再敲几下,等待回应。得到允许后轻轻推门进入,动作轻缓,进门后面带微笑问候,如"您好呀,×爷爷/奶奶,我来拜访您啦,打扰您了",或是根据时间选择合适的问候方式,如早上说"早上好呀,×爷爷/奶奶,您今天精神看起来很不错呢"。

三是进行寒暄,询问老年人身体状况、近期生活情况等,认真聆听回答,通过眼神交流、点头等表示在认真听。

四是坐着交谈时,背部挺直,坐满椅子的三分之一到二分之一,双腿并拢或微微分开(女性可并拢双腿,男性可微微分开),双手自然放在大腿上或轻轻搭在扶手上;站着时,身体挺直,双脚平稳站立,与肩同宽或略窄,双手自然下垂或在身前交叠,展现自信、专业形象。

五是交谈中要注意:根据老年人听力和理解能力调整语速,不快不慢,确保其能听清听懂;用简洁易懂的语言表达,避免使用含有专业、生僻或复杂词汇的句子,如有专业内容,尽量转化为通俗说法;以聆听为重点,给予老年人充分表达的机会,不急于打断,通过点头、眼神交流等回应,再根据听到的内容针对性回应。尊重老年人提出的观点和意见,即便不完全赞同,先表示理解,再温和阐述自己的观点。

六是注意个人空间。与对方保持一臂到两臂之间的距离,既不过于靠近让其不舒服,也不宜离得太远显得疏远,可根据老年人接受程度和实际情况灵活调整。

七是避免打扰他人。注意行为举止,避免发出过大声音打扰老年人及其家属的正常生活。如需使用设备(如手机充电器、WiFi信号等),先征得同意,使用后及时关闭。

八是当达成拜访目的、老年人或其家属显露疲态或临近约定结束时间时,须适时告辞。告辞时使用礼貌结束语,如:"爷爷/奶奶,今天和您聊得真开心,不过我得走啦,您好好休息哦,祝您生活愉快呀!"然后起身整理衣服物品,再次微笑告辞,如:"再次感谢您的接待,希望下次有机会再来看您。"

(3) 拜访后

首先,记录相关信息。及时将拜访中了解到的老年人健康状况变化、新需求等重要信息记录下来,为后续精准服务提供依据。

其次,落实服务调整。根据拜访情况对服务内容或方式进行必要调整,满足老年人提出的新需求或建议。

最后,保持后续沟通。通过电话、微信或短信等方式继续与老年人及其家属保持联系,询问近况,表达关心,巩固服务关系。

知识点四:拜访老年人家属

1. 拜访老年人家属的目的

老年服务从业人员拜访老年人家属的目的主要有反馈服务情况、征求意见建议、沟通特殊情况等。反馈服务情况,即向家属反馈老年人在接受服务过程中的整体情况,包括身体状况变化、生活照料情况、精神状态等,让家属了解服务进展。征求意见建议,即询问家属对目前提供的老年服务的意见和建议,以便进一步改进服务质量,更好地满足老年人及家属的需求。沟通特殊情况,如老年人遇到突发健康问题、情绪异常等特殊情况,与家属进行及时、深入的沟通,共同商讨应对措施。

2. 拜访老年人家属的礼仪规范

(1) 拜访前

一是明确目的。确定是为了反馈服务情况、征求意见建议,还是沟通特殊情况等,准备好相关资料和话题。

二是预约时间。与家属提前联系,选择双方都方便的时间进行拜访,要考虑家属的工作、生活作息等因素。

三是了解情况。熟悉老年人的基本情况以及家属与老年人的关系等,以便更有针对性地进行沟通。

四是准备物品。可准备服务情况报告(如有)、意见反馈表等相关资料,方便与家属交流时使用。

(2) 拜访中

① 严格按照预约时间到达拜访地点,若迟到须提前通知并致歉。

② 轻轻敲门,规范敲门动作,得到允许后轻轻推门进入,进门后微笑问候,如"您好呀,(家属称呼),我来拜访您啦,打扰您了"。

③ 之后进行寒暄,可根据与老年人家属的熟悉程度、之前掌握的信息,简单、适当询问家属的生活、工作情况等,表示关心,同时认真倾听回答。注意把握询问的度,不可让老年人家属有窥探隐私之感。

④ 遵循与拜访老年人时相同的坐姿与站姿规范,展现专业形象。

⑤ 表明来意,围绕拜访目的进行交谈。交谈中要注意:根据家属的接受能力调整语速,确保沟通顺畅。用简洁易懂的语言表达观点和内容,避免复杂表述。给予家属充分表达的机会,不急于打断,通过点头、眼神交流等方式回应,再根据听到的内容针对性回应。尊重家属提出的观点和意见,即使有不同看法,先表示理解,再温和阐述自己的观点。

⑥ 注意个人空间。保持合适的距离,让家属感到舒适自在,避免过于靠近或远离。

⑦ 避免打扰他人。注意自身行为举止,不发出过大声音影响家属的正常生活,如需使用设备,须征得同意后使用,用完后及时关闭。

⑧ 当达到拜访目的、家属显露疲态或临近约定结束时间,适时告辞。告辞时使用礼貌结束语,如"(家属称呼),今天和您聊了很多,感谢你中肯的建议,我们会继续完善服务细节,让老人得到更周到的照护。时间不早了,我得走了。祝您生活愉快呀!"然后起身整理衣服物品,再次微笑告辞,如:"再次感谢您的接待,希望下次有机会再来拜访您。"

(3) 拜访后

第一,记录相关信息。将拜访中了解到的家属的意见和建议、对服务的期望等信息记录下来,用于改进服务。

第二,落实服务调整。根据家属提出的意见和建议对服务进行相应调整,提升服务质量。

第三,保持后续沟通。继续与家属保持联系,通过电话、微信、短信等方式告知服务的后续进展情况,加强沟通与合作。

知识点五:拜访相关合作机构人员(如医疗机构、社区组织等)

1. 拜访相关合作机构人员的目的

老年服务从业人员拜访相关合作机构人员的目的主要有商讨合作事宜、协调共享资源、交流互通信息。商讨合作事宜,即就老年服务项目与相关合作机构商讨合作细节、签订合作协议、拓展合作领域等,促进老年服务工作的更好开展。协调共享资源,即协调与合作机构之间的资源共享,如共享医疗设备、活动场地等,以提高资源利用效率,为老年人提供更优质的服务。交流互通信息,即与合作机构进行信息交流,了解最新的医疗保健知识、社区活动动态等,以便及时将相关信息传递给老年人,同时也将老年服务中的相关情况反馈给合作机构。

2. 拜访合作机构人员的礼仪规范

(1) 拜访前

首先,明确目的。清楚此次拜访是为了商讨合作事宜、协调资源共享,还是交流互通信息等,准备好相关的文件、资料、方案等。

其次,预约时间。提前与合作机构人员联系,根据对方的工作安排选择合适的时间进行拜访,确保拜访顺利进行。

再次,了解情况。了解合作机构的基本情况、业务范围、合作意向等,以便在拜访中更好地沟通交流。

最后,准备物品。准备好合作协议草案(如有)、项目计划书、宣传资料等相关物品,便于在拜访中展示和讨论。

(2) 拜访中

① 按照预约时间准时到达拜访地点,若迟到须提前通知并致歉。

② 轻轻敲门,得到允许后轻轻推门进入,进门后微笑问候,如:"您好呀,×老师/先生/女士,我来拜访您啦,打扰您了。"

③ 之后进行寒暄,可根据与合作机构人员的熟悉程度等,适度询问对方机构最近情况,对方工作人员的工作、生活情况等,表示关心,同时聆听回答。

④ 保持良好的坐姿或站姿,展现专业形象。坐姿上,背部挺直,坐满椅子的三分之一到二分之一,双腿并拢或微微分开(女性可并拢双腿,男性可微微分开),双手自然放在大腿上或轻轻搭在扶手上;站姿上,身体挺直,双脚平稳站立,与肩同宽或略窄,双手自然下垂或在身前交叠。

⑤ 表明来意,围绕拜访目的进行交谈。交谈中要注意:根据对方的接受能力调整语速,确保沟通顺畅。用简洁、专业的语言表达观点和内容,抓住重点,注意谈话的条理,忌啰嗦。给予对方充分表达机会,不急于打断,通过点头、眼神交流等方式回应,再根据听到的内容针对性回应。尊重对方提出的观点和意见,即使有不同看法,先表示理解,再温和阐述自己观点。

⑥ 注意个人空间。保持合适的距离,让对方感到舒适自在,避免过于靠近或远离。

⑦ 避免打扰他人。注意自身行为举止,不发出过大声音影响对方正常工作,如需使用设备,须征得同意后使用,使用完及时关闭。

⑧ 当达到拜访目的、临近约定结束时间,适时提出告辞。告辞时使用礼貌结束语,如:"×老师/先生/女士,今天向您学习了不少,我得走啦,希望我们合作成功,也祝您生活愉快呀!"然后起身整理衣服物品,再次微笑告辞,如:"再次感谢您的接待,希望下次有机会再来拜访您。"

(3) 拜访后

第一,记录相关信息。将拜访中了解到的合作机构的合作意向、资源情况、最新信息等记录下来,用于后续的合作推进。

第二,落实服务调整。根据拜访情况对服务进行相应调整,比如根据合作机构提供的最新医疗保健知识更新服务内容等。

第三,保持后续沟通。继续与合作机构人员保持联系,通过电话、微信、短信等方式跟进合作事宜的进展情况,加强合作关系。

同步训练

一、理论测试

请扫描二维码,完成知识测试。

二、案例分析

李爷爷,65岁,某企业退休高管,对老年服务品质要求较高,拟入住某养老护理院。工作人员小张在接到李爷爷儿子电话后,需前往李爷爷家,就入住养老护理院事宜进行沟通。小张与李爷爷儿子确定好时间,前往李爷爷家,却被李爷爷儿子告知,李爷爷正在小区楼下下象棋,因其工作繁忙忘了将约定时间告知李爷爷。

思考:为何会出现上述情况?针对这种情况该如何补救?

三、能力训练

训练任务:以小组为单位,创设情境,模拟练习职场中几种形式的拜访,注意相关细节。

训练目的:学会运用拜访礼仪。

训练步骤:

1. 学生按 4—6 人分组;
2. 小组创设情境,组内成员进行拜访模拟训练;
3. 组内互相点评每位同学对拜访礼仪的运用情况;
4. 每组推荐 1 位代表上台进行展示,教师进行点评。

任务3 接待重要来宾

情境案例

经过小张的介绍,李爷爷和王奶奶对某养老护理院的环境和提供的服务很满意。他们决定在下周三前往该养老护理院进行实地考察。

思考:在接待李爷爷和王奶奶前,小张及其团队需要做好哪些准备工作呢?

学习目标

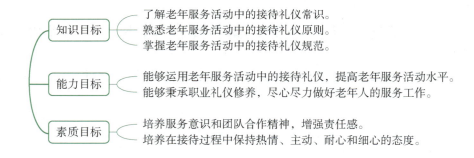

知识目标
- 了解老年服务活动中的接待礼仪常识。
- 熟悉老年服务活动中的接待礼仪原则。
- 掌握老年服务活动中的接待礼仪规范。

能力目标
- 能够运用老年服务活动中的接待礼仪,提高老年服务活动水平。
- 能够秉承职业礼仪修养,尽心尽力做好老年人的服务工作。

素质目标
- 培养服务意识和团队合作精神,增强责任感。
- 培养在接待过程中保持热情、主动、耐心和细心的态度。

知识储备

知识点一:接待礼仪及其分类

接待是一种有目的的社交行为和服务活动,主要是指在特定的场合下,以热情、周到、专业的态度迎接、招待来访的客人或对象。接待礼仪是指在接待活动中,人们遵循的一系列行为规范和准则,以展现尊重、友好、专业和热情的态度。

老年服务从业人员的接待工作根据是否有预约,分为非预约来访的接待和预约来访的接待;根据接待对象的不同,主要分为对老年服务对象的接待、对老年人家属的接待、对外来参观人员的接待、对医护人员等合作方的接待等。

知识点二:接待的原则

1. 以尊重为核心

在老年服务接待工作中,尊重原则犹如基石般重要。它意味着要全方位地尊重每一位来访者,尤其是老年服务对象,无论其社会地位、经济状况、身体状况如何,都要将他们视作拥有独立人格与尊严的个体。只有将尊重原则贯穿于老年服务接待工作的每一个环节,才能让老年人及其家属真正感受到贴心与温暖,建立起和谐信任的关系。

2. 秉持关爱态度

在接待过程中,对老年人,要给予情感关怀,陪老年人聊天、安慰开导老年人,让其感受温暖;对家属,要理解其对老年人的牵挂,表达会尽力照顾老年人,以缓解其担忧;对医护人员等,要积极配合,从各方面提供周到服务,配合工作开展。

3. 保持耐心作风

接待工作中,面对老年人沟通障碍,要耐心倾听、温和回应、重复解释。对家属等各方提出的问题意见,要耐心解答、虚心接受,不敷衍。遇到各类突发或特殊情况,以平和心态耐心分析、寻找方案,确保接待工作不因急躁而受阻,始终保持良好的沟通与工作进展。

接待中的用茶礼仪

知识点三:接待老年人的礼仪规范

1. 接待新入住老年人

当面对新入住老年人时,老年服务从业人员的接待工作要格外细致入微,让老年人在陌生的环境中迅速感受到温暖与关怀。

(1)热情迎接　见到老年人的那一刻,工作人员须即刻主动起身,脸上绽放出的笑容要真诚且具有感染力,用温和、亲切到足以融化人心的语气打招呼,比如:"爷爷/奶奶,您好呀,欢迎您来到这里,一路辛苦了呢。"这简单的问候是开启与老年人良好沟通的第一步,能让他们放下初来乍到的紧张感。

(2)详细介绍　紧接着,要主动且清晰地介绍自己的身份以及所在场所的详细情况。不仅仅是告知老年人各个区域的基本功能,像"这边是活动室,您可以在里面和其他爷爷奶奶一起下棋、聊天哦,那边是餐厅,到饭点就会供应可口的饭菜呢",还可以提及一些场所的特色活动、日常作息安排等。例如,介绍活动室时,可以说"我们活动室每天下午都会组织一些有趣的手工制作活动,您要是感兴趣,到时候可以来参加呀",帮助老年人全方位地熟悉新环境。

(3)耐心引导　在引导老年人参观场所的过程中,工作人员要走在老年人侧前方,保持大约一臂到两臂的适当距离,方便老年人能随时看到指引方向的轻柔手势。同时,脚步要刻意放慢,紧密配合老年人的行走速度。遇到台阶、门槛等障碍物时,不仅要提前大声且清晰地提醒"爷爷/奶奶,前面有个台阶,您小心点儿哦",还要适时地伸出手给予搀扶,确保老年人行走的安全。

2. 接待常住老年人

对于常住老年人,要如同对待家人一般亲切,持续给予关心与关注,让他们在熟悉的环境中依然能感受到满满的爱意。

(1)亲切问候　每天见到常住老年人,热情主动的打招呼可不能少,称呼要亲切熟悉得就像自家人一样,比如"张爷爷,您今天精神头真不错呀",随后关切地询问老年人的身体状况,像"昨晚睡得好不好呀?"或者关心一下老年人的日常活动,"今天上午去活动室玩得开心不?"通过这些简单的询问,表达出对老年人的深切关心之情。

(2)关注需求　工作人员要时刻留意老年人日常习惯和需求的变化。倘若发现老年人有任何细微的不适或者特殊需求,必须及时询问并提供相应的帮助。比如,老年人平时每天都会去花园散步,可某一天没去,工作人员就要敏锐地察觉到异常,主动询问"李奶奶,您今天怎么没去花园散步呀?是身体不舒服吗?"然后根据老年人的回答给予恰当的协助。

(3) 尊重习惯　每一位常住老年人都有自己独特的生活习惯和个人喜好,要深入了解并给予充分的尊重。在安排活动、提供服务时,要尽可能地满足他们的个性化需求。比如:有的老年人喜欢安静地看书,那在活动室的座位安排上,就可以为其预留一个相对安静的角落;有的老年人偏爱某种口味的饭菜,食堂在准备饭菜时就可以适当考虑增加这道菜的供应频率。

知识点四:接待老年人家属

1. 接待初次见面家属

初次与老年人家属见面,老年服务从业人员要展现出专业、礼貌且负责的形象,让家属放心地把老年人交给自己照顾。

(1) 礼貌接待　家属初次来访时,工作人员要以专业且礼貌的态度迎接,一见到家属,就要主动起身,脸上带着诚挚的微笑,热情地说:"您好,欢迎您来了解我们这里的服务情况,我是(工作人员名字),有什么问题您都可以问我哦。"这些简单的举动和话语,能让家属感受到对他们的尊重。

(2) 全面介绍　接下来,要详细、客观地介绍机构的服务内容、设施设备、人员配备、服务理念等方面的情况。可以通过发放精心制作的宣传资料,让家属先有初步的整体了解,然后再实地带领家属参观,为其讲解。比如:在介绍服务内容时,详细说明为老年人提供的日常护理服务包括哪些具体项目,像协助老年人洗漱、穿衣、喂饭等;在介绍设施设备时,展示康复器材如何先进且能有效帮助老年人恢复健康等。通过这种全面的介绍,让家属对整体服务有清晰的了解。

(3) 耐心答疑　对于家属提出的各种疑问,从业人员要耐心聆听,认真解答,语气要平和、专业。无论家属的问题是关于服务质量、费用标准,还是老年人的生活细节等,都要给予准确的回答。如果遇到不太确定的问题,千万不要随意作答,可先记录下来,告知家属会尽快核实并回复,这样能让家属感受到从业人员对待问题的严谨态度。

2. 接待常来探望家属

对于常来探望的家属,要建立起更加亲切友好的互动关系,以便更好地与之沟通老年人的情况,共同为老年人提供更好的照顾。

(1) 热情招呼　每次见到常来探望的家属,都要热情地打招呼,称呼要准确无误,比如"李叔叔,您又来看望张爷爷啦,张爷爷可盼着您呢",并且简单询问家属近况,如:"您最近工作忙不忙呀?"通过这种热情的招呼和简单的询问,拉近与家属的距离。

(2) 沟通反馈　主动与家属沟通老年人近期的身体状况、生活情况、情绪状态等方面的信息,比如告诉家属"张爷爷最近身体还不错,就是偶尔会有点咳嗽,我们已经请医生看过了,开了点药,现在正在恢复当中"。同时,也要听取家属的意见和建议,比如,家属可能会提出希望老年人能多参加一些户外活动,那从业人员就要认真考虑并根据实际情况予以落实。

(3) 协助安排　若家属有特殊的探望需求,如想在特定时间为老年人举办小型生日会等,要积极协助家属安排相关事宜,提供必要的场地、设备等支持。比如,帮助家属布置生日会现场,准备生日蛋糕、气球等装饰品,协调其他老年人和工作人员一起为寿星老年人庆祝生日,让老年人和家属都能感受到浓浓的亲情和欢乐氛围。

知识点五:接待外来参观人员

1. 接待预约参观人员

接待预约参观人员,老年服务从业人员要做到准时、规范且专业,充分展示机构的优势和特色,吸引更多人关注老年服务事业。

（1）准时迎接　按照预约时间，提前在指定地点等候参观人员，看到他们到来时，主动上前迎接，微笑着说，"您好，欢迎您按照预约时间准时到来，我是负责接待您的（工作人员名字），这边请"。准时迎接体现了对参观人员的尊重，以及自身的专业素养。

（2）规范介绍　按照预定的参观路线，依次介绍机构的各个区域、服务特色、先进设备等内容，介绍时语言要简洁明了、专业规范，突出重点和亮点。比如：在介绍服务特色时，可以说"我们这里采用个性化的服务方案，根据每一位老年人的身体状况、生活习惯和兴趣爱好制定专属的服务内容，确保老年人能得到最贴心的照顾"；在介绍先进设备时，可以展示康复机器人等设备的功能和优势，"这款康复机器人可以帮助老年人进行精准的肢体康复训练，提高康复效果"。通过这种规范的介绍，让参观人员对机构有更深入的了解。

（3）解答疑问　对于参观人员提出的问题，要耐心解答，解答过程中要展示出机构的专业性和优势。如果参观人员提出一些建设性的意见或建议，要虚心接受并表示感谢。比如参观人员说，"我觉得你们可以在活动室增加一些文化活动，比如书法展览"，从业人员就要虚心接受并回复，"您的建议非常好，我们会认真考虑并尽快落实的，感谢您的关心和支持"。

2. 接待临时来访参观人员

面对临时来访要求参观的人员，虽然情况可能比较突然，但也要以友好、热情的态度接待，灵活处理相关事宜。

（1）友好接待　遇到临时来访要求参观的人员，也要以友好、热情的态度接待，先了解他们的来意和基本情况，然后根据机构当时的实际情况决定是否可以安排参观。可以先热情地说"您好，欢迎您来参观，您先说说您的来意和基本情况吧"，然后认真聆听他们的回答。

（2）灵活处理　如果可以安排参观，要尽快调整安排，简要介绍机构情况，带领他们快速参观，重点介绍一些常见的服务内容和设施设备，同时对于他们的疑问要及时解答。比如，可以说，"由于时间比较仓促，我先简单给您介绍一下这里的基本情况。这是餐厅，为老年人提供营养均衡的饭菜；这是活动室，老年人可以在这里进行各种娱乐活动"。如果当时不方便参观，要诚恳地向他们解释原因，如"实在抱歉，这会儿我们正在进行一些重要活动，不太方便安排参观，您可以留下联系方式，我们会尽快和您联系安排合适的时间参观哦"。

知识点六：接待医护人员等合作方

1. 接待初次合作医护人员等合作方

当初次合作的医护人员等合作方到来时，从业人员要以尊重的态度迎接，建立良好的合作基础，确保后续合作顺利开展。

（1）尊重迎接　见到初次合作的医护人员等合作方到来时，要以尊重的态度迎接，主动起身，微笑着说，"您好，欢迎您来与我们合作，我是（工作人员名字），今后还请多多关照呀"。这简单的话语能让合作方感受到尊重和期待合作的诚意。

（2）深入了解　主动与他们深入交流，了解他们的专业领域、服务内容、合作方式等方面的情况，以便更好地配合他们开展工作。比如，询问医护人员："您主要负责哪方面的医疗服务呀？是内科，还是外科呢？""您的服务内容包括哪些具体项目呢？"通过这些问题，深入了解合作方的情况。

（3）明确分工　在交流过程中，要明确双方在合作中的分工和职责，确保后续工作顺利开展。比如，明确规定医护人员负责老年人的医疗诊断和治疗，而老年服务机构工作人员负责老年人的日常生活照护和心理关怀等。

2. 接待长期合作医护人员等合作方

对于长期合作的医护人员等合作方，要保持亲切友好的互动关系，紧密配合他们的工作，共同为老年人的健康和幸福努力。

（1）**亲切互动**　每次见到长期合作的医护人员等合作方，都要亲切地打招呼，如"王医生，您来啦，这段时间辛苦您了"，并简单询问他们的工作情况，如："最近病人多不多呀？"通过这种亲切的互动，拉近与合作方的关系。

（2）**紧密配合**　在日常工作中，要与他们紧密配合，按照既定的合作方案和流程开展工作，及时沟通反馈老年人的健康状况等信息，以便及时调整服务或治疗方案。比如，当老年人的身体状况发生变化时，老年服务机构从业人员要及时告知医护人员，医护人员根据情况调整治疗方案，同时，医护人员也要将治疗后的情况及时反馈给老年服务机构工作人员，以便他们进一步做好老年人的日常生活照护和心理关怀等工作。

送客礼仪

（3）**感谢支持**　适时表达对他们长期合作支持的感谢之情，如在一些特殊节点，如医护人员完成一项重要治疗任务后，可说，"王医生，这次真的太感谢您了，多亏了您的精湛医术，老年人的身体状况才得到了很好的改善呢"。通过这种感谢，进一步巩固与合作方的关系。

一、理论测试

请扫描二维码，完成知识测试。

二、案例分析

小王是个新来的接待人员，专门负责接待来访的老年人。这几天，小王多了整理资料的工作，主管告诉她要尽快整理好。所以，她坐在接待桌前，只要没有老年人来，就埋着头忙于整理资料。

今天，小王正忙得不可开交时，有位老年人走进来。小王腾不出空来，只好一边继续做事，一边向老年人打招呼。这位老年人很不满意小王的态度，表现出不满的情绪，并将此事告诉了小王的主管。因此，小王觉得很委屈。

思考： 为什么老年人不满而小王也很委屈？如果是你，你会怎么做？

三、能力训练

训练任务：以小组为单位，模拟在职场运用接待礼仪接待客人的情境，注意相关细节。

训练目的：学会运用接待礼仪。

训练步骤：

1. 学生按 4—6 人分组；
2. 组内成员进行接待客人的模拟训练，注意相关细节；
3. 组内互相点评每位同学对接待礼仪的运用情况；
4. 每组推荐 1 位代表上台进行展示，教师进行点评。

项目四

老年服务从业人员岗位工作礼仪

项目导学图

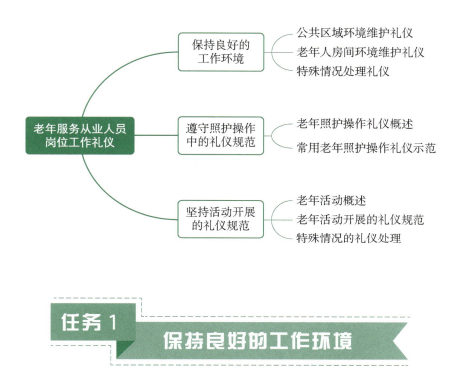

任务 1 保持良好的工作环境

情境案例

在一家新开的养老机构,一对老年夫妇前来咨询签约事宜。当他们走进办公区域,看到的是文件纸张随意散落在桌面,地上还有未清理的垃圾,角落里堆积着杂物。工作人员的工位混乱不堪,电脑线、电源线缠绕交错。老夫妇对此感到十分不满,认为这样不整洁的环境反映出机构管理不善,对老年人的服务可能也难以到位。最终,他们放弃了在这里签约入住的打算。

思考:老年服务从业人员需要具备哪些关于办公环境布局的相关知识?机构的办公环境应如何优化?

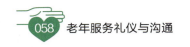

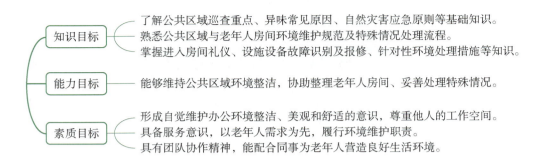

知识储备

知识点一：老年服务工作环境礼仪及其意义

在老年服务领域，环境对于老年人的生活质量和身心健康有着至关重要的影响。一个舒适、安全、整洁且有序的环境，能够让老年人感受到家的温暖，安心享受晚年生活。老年服务从业人员作为直接负责环境维护，以及与老年人密切互动的群体，掌握并践行环境维护礼仪是提供优质服务的关键环节。这不仅关乎环境本身的优劣，更体现了对老年人的尊重与关怀，是老年服务行业专业性的重要体现。

首先，整洁、有序的环境能让老年人心情愉悦，增强他们对生活的满意度。当老年人每天醒来看到干净的房间、整洁的公共区域，他们会感受到被尊重和关怀，从而更加积极地参与到日常活动中去。

其次，对设施设备的精心维护和及时报修，保障了老年人的人身安全和正常生活需求。老年人可以放心地使用各种设施，如乘坐电梯、在活动室活动等，不会因为设施故障而遭受意外或不便。

再者，在处理特殊情况时，如异味处理和环境突发变化处理，老年服务从业人员以尊重和关怀的态度应对，能让老年人感受到自己是被重视的。这种情感上的关怀会进一步加深老年人对服务机构的信任，提高他们对服务的认可度。

最后，环境维护礼仪也是老年服务机构整体形象的重要体现。一个注重环境维护的机构，会给外界留下专业、负责、关爱老年人的良好印象，吸引更多的老年人及其家属选择该机构，从而促进老年服务事业的发展。

知识点二：公共区域环境维护礼仪

1. 保持清洁卫生

办公室减少杂物堆积的技巧

（1）日常巡查　为了确保公共区域时刻保持整洁，老年服务机构应建立起严格的日常巡查制度。除了定时对活动室、餐厅、走廊、楼梯等老年人活动频繁的区域进行巡查外，还需根据不同时间段的活动特点来合理安排巡查频率。例如：在早晨老年人起床后至早餐前这段时间，重点巡查走廊和卫生间，确保老年人出行便利且卫生状况良好；上午老年人集中在活动室活动期间，每隔30分钟就应对活动室及周边区域进行细致检查，查看是否有垃圾、杂物等出现，及时清理可能影响老年人活动的物品，如散落的棋子、丢弃的纸巾等。

养老机构的办公区域划分

在巡查过程中，要保持敏锐的观察力，注意一些容易被忽视的角落，如墙角、桌椅下方等，确保整个公共区域的清洁无死角。

（2）主动清理　一旦发现地上有果皮、纸屑、水渍等任何影响环境整洁的东西，要立即主动弯腰捡起或用清洁工具清理干净，这是维护公共区域卫生最基本的要求。在餐厅，除了及时清理掉落的食物残渣外,还要留意桌面是否干净,及时擦拭污渍,为老年人营造一个清爽的用餐环境;在走廊,若发现有积水,应迅速用拖把拖干,防止老年人滑倒。

对于一些难以清理的污渍或垃圾,要使用合适的清洁用品和工具进行处理,确保清理彻底,同时注意不要让清理过程影响老年人的正常活动。

(3) **定期大扫除** 按照规定的时间间隔,组织全面的大扫除活动是保持公共区域深度清洁的重要举措。一般来说,每周至少进行一次对公共区域的深度清洁,包括擦拭门窗、清洁桌椅、清扫墙角等隐蔽角落,以及对公共设施,如电梯、扶手等,进行清洁和消毒。

在大扫除时,要分工明确,确保每个区域、每个设施都能得到细致的清洁。例如:安排专人负责擦拭活动室的窗户,要做到玻璃明亮、窗框无灰尘;安排人员负责清洁桌椅,要将桌椅的各个部位都擦拭干净,包括桌腿、椅背等,为老年人提供一个焕然一新的公共活动环境。

2. 维护公共秩序

(1) **轻声细语** 在公共区域活动时,无论是与同事交流、引导老年人,还是进行其他工作相关的事项,都要始终保持轻声细语,避免大声喧哗。老年人的神经系统相对敏感,过大的声音可能会干扰他们的休息或正常活动,甚至引起他们的不适或烦躁。

比如,在走廊上与同事讨论工作安排时,应尽量压低声音,使用温和、平稳的语调进行交流,确保不影响附近房间老年人的休息。即使在组织老年人参与集体活动时,也应注意控制音量,以清晰、亲切的声音传达信息,让老年人既能听清内容,又不会感到刺耳。

(2) **合理引导人流** 在人员密集的公共区域,如餐厅开饭时间或活动室举办活动时,要做好人群的引导工作。这需要老年服务从业人员具备良好的沟通能力和组织能力。

可以通过温和的手势、清晰的语言指示等方式,引导老年人有序排队、就座或参与活动,避免出现拥挤、混乱的情况,保障老年人的人身安全。例如,在餐厅开饭时,站在打饭窗口附近,用手势示意老年人依次排队,并用温和的语气说:"爷爷奶奶们,大家请排好队,慢慢打饭哦,别着急。"同时,要关注队伍中的老年人,若发现有行动不便的老年人,要及时提供帮助,确保他们能顺利打到饭。

3. 设施设备维护

(1) **日常检查** 每天对公共区域的设施设备,如桌椅、灯具、扶手、电梯等进行简单的外观检查,查看是否有损坏、松动或其他异常情况。这是保障设施设备正常使用和老年人人身安全的重要环节。

比如,在早上上班后,先对活动室的桌椅进行检查,看是否有摇晃不稳的情况,若发现问题及时记录并安排维修。对于灯具,要检查灯泡是否正常发光,灯罩是否清洁;对于扶手,要检查其是否牢固,表面是否光滑,有无破损等。通过日常检查,及时发现潜在问题,防患于未然。

(2) **及时报修** 一旦发现设施设备出现故障或损坏,要放置显眼的维修标识,防止人员受伤,然后按照规定的报修流程向相关部门或人员报告,详细说明故障情况和所在位置。在报告时,要尽可能提供详细的信息,以便维修人员能快速准确地进行维修,确保老年人正常使用设施设备。

例如,若发现电梯运行异常,应迅速拨打报修电话,告知维修人员电梯具体的异常表现,如异响、停层不准确等,以及电梯所在的楼层和位置,以便维修人员能快速准确地进行维修,保障老年人的正常出行。

知识点三:老年人房间环境维护礼仪

1. 进入房间礼仪

(1) 敲门示意

在进入老年人房间前,必须先轻轻敲门,力度适中,敲三下后等待老年人回应。这是对老年人隐私和个人空间的尊重,让老年人有足够的时间准备或表示是否允许进入。在敲门时,要保持安静,不要一边敲门一边大声呼喊老年人的名字,以免惊扰到老年人。

（2）征得同意　听到老年人回应后，要询问老年人是否可以进入，如："爷爷/奶奶，我可以进来吗？"得到老年人明确的同意后，方可推门进入。即使老年人没有回应，也不要贸然推门，应再等一会儿或通过其他方式，如联系工作人员了解老年人是否外出等，确认情况后再决定是否按原计划进入。

2. 房间清洁整理

（1）协助整理　进入房间后，如果老年人需要帮助整理房间，要积极主动地协助老年人进行整理。可以先询问老年人的意愿，如："爷爷/奶奶，我帮您整理一下床铺可以吗？"然后，根据老年人的回答开展工作。

一般情况下，要协助老年人整理床铺、摆放桌椅、收拾衣物等，使房间保持整洁有序。在整理床铺时，要注意动作轻柔，避免弄乱老年人放置在床上的私人物品；在摆放桌椅时，要按照老年人习惯的位置摆放，尊重老年人的生活习惯。

（2）尊重个人物品摆放　在整理房间过程中，要特别注意尊重老年人个人物品的原有摆放位置。如果老年人有自己特定的物品摆放习惯，不要随意更改，除非老年人明确表示希望调整。

例如，老年人习惯将眼镜放在床头的特定位置，在整理时应将眼镜放回原处，保持老年人熟悉的生活环境，让老年人在房间里能感受到舒适和安心。

3. 离开房间礼仪

（1）询问需求　在离开老年人房间前，要再次询问老年人是否还有其他需要，如："爷爷/奶奶，我马上要走了，您还有什么需要我帮忙的吗？"确保老年人在工作人员离开后没有未满足的需求，体现对老年人的关怀。

（2）轻轻关门　得到老年人回应后，要轻轻关门，避免发出过大的声响，惊扰到老年人。关门时要注意力度，让老年人能在安静的环境中继续生活和休息。

知识点四：特殊情况处理礼仪

1. 异味处理

（1）及时发现　在日常巡查公共区域或进入老年人房间时，要敏锐地觉察是否存在异味。异味可能来自多种原因，如垃圾未及时清理、卫生间堵塞、老年人身体原因、通风不良导致潮湿等。一旦发现异味，要立即寻找异味来源。

（2）妥善处理　如果异味来自垃圾，要迅速清理垃圾并通风换气。若异味来自卫生间，要检查并解决堵塞等问题，同时使用空气清新剂等适当手段改善气味。

若是老年人身体原因导致的异味，要以尊重和关怀的态度处理，委婉地询问老年人是否需要帮助清洁身体等，同时采取适当措施，如打开窗户通风等，尽量减轻异味对环境的影响。在处理过程中，要注意保护老人的自尊心，不要让老年人感到尴尬或不舒服。

2. 环境突发变化处理

（1）火灾、地震等自然灾害

在遇到火灾、地震等自然灾害时，首先要保持冷静，按照预先制定的应急预案行动。对于老年人，要迅速组织疏散，用温和但坚定的语气告知老年人发生了什么事，引导他们按照规定的疏散路线撤离，确保老年人的人身安全。

在疏散过程中，要特别关注行动不便的老年人，提供必要的搀扶，或使用轮椅、医用担架等辅助工具帮助他们撤离。例如，在地震发生时，工作人员要迅速跑到各个房间，通知老年人迅速撤离，对于那些不能自行行走的老年人，要用轮椅或医用担架将他们尽快转移到安全地带。

（2）设施设备突发故障影响老年人生活

当设施设备，如水电暖等突发故障，影响老年人生活时，要及时向老年人解释情况，告知他们正在采取的解决措施。

例如，若停水了，要告诉老年人停水的原因，以及预计恢复供水的时间，同时为老年人提供临时用水解决方案，如送瓶装水等，以缓解老年人的生活不便。在处理这类问题时，要保持与老年人的良好沟通，让老年人了解情况，减少他们的焦虑和不安。

一、理论测试

请扫描二维码，完成知识测试。

二、案例分析

某养老机构办公环境不佳。空间布局混乱，办公区与老年人居住区相互干扰。卫生差，公共卫生间异味重、垃圾常溢出。设施陈旧，桌椅磨损、电脑故障频发。光线与通风也成问题，部分办公室采光不足、通风不畅。

思考：对于该养老机构办公环境现状，如果你是机构负责人，会优先从哪方面着手改善，并说明原因。

三、能力训练

某养老院近期发现员工的工作效率有所下降，且团队氛围也变得较为紧张。经过调查，管理层发现工作环境杂乱无序是一个重要原因，如：员工在公共区域堆放私人物品；公用的纸篓里塞满了纸，于是员工就把废纸丢在纸篓旁；还有人把电饭锅带到办公室煮粥，甚至还有人把宠物带到办公室……请你根据所学的工作环境整理的重要性及实施策略，为该公司设计一套改善办公环境的方案，并分析该方案可能带来的积极效果。

任务2 遵守照护操作中的礼仪规范

在一家养老院中，养老护理员小王为一位行动不便的老年人更换衣物。因家中遇到了烦心事，小王情绪低落。在为老年人更换衣物的过程中，小王全程沉默不语，表情冷漠，动作也较为生硬。老年人面露尴尬与不适，却不敢表达。这一幕恰好被前来探望的家属看到，家属十分不满，向养老院投诉。院长以此为例，对全体养老护理员开展"照护操作中的礼仪规范"培训。强调照护不仅是完成任务，更要有温暖的微笑、亲切的问候和轻柔耐心的动作，让老年人感受到尊重与关爱。

思考：在进行照护操作时，养老护理员应该遵守哪些礼仪规范？

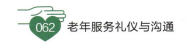

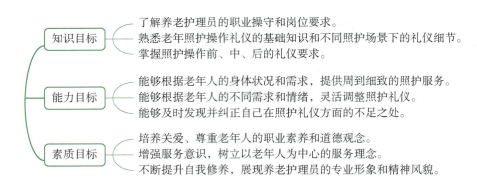

知识点一：老年照护操作礼仪的作用

（1）提升老年人的舒适度和满意度　规范的礼仪能让老年人感受到被尊重和关爱，从而在身体和心理上都更加舒适，对照护服务更加满意。

（2）建立信任关系　亲切的问候、温和的态度和体贴的举止，有助于与老年人及其家属建立起信任，使老年人更愿意配合照护工作。

（3）促进老年人的心理健康　良好的礼仪可以减轻老年人的孤独感、焦虑感和恐惧感，增强他们的自信心和自尊心，促进其心理健康。

（4）避免误解和冲突　照护操作中，恰当的沟通和行为方式能减少因交流不畅或行为不当引起的误解和冲突，营造和谐的养老环境。

（5）展示专业形象　良好的老年照护操作礼仪能体现养老护理员的专业素养和职业精神，提升整个老年服务行业的形象和声誉。

（6）提高照护质量　礼仪规范与照护操作相结合，使照护过程更加人性化、精细化，从而提高整体照护质量。

（7）传承尊老敬老的美德　在社会中弘扬尊老爱老的优良传统，促进社会文明进步。

（8）增强职业认同感　照护人员自身也会因良好的礼仪规范，获得更多的职业成就感和认同感，从而更加热爱自己的工作。

知识点二：老年照护操作礼仪内容

1. 操作前的礼仪

（1）仪表准备

① 面部清洁无异味。保持面部清洁，无油渍、污垢或化妆品残留。每日洗脸时应注重清洁眼角、鼻翼等易藏污纳垢的部位。同时，要注意口腔卫生，保持口气清新，避免给老年人带来不适。

② 发型大方不遮眼。发型应简洁大方，避免过于复杂或夸张的发型。头发应保持整齐，不遮眼、不挡脸，以便于观察和照顾老年人。如需佩戴发饰，应选择简约、朴素的款式，避免过于花哨。

③ 修剪指甲及不佩戴首饰。指甲应定期修剪，保持整洁。指甲长度不宜过长，以免在照护过程中划伤老年人。同时，要保持指甲的清洁卫生，避免藏污纳垢。

④ 着装整洁符合岗位要求。着装应整洁、得体，符合职业形象。工作服应保持干净、无污渍，并定期

更换。在选择服装时,应注重舒适性和实用性,避免穿着过于暴露或紧身的衣物。

⑤ 佩戴工牌。应佩戴工牌,以便于老年人识别和沟通。工牌应佩戴在胸前明显位置,确保老年人能够清晰看到。同时,工牌应保持清洁、无损坏,以展现良好的职业形象。

⑥ 鞋袜干净轻便。鞋子应选择舒适、防滑的款式,注重干净和轻便,袜子应保持干净、无异味,避免给老年人带来不适。

⑦ 仪态端正显尊重。仪态方面应保持端正、自然。站立时,应保持身体直立,双肩放松;行走时,步伐稳健、轻盈。在与老年人交流时,应保持微笑、目光亲切,体现出对老年人的尊重和关爱。

(2) 心理准备

其一,调整心态。养老护理员应以平和、积极的心态投入到即将进行的照护操作中,摒弃烦躁、不耐烦等不良情绪,确保在操作过程中能给予老年人耐心细致的照护。同时,提醒自己尊重每一位老年人的个体差异,无论老年人的身体状况、性格特点如何,都要一视同仁地提供优质服务。

其二,专注认真。操作前,养老护理员可在脑海中梳理即将进行的照护操作流程,确保对每个步骤都清晰明了,以便能够准确、规范地完成操作,减少失误。同时集中注意力,排除外界干扰因素,全身心地关注即将面对的老年人的照护需求。

(3) 环境准备

第一,清洁整理。养老护理员应对即将进行照护操作的房间或区域进行清洁打扫,确保地面干净无杂物,桌面、床铺等整洁有序,为老年人营造一个舒适、清爽的环境。整理好照护操作所需的各类物品和设备,将其摆放整齐并确保处于可正常使用的状态,方便在操作过程中随时取用。

老年照护操作中的卫生礼仪

第二,调节氛围。应根据老年人的喜好,适当调节房间的温度、湿度和光线等环境因素。例如:若老年人喜欢温暖一些,可将室温调高至适宜温度;若老年人喜欢明亮的光线,可适当拉开窗帘等。可以播放一些舒缓、柔和的音乐(若老年人喜欢),营造轻松、愉悦的氛围,有助于缓解老年人可能存在的紧张情绪。

(4) 与老年人及其家属沟通

一是主动告知。养老护理员应主动向老年人及其家属详细介绍即将进行的照护操作的内容、目的、大致流程,以及可能给老年人带来的感受(如是否会有轻微不适等),让他们心中有数。告知老年人及其家属在操作过程中需要注意的事项,比如,老年人需要保持怎样的姿势、是否需要配合做某些动作等。

二是征得同意。在进行任何照护操作前,都要诚恳地征得老年人本人(若其意识清醒)及其家属的同意,尊重他们的意愿和选择权。对于老年人及其家属提出的疑问或担忧,要耐心细致地解答,消除他们的顾虑,确保他们能够放心地配合照护操作。

2. 操作中礼仪规范

(1) 规范评估

在为老年人做具体操作前,规范、专业的老年人能力评估是老年照护服务中不可或缺的一环,它旨在全面、客观地了解老年人的身体状况、生活自理能力及精神状态,为制定个性化的照护计划提供依据。评估过程要做到以下几点。

第一,态度亲切友善。评估人员应以亲切友善的态度对待老年人,展现出关心与尊重。在与老年人交流时,应保持微笑,主动询问他们的感受和需求;对于老年人的疑问或困惑,应耐心解答,消除他们的顾虑。

第二,语言沟通清晰。应保持语言清晰、简洁明了。应使用老年人易于理解的语言和表达方式,避免使用专业术语或复杂词汇;对于老年人的听力或视力问题,应采取适当的辅助措施,如提高音量、使用大字体等,以确保沟通顺畅。

第三,评估环境舒适。应保持评估环境整洁、安静、舒适。评估前,应检查评估场所的安全性,如地面是否平整、有无障碍物等;评估过程中,应保持室内温度和湿度适宜,避免老年人感到不适。同时,应提供必要的辅助设施,如扶手、轮椅等,以方便老年人接受评估。

第四，细心观察记录。评估人员应细心观察老年人的身体状况、动作表现及精神状态，并准确记录相关信息。在观察过程中，应注意老年人的情绪变化，及时给予安慰和支持。对于老年人的异常表现或问题，应及时记录并反馈给相关人员，以便进一步处理。

第五，反馈及时准确。评估完成后，评估人员应及时向老年人及其家属反馈评估结果。反馈内容应准确、客观，避免夸大或缩小。同时，应根据评估结果提出个性化的照护建议或方案，帮助老年人改善生活质量和健康状况。

（2）尊重老年人隐私

尊重老年人的隐私是维护他们尊严和权益的重要体现，在操作过程中应当遵循一定的行为及言语规范，以确保他们的隐私得到妥善保护。

① 尊重个人空间。未经允许避免过度接近或侵犯老年人的私人领域。例如，在进入老年人房间时，应先敲门征得同意后再进入，并保持适当的距离。在公共场所也应尊重老年人的个人空间，避免干扰其正常生活。

② 不打听私事。与老年人交流时，应关注他们的兴趣爱好、生活琐事等轻松愉快的话题，避免触及可能引起不适或尴尬的私人问题，应当避免主动打听或询问家庭矛盾、财产状况、个人经历等敏感话题。

③ 不窥探隐私物品。老年人的隐私物品，如日记、信件、照片等，应当受到尊重和保护。不应擅自翻阅或查看这些物品，更不应将其内容泄露给他人。同时，在帮助老年人整理物品时，也应尊重其意愿，避免触碰或移动其不愿被他人知晓的私人物品。

④ 保护医疗相关信息。在与老年人交流时，不应随意询问其病情或治疗情况，更不应将其医疗信息泄露给其他无关人员。如需了解相关情况，应通过正式渠道获取，并确保信息安全。

⑤ 礼貌征询意愿。当邀请老年人参与活动或进行照护操作时，应礼貌地征询老年人的意愿。例如：在拍照或录像时，应先征得老年人的同意；在询问其个人信息或家庭情况时，避免诱导式或强迫式询问。

⑥ 尊重肖像权。在与老年人合影或单独拍照时，如需用于宣传或展示，应事先征得老年人本人或其家人的同意，并确保不对其造成不良影响。同时，应妥善保管照片，避免丢失或被盗用。

⑦ 尊重沟通意愿。在与老年人沟通时，应尊重其沟通意愿，避免强迫或打断其发言。老年人有时可能因年龄、身体等原因而表达不清或语速较慢，应耐心聆听，给予足够的时间和空间让他们表达自己的想法和感受。同时，在沟通过程中也应保持礼貌和尊重，避免使用冒犯性或侮辱性的言语。

（3）动作轻柔，以人为本

照护操作中应遵循"四轻"原则，即走路轻、说话轻、操作轻、关门轻。这有助于营造安静、舒适的养老环境，减少对老年人的干扰。操作过程中注重人文关怀、以人为本，要关注老年人的每一个细节需求，提供个性化的照护服务。

3. 操作后礼仪规范

遵循老年照护操作后的礼仪规范，有助于巩固照护效果，保障老年人的生活质量和安全，同时也能进一步增进与老年人及其家属的沟通与信任。

（1）对老年人的关怀与告知

第一，询问感受。照护操作完成后，养老护理员要第一时间亲切询问老年人的感受，比如："爷爷/奶奶，照护操作做完啦，您这会儿感觉怎么样呀？有没有哪里不舒服呢？"用温和、关切的语气让老年人感受到被重视。同时，认真聆听老年人的反馈，无论是身体上的感受，还是心理上的想法，都要给予充分关注，不能敷衍了事。

第二，告知后续事项。向老年人清楚告知接下来需要注意的事项，例如：如果是做了身体清洁护理，要告知老年人暂时不要着急起身走动，以免滑倒；若是进行了康复训练操作，要提醒老年人后续要按照规定的时间和强度继续进行适量的训练等。要确保老年人明白这些后续事项的重要性，对于老年人不太理解的地方，要耐心解释说明。

(2)环境整理与恢复

其一,清理用品设备。操作结束后应及时清理照护操作过程中使用过的各类用品,如毛巾、水盆、护理器械等。将毛巾洗净晾干,水盆清理干净放回原位,护理器械按照规定的程序进行清洁、消毒后妥善存放,以备下次使用。整理好操作现场的其他物品,如将老年人的衣物叠放整齐放回衣柜,把床铺整理平整,保持房间的整洁有序。

其二,检查房间内的环境是否存在安全隐患。比如,地面是否有水渍增加滑倒风险,电器设备是否已关闭且摆放安全等。若发现有安全问题,要及时处理,如擦干水渍、调整电器设备位置等,确保老年人所处的环境安全舒适。

(3)与老年人及其家属沟通反馈

第一,向老年人反馈情况。如果在护理操作过程中有一些情况需要告知老年人,如某项指标的检测结果(在老年人能够理解的情况下),或者发现老年人身体有一些新的状况需要关注等,要在操作完成后以平和、易懂的方式向老年人反馈。鼓励老年人表达自己的想法和疑问,对于老年人提出的问题要认真解答,让老年人对自己的身体状况和照护情况有更清晰的了解。

第二,与老年人家属沟通汇报。对于意识清醒且能够自行与家属沟通的老年人,要询问老年人是否希望将照护操作的情况告知家属,如果老年人同意,要及时与家属联系,向他们汇报照护操作的完成情况、老年人的身体感受,以及后续需要注意的事项等。对于一些身体状况特殊,或者意识不太清醒的老年人,养老护理员更有责任主动与家属沟通,详细告知家属在照护操作过程中发现的老年人身体状况的变化、是否顺利完成操作等情况,以便家属及时了解并作出相应安排。

(4)自身形象整理

一是,整理着装仪容。操作结束后,养老护理员应检查自己的工作服是否有污渍、褶皱等,如有需要,须及时整理或更换。确保头发依然整齐,妆容(若有)未花,保持良好的外在形象。整理好佩戴的饰物,使其保持规范、整齐的状态。

二是,调整心态情绪。照护操作完成后,要尽快从刚才专注操作的状态中调整过来,以平和、积极的心态继续后续的照护服务工作。还应回顾刚才的照护操作过程,反思是否有做得不够好的地方,以便在今后的工作中不断改进提高。

(5)感谢道别

照护操作结束后,表示感谢并进行恰当的道别,是建立良好关系、提升服务满意度的重要一环。可以直接表达感谢,真诚地对老年人说:"谢谢您的信任与配合,这次照护操作能够顺利完成,离不开您的支持和理解。"另外,道别时保持亲切与关怀,用温暖的语言道别:"您先好好休息,待会儿我再过来看看您。如果有任何不适或需要,请随时告诉我。"

知识点三:常用老年照护操作礼仪示范——协助老年人穿衣

1. 操作前的礼仪规范

(1)自身准备 养老护理员应保持仪表整洁,头发整齐干净,面部清洁且化自然的淡妆(女性护理员可适当化妆),双手洗净并确保指甲修剪整齐、无污垢。着装规范,工作服干净整洁、扣子扣好,搭配舒适防滑的鞋子和透气吸汗的袜子,不佩戴可能划伤老年人的饰物。

(2)环境准备 确保老年人所在房间温度适宜、光线明亮柔和,地面干净无杂物,床铺整洁平坦,为穿衣过程营造一个舒适、安全的环境。提前准备好老年人要穿的衣物,检查衣物是否干净、有无破损,按穿衣顺序依次摆放整齐,比如,先放内衣、再放外衣等。

(3)与老年人沟通准备 养老护理员走到老年人面前,面带微笑,目光平视老年人,用温和、亲切的语气主动打招呼,如"爷爷/奶奶,早上好呀,咱们现在准备穿衣服啦",让老年人感受到关心和尊重。简单向老年人介绍一下穿衣的流程和大概需要的时间,询问老年人是否有特殊需求或喜好,如喜欢先穿哪件衣服等,征得老年人同意后再开始操作。

2. 操作中的礼仪规范

（1）**动作轻柔规范**　协助老年人穿任何衣物时,动作都要轻柔缓慢,避免因动作过快、过猛而伤害到老年人的身体,或引起老年人不适。例如,在协助老年人穿内衣时,先拿起内衣轻轻展开,将内衣领口或袖口等部位适当撑开,一手轻轻托起老年人的胳膊,另一手将内衣袖口套在老年人胳膊上,整个过程要小心翼翼。严格按照正确的穿衣顺序协助老年人穿衣,一般先穿内衣,再穿上衣、裤子,最后穿鞋子等,确保穿衣过程有条不紊(图4-2-1)。

（2）**尊重老年人意愿**　在穿衣过程中,要充分尊重老年人的意愿和习惯。如果老年人对穿衣的顺序、方式有自己的想法,在不影响健康和安全的前提下,应尽量按照老年人的要求去做。例如,老年人坚持要先穿上衣再穿内衣,养老护理员可先耐心聆听老年人的理由,理由若合理,可依老年人的意愿进行操作。

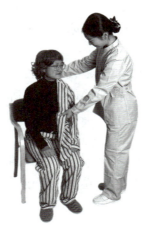

图4-2-1　协助老年人穿衣

当老年人对衣物款式、颜色等有偏好时,也应尽量满足,比如,老年人喜欢穿某件旧衣服,即使这件衣服有些破旧,只要不影响保暖和卫生,也可以让老年人穿上。

（3）**语言亲切和蔼**　养老护理员在协助穿衣过程中,要始终用温和、亲切的语言与老年人交流。例如,在协助老年人穿裤子时,边套裤腿边说:"爷爷/奶奶,来,咱们穿裤子啦,先把这只脚伸进去哦。"通过这样的话语让老年人感受到关爱和鼓励。

当老年人动作较慢或配合不够默契时,不要责备或催促老年人,而是要用安慰的话语,如"爷爷/奶奶,没关系的,咱们不着急,慢慢来哦",保持老年人的好心情和配合度。

3. 操作后的礼仪规范

（1）**询问感受**　衣服全部穿好后,养老护理员再次走到老年人面前,面带微笑,关切地询问老年人:"爷爷/奶奶,衣服穿好啦,您这会儿感觉怎么样呀?有没有哪里不舒服呢?"认真聆听老年人的回答,给予老年人充分的关注。

（2）**赞美鼓励**　对老年人进行赞美和鼓励,比如,"爷爷/奶奶,您今天配合得真好呀,穿衣服可利索啦",通过这样的话语增强老年人的自信心和配合度,让老年人心情愉悦。

（3）**确认需求**　询问老年人接下来是否还有其他需求,比如,是否想去卫生间、是否想喝点水等,及时满足老年人的需求,体现养老护理员的周到服务。遵循这些礼仪规范,能让老年人在穿衣过程中感受到关怀与尊重,提高生活质量。

（4）**感谢道别**　在确认老年人暂时没有其他需求后,养老护理员要以真诚愉悦的语气感谢老年人的配合,并与老年人道别,让老年人感受到尊重与关怀。

知识点四:常用老年照护操作礼仪示范——协助老年人进食

1. 操作前的礼仪规范

（1）**自身准备**

养老护理员应保持头发干净整齐,女性若留长发,需束起或盘起,避免头发散落影响操作或接触老年人身体。面部保持清洁,男性注意修剪胡须,女性可化自然的淡妆,且不使用浓烈香水或化妆品,防止引起老年人不适或过敏。双手要洗净并确保指甲修剪整齐、无污垢,指甲下不能存污垢,减少细菌传播风险。

须定期清洗更换工作服,保持工作服干净整洁,无污渍、破损,穿着时须将扣子扣好、拉链拉好,将下摆、袖口等整理整齐。搭配舒适轻便的鞋子和透气吸汗的袜子,工作期间避免佩戴可能划伤老年人皮肤的戒指等饰物,可选择简单不夸张的项链、手链等。

(2) 环境准备

确保老年人进食的餐厅或房间环境清洁，地面干净无杂物，餐桌、餐椅干净，无灰尘污渍。餐具要洗净消毒，摆放整齐。调节室内温度、湿度适宜，光线明亮柔和，为老年人营造一个舒适的进食环境。可根据老年人喜好播放一些舒缓的音乐，但音量要适中，避免过于吵闹影响老年人进食心情。根据老年人身体状况合理安排座位，如：身体较虚弱的老年人，可安排在较为稳固的餐椅上，并靠近养老护理员，便于及时协助；行动不便的老年人，可使用带扶手的餐椅或轮椅，方便老年人进出和就坐。

(3) 食物准备

首先，了解喜好。提前了解老年人的饮食喜好和忌口，准备符合老年人口味的食物，尽量做到多样化，以保证营养均衡。

其次，检查食物。仔细检查食物的温度、质地、外观等；确保食物温度适宜，既不过热烫人，也不过冷影响食欲；质地要适合老年人咀嚼和吞咽能力；外观要干净整洁，无异物混入。

最后，摆放有序。将准备好的食物和餐具按照合理顺序摆放在餐桌上，一般主食放在中间，配菜放在两侧，汤类放在合适位置，餐具放在便于老年人取用的地方。

(4) 沟通准备

① 主动问候。养老护理员走到老年人面前，面带微笑，目光平视老年人，用温和、亲切的语气主动打招呼，如"爷爷/奶奶，吃饭啦，今天准备了您喜欢的菜哦"，让老年人感受到关心和尊重。

② 介绍食物。简单向老年人介绍一下今天准备的食物，包括菜品名称、主要食材、营养成分等，增加老年人对食物的了解，提高进食兴趣。

③ 询问需求。询问老年人是否有特殊需求，比如，是否需要添加调料、是否想要喝点什么饮品等，满足老年人的个性化需求。

2. 操作中的礼仪规范

(1) 动作轻柔规范

协助就座。如果老年人需要协助就坐，养老护理员要轻轻搀扶老年人，动作要轻柔缓慢，确保老年人安全平稳地坐到餐椅上。例如，可一手扶住老年人的胳膊，另一手扶住老年人的后背，慢慢引导老年人坐下。

餐具传递。将餐具递给老年人时，要轻轻握住餐具的柄部，以平稳的姿势递给老年人，避免餐具晃动或掉落。如果老年人手部灵活性较差，可将餐具放在老年人手中，帮助老年人调整好持握姿势。

喂食操作。如果需要给老年人喂食，养老护理员要坐在老年人对面或侧面（便于操作的位置），用小勺或筷子夹取适量的食物，食物量要根据老年人咀嚼和吞咽能力来确定，一般不宜过多。将食物送到老年人嘴边时，要轻声说"爷爷/奶奶，来，吃一口哦"，然后以轻柔的动作将食物送进老年人嘴里，注意观察老年人的吞咽情况，确保老年人顺利吞咽后再喂下一口，见图4-2-2。

图4-2-2 给老年人喂食

(2) 尊重老年人意愿

在进食顺序上，要尊重老年人的习惯和意愿。如果老年人有自己喜欢的进食顺序，比如，先喝汤，再吃主食等，在不影响健康和安全的前提下，应尽量按照老年人的要求去做。

老年人的进食速度因人而异，有的吃得快，有的吃得慢。养老护理员要尊重老年人的进食速度，不要催促老年人，让老年人按照自己的节奏进食。

另外，当老年人对某些食物有偏好或不喜欢某些食物时，要尊重老年人的选择，在合理范围内调整食物搭配,满足老年人的口味需求。

(3) 语言亲切和蔼

在协助进食过程中,要用温和、亲切的语言与老年人交流。当老年人吃得好时,要给予赞美和鼓励,如:"爷爷/奶奶,您吃得真好呀,这一口吃得可香啦!"当老年人进食有困难时,要给予安慰和鼓励,如:"爷爷/奶奶,没关系的,咱们慢慢吃,不着急哦。"

经常询问老年人的进食感受,如:"爷爷/奶奶,这道菜味道怎么样呀?"让老年人感受到养老护理员的关心和关注。

3. 操作后的礼仪规范

(1) 询问感受

当老年人进食完成后,养老护理员要面带微笑,关切地询问老年人:"爷爷/奶奶,饭吃完啦,您这会儿感觉怎么样呀?有没有哪里不舒服呢?"认真聆听老年人的回答,给予老年人充分的关注。

(2) 清理收拾

将餐桌上的餐具收集起来,送到厨房清洗消毒,确保餐具干净卫生。用干净的抹布将餐桌擦拭干净,去除食物残渣和污渍,保持桌面整洁。检查进食环境是否存在安全隐患,如地面是否有水渍而增加滑倒风险,电器设备是否已关闭且摆放安全等,确保老年人所处环境安全舒适。

(3) 确认需求

询问老年人接下来是否还有其他需求,如是否想去卫生间、是否想喝点水等,及时满足老年人的需求,体现养老护理员的周到服务。

(4) 礼貌道别

在确认老年人暂时没有其他需求后,养老护理员要以真诚愉悦的语气感谢老年人的配合,并与老年人道别,让老年人感受到尊重与关怀。

同步训练

一、理论测试

请扫描二维码,完成知识测试。

二、案例分析

张奶奶,85岁,因身体虚弱需要长期卧床。养老护理员小李在为张奶奶更换尿布时,动作匆忙,表情冷漠,没有与张奶奶进行任何交流。更换完尿布后,小李直接离开了房间,没有整理周围的物品。

思考:

(1) 请指出小李在这次照护操作中不符合礼仪规范的地方。

(2) 如果你是小李,应该如何正确地进行这次照护操作?

三、能力训练

情 境:养老护理员小王要为70岁的李爷爷进行晨间照护,包括协助洗漱和整理床铺。

训练任务:

(1) 详细描述小王在进行照护操作时应遵循的礼仪规范。

(2) 假设李爷爷在照护过程中表现出不情愿和抵触情绪,小王应如何运用礼仪和沟通技巧来处理这种情况?

项目四　老年服务从业人员岗位工作礼仪

训练步骤：
(1) 学生按5—6人分组。
(2) 分组进行角色扮演。
(3) 组内互相点评每位同学对照护操作礼仪规范的掌握情况。
(4) 每组推荐1位代表上台进行展示，教师进行点评。

任务3　坚持活动开展的礼仪规范

情境案例

在某养老机构举办的一场生日庆祝活动中，工作人员小李负责组织和主持。活动开始时，小李因为着急，没有微笑着迎接老年人入场，而是匆忙地引导他们就坐。在活动进行中，当一位老年人想要分享自己的生日感受时，小李没有耐心聆听，而是打断老年人并快速推进活动流程。此外，在分发蛋糕时，小李没有优先照顾行动不便的老年人，导致这些老年人等待时间过长。活动结束后，许多老年人表示对这次活动体验不太满意。

思考：
(1) 小李在活动中的哪些行为违背了养老机构开展活动的礼仪规范？
(2) 如果你是小李，在活动开始前应该做好哪些准备以展现良好的礼仪？
(3) 对于行动不便的老年人，在活动中应该如何给予特别的关注和照顾？
(4) 如何通过细节，提升养老机构活动的整体礼仪水平，从而提高老年人的满意度？
(5) 假设要重新举办一次类似的活动，你会如何制定礼仪规范并确保工作人员严格遵守？

学习目标

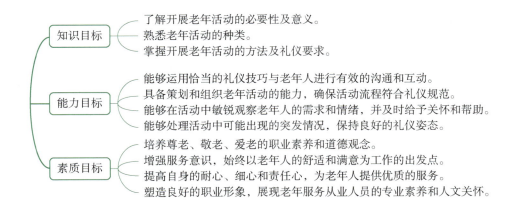

知识储备

知识点一：老年活动及遵循开展老年活动礼仪的意义

老年活动是根据老年人的身心特点，在社区、团体、养老机构等组织开展的肢体活动、兴趣活动、文娱活动、交流活动、公益活动及大型组织活动等的总称,目的是促进老年人积极参与社会活动,促进老年人晚年的身心健康,保持生命的活力,愉悦精神,增益智力,放松身心,提高老年人的生活质量和满意度。

随着社会老龄化的加剧,老年活动的组织和开展日益频繁。在开展这些活动中,遵循一定的礼仪规范至关重要,不仅能够展现对老年人的尊重和关爱,还能营造和谐、温馨的活动氛围。良好的礼仪规范有助于增强老年人的参与感和归属感,让他们在活动中感受到快乐和满足。理解并践行这些礼仪规范,是为老年人创造优质生活体验的关键一步。

知识点二:活动筹备阶段的礼仪规范

1. 活动策划环节

老年活动工作人员应具备的职业素养

(1) **尊重老年人喜好与需求**　在策划活动前,要充分了解参与活动的老年人的兴趣爱好、身体状况和活动能力等。可以通过与老年人及其家属沟通交流、发放调查问卷等方式收集信息,确保策划的活动内容是老年人感兴趣且能够参与的。

例如:如果大部分老年人喜欢传统戏曲,那就可以考虑策划一场戏曲欣赏或演唱活动;若老年人身体状况不太好,行动不便,就应避免策划一些对体力要求较高的户外活动,而选择室内的、较为轻松的活动形式。

(2) **考虑活动多样性与包容性**　设计活动方案时,要注重活动内容的多样性,涵盖文化、娱乐、健身、手工等不同方面,以满足不同老年人的需求。同时,活动要具有包容性,考虑到不同身体状况、认知水平的老年人都能在一定程度上参与进来。比如:对于视力不好的老年人,可以安排一些以听为主的活动内容;对于行动不便的老年人,可以设置一些他们可以坐着完成的手工制作等活动环节。

(3) **合理安排活动时间**　根据老年人的生活作息习惯,合理确定活动的举办时间。一般来说,上午是比较合适的时间段,因为老年人经过一夜休息,上午精神状态较好。避免选择在老年人午休时间或太晚的时间举办活动,以免影响他们的正常休息。还要考虑到活动的时长,不宜过长,通常控制在1—2小时较为合适,防止老年人因活动时间过长而感到疲惫。

2. 场地准备环节

(1) **确保场地安全舒适**　选择的活动场地要安全无隐患。无论是室内场地,还是室外场地,都要检查地面是否平整,有无滑倒、绊倒的风险。室内场地要查看电器设备是否正常,有无漏电等危险;室外场地要注意周边环境,如是否有车辆往来干扰等。

同时,场地要舒适宜人,保持适宜的温度、湿度和光线。室内场地可根据天气情况调节空调温度,保证温度在22—26℃之间较为适宜;光线要明亮但不刺眼,可通过窗帘、灯光等调节。室外场地若阳光强烈,要准备遮阳设施。

(2) **营造温馨氛围**　根据活动主题和老年人的喜好,对场地进行装饰布置,营造出温馨、欢快的氛围。比如:举办春节活动,可以挂红灯笼、贴春联;举办生日会,可以布置彩色气球、彩带等。可以播放一些舒缓、欢快的背景音乐,音量要适中,既能营造氛围,又不会过于吵闹而影响老年人之间交流。

3. 人员安排环节

(1) **组建专业贴心的服务团队**　安排具备相关专业知识和技能的工作人员参与活动筹备与现场服务,如养老护理员、活动策划师等。他们能够在活动过程中及时处理老年人可能出现的身体不适、情绪问题等。工作人员要经过培训,熟悉活动流程和服务规范,尤其是要掌握与老年人沟通交流的礼仪和技巧,做到耐心、细心、热情地为老年人服务。

(2) **明确分工与协作**　对参与活动筹备和现场服务的人员进行明确分工,比如,有人负责活动现场的布置,有人负责引导老年人入场、就坐,有人负责活动的主持等。同时,要强调协作精神,各工作人员之间要密切配合,确保活动的每一个环节都能顺利衔接。

4. 物料准备环节

(1) **准备充足合适的物料**　根据活动内容和预计参与人数,准备充足的物料,如活动所需的道具、材料(手工制作的材料、游戏用品等)、食品、饮料等。物料的选择要考虑老年人的身体状况和喜好,比如:食品要选择易消化、符合老年人口味的;饮料要选择无咖啡因、低糖或无糖的健康饮品。

(2) 检查物料质量与安全性　对准备的物料进行严格检查,确保物料的质量合格,没有变质、损坏等情况。食品要查看保质期、外观等;道具、材料等要检查是否牢固、有无尖锐边角等可能对老年人造成伤害的隐患。

5. 邀请与通知环节

(1) 以礼貌、尊重的方式邀请　邀请函的措辞要诚恳、温馨,表达对老年人的期待和欢迎。可以这样写:"尊敬的××长辈,我们诚挚地邀请您参加这次为您精心准备的活动,期待与您共度一段美好的时光。"邀请函的设计可以采用温暖的色彩和简洁的字体,方便老年人阅读。由于老年人不熟悉电子设备,一般不宜采用发微信等方式邀请。除了书面邀请,还可以采用电话或者上门邀请的方式,增加亲切感和诚意。

(2) 提前发送清晰、准确的活动通知　活动通知应包括活动的具体信息和注意事项,具体信息包括活动的时间、地点、主题、内容、所需携带的物品等,注意事项如提醒老年人注意自身健康状况,如有不适及时告知等。在通知中,要用简单易懂的语言解释活动的流程和安排,对于可能存在的疑问或担忧,提前给予解答和安抚。例如,如果活动需要老年人穿着特定的服装或携带相关证件,要明确说明原因和要求。

知识点三:活动进行阶段的礼仪规范

1. 接待与引导环节

(1) 安排专门的工作人员在活动现场迎接老年人　工作人员要热情主动,帮助老年人存放物品,引导他们入座或参与活动。迎接时的问候语要亲切温暖,如:"爷爷/奶奶,欢迎您来参加活动,一路上还顺利吗?"同时,工作人员应穿着整洁、得体,佩戴明显的标识,以便老年人能够轻易识别。在帮助老年人存放物品时,要小心轻放,确保物品的安全。引导老年人入座时,要考虑到他们的身体状况和个人喜好,如有的老年人可能希望坐在靠近出口或卫生间的位置。

(2) 以热情、亲切的态度引导老年人就坐或参与活动　对于初次参加活动的老年人,要给予更多的关注和帮助,让他们尽快适应环境。引导过程中,要细心留意老年人的步伐和表情,随时提供必要的搀扶和协助。可以向他们简单介绍活动的流程和现场的布局,让他们心中有数。如果活动现场有比较复杂的设施或设备,要耐心地为老年人讲解如何使用,确保他们能够顺利参与活动。

2. 服务与沟通

(1) 及时提供协助　工作人员要时刻留意老年人的需求,主动询问他们是否需要帮助,比如:"爷爷/奶奶,您这会儿需不需要喝点水呀?""奶奶,您坐这儿舒服吗? 要不要给您调整下座位呀?"一旦发现老年人有行动不便、拿取物品困难等情况,要及时上前提供协助。对于身体状况较差或有特殊需求的老年人,要有专人负责照顾,确保他们在活动过程中能安全、舒适地参与。

(2) 使用亲切语言　工作人员与老年人交流时,要使用亲切、温和的语言,避免使用生硬、冷漠的语气。例如,当老年人对活动环节不太理解时,要说:"爷爷/奶奶,没关系的,我来给您再讲讲这个环节是怎么回事儿呀。"当老年人表现出色时,要给予赞美和鼓励,如:"奶奶,您这手工做得可真好呀,真厉害呢!"通过这样的语言让老年人感受到被关心和重视。

(3) 尊重老年人意见　在活动进行过程中,如果涉及一些活动环节的调整或者决策,要充分尊重老年人的意见。比如,原本计划的游戏环节,有些老年人觉得难度太大,工作人员应耐心听取他们的意见,及时调整游戏难度或更换游戏内容,以满足老年人的需求。

3. 互动环节

(1) 鼓励积极参与　在互动环节,工作人员要积极鼓励老年人参与其中,通过热情的话语和邀请的姿态来激发他们的兴趣。例如,在唱歌比赛环节,工作人员可以说:"爷爷/奶奶,您唱得这么好听,快来上台展示一下呀。大家都等着听您唱歌呢!"对于那些一开始不太愿意参与的老年人,要耐心劝导,了解他们的

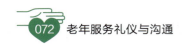

顾虑并帮助他们克服,比如:"奶奶,您别担心呀,这个活动就是图个乐儿,输赢不重要的,您就大胆试试呗。"

(2) 确保公平公正　如果活动中有竞赛性质的互动环节,如知识竞赛、手工比赛等,工作人员要确保比赛的公平公正。在比赛前要清楚地向老年人介绍比赛规则,在比赛过程中要严格按照规则进行评判,不能偏袒任何一方。当比赛结果出来后,要及时、公正地公布结果,并对获胜者给予适当的奖励和赞美,对未获胜者也要给予鼓励和安慰,如:"爷爷/奶奶,虽然您这次没拿到第一名,但您在比赛中表现得也很棒呀,下次肯定能取得更好的成绩呢!"

4. 休息与饮食安排

(1) 合理安排休息　根据活动的时长和老年人的身体状况,合理安排休息时间。一般每隔半小时到一小时安排一次短暂的休息,让老年人可以放松一下,喝点水、吃点零食等。在休息期间,工作人员要提醒老年人注意身体,如,"爷爷/奶奶,休息会儿吧,喝点水,别累着了呀",并为他们提供必要的服务,如倒水、递零食等。

(2) 注意饮食安全与卫生　如果活动中提供饮食,工作人员要确保饮食的安全与卫生。提前检查食品的保质期、外观等,确保食品没有变质、损坏等情况。在提供饮食时,要注意食品的温度适宜,既不能太热烫伤老年人,也不能太冷影响他们的食欲。同时,要提醒老年人慢慢吃,注意咀嚼和吞咽,防止发生呛噎等情况。

知识点四:活动结束阶段的礼仪规范

1. 送别与感谢

(1) 协助老年人安全离开活动现场　活动结束,要协助老年人安全离开活动现场。可以帮助他们拿取物品,护送行动不便的老年人到门口或交通工具旁。离别时的话语要充满关怀,如:"爷爷奶奶,您慢走,回家路上小心,期待下次再见到您!"工作人员要耐心等待老年人收拾好个人物品,然后搀扶他们走出活动场地。如果有需要,帮助老年人叫车,或者联系家属来接。

(2) 向老年人表达感谢,感谢他们的参与和支持　可以送上一份小礼品或手写的感谢卡,让老年人感受到自己的参与是被认可和珍视的。礼品不需要昂贵,但要饱含心意,比如一本温馨的相册或一条温暖的围巾。感谢卡上可以写上温馨的话语,如"感谢您的参与,让这次活动更加精彩"。

2. 反馈收集

(1) 征求老年人对活动的意见和建议　可以通过问卷调查、面对面交流或者电话回访等方式,了解他们对活动的满意度和改进的方向。问卷设计要简洁明了,问题要具体且有针对性。例如:"您对活动的内容是否满意?""您觉得活动的时间安排是否合理?""您希望下次活动增加哪些内容?"在面对面交流或电话回访时,要以诚恳的态度聆听老年人的意见,让他们感受到自己的声音被重视。

(2) 以诚恳的态度对待反馈,为改进后续活动提供参考　对于老年人提出的问题和建议,要认真记录并及时回复,让他们知道自己的意见被重视。回复时要表达感激之情,并说明改进的措施和计划。例如,"感谢您提出的宝贵建议,我们会在下次活动中增加更多适合您的节目"。要将老年人的反馈作为改进活动的重要依据,不断提高活动的质量和满意度。

3. 后续关怀

(1) 进行后续关怀和问候　对活动中表现出特殊需求或情况的老年人进行后续关怀和问候。比如,对身体不适的老年人进行电话问候,了解恢复情况。关怀的话语要贴心,如:"爷爷,您身体好点了吗? 要多注意休息哦。"如果老年人在活动中提到了一些个人的困难或问题,要在活动结束后主动跟进,提供必要的帮助和支持。

(2) 保持与老年人的联系　活动后保持与老年人的联系,可让他们感受到持续的关注和关爱。可以定期组织回访活动,或者建立老年活动俱乐部,增进彼此的感情。通过定期举办小型聚会或兴趣小组活动,加强与老年人的互动和交流。例如,成立书法俱乐部、摄影俱乐部等,让老年人有更多的机会展示自己的才华和兴趣。还可以在节假日发送祝福短信或邮件,让老年人感受到温暖和关爱。

知识点五：特殊情况的礼仪处理

1. 老年人身体突发不适的礼仪处理

（1）**及时响应与关心**　一旦发现有老年人身体突发不适,工作人员要立即停下手中正在进行的工作,迅速赶到老年人身边。脸上带着关切的神情,用温和、焦急的语气询问："爷爷/奶奶,您哪儿不舒服呀？别着急,我们马上帮您看看。"让老年人感受到自己的状况被高度重视。同时,其他工作人员要尽快疏散周围的老年人,为身体不适的老年人腾出足够的空间,避免造成拥挤,影响老年人呼吸或进一步加重其不适。

（2）**专业处理与沟通**　如果现场有专业的养老护理员或医护人员,要请他们迅速对老年人进行初步检查和处理。在这个过程中,要轻声安慰老年人,比如："爷爷/奶奶,您放心,我们这儿有专业的人在呢,会很快帮您弄好的。"如果情况较为严重,需要拨打急救电话,工作人员在拨打时要保持冷静,清晰准确地告知急救人员老年人的具体情况、所在位置等信息。打完电话后,继续陪伴在老年人身边,安抚老年人的情绪,可轻轻握住老年人的手(如果老年人愿意),说："爷爷/奶奶,救护车马上就来啦,您再坚持一下哦。"

（3）**告知家属与后续安排**　在处理老年人身体不适的过程中,要尽快联系老年人的家属,告知他们老年人的突发状况,以及目前正在采取的措施。可以这样说："您好,您是××老人的家属吗？××老人在活动中突然身体不舒服了,我们已经请了专业人员在处理,现在情况略有好转,我们也已经拨打了急救电话,您方便尽快过来一下吗？"

等老年人被妥善处理(如送往医院或身体状况稳定)后,要及时跟进了解老年人的病情,以便后续对老年人的活动安排等作出合理调整。

2. 老年人情绪出现波动的礼仪处理

（1）**耐心倾听与安抚**　当发现老年人情绪出现波动,如焦虑、伤心、生气等,工作人员要第一时间走到老年人身边(如果老年人坐着,工作人员要轻轻蹲下,与老年人平视),面带微笑但眼神充满关切,用温和、亲切的语气说："爷爷/奶奶,您怎么啦？心里有啥不痛快的,都可以和我说说呀。"然后耐心聆听老年人倾诉内心的想法和感受。

在老年人倾诉过程中,要通过点头、轻声附和等方式表示理解,比如老年人说："我觉得这个活动我玩不转呀。"工作人员可以回应："嗯,爷爷/奶奶,我理解您的感受,不过没关系的,我们可以一起想办法呀。"

（2）**针对性疏导与调整**　根据老年人情绪波动的原因进行针对性疏导。如果是因为活动难度太大让老年人感到挫败,工作人员可以说："爷爷/奶奶,这个活动确实有点难度呢,不过我们不是为了比赛呀,就是图个乐儿,您别太在意结果,咱们换个简单点的玩法好不好？"并及时调整活动环节或提供额外的帮助,让老年人重新找回参与活动的信心。

如果是因为与其他老年人之间发生矛盾等引起的情绪波动,工作人员要客观公正地了解情况,调解矛盾,对老年人说："爷爷/奶奶,大家都是来参加活动的,可能有点小误会,咱们把话说开就好啦,您别往心里去呀。"

（3）**持续关注与后续跟进**　在对老年人情绪进行疏导后,要持续关注老年人的情绪变化,在活动后续过程中时不时地询问老年人："爷爷/奶奶,您现在感觉怎么样呀？还难受吗？"确保老年人的情绪得到有效改善。

活动结束后,也要对老年人的情绪状况进行后续跟进,比如下次活动前可以提前询问老年人是否愿意继续参加,根据老年人的回答和情绪状态对活动安排等作出相应调整。

3. 遇到设备故障等意外情况的礼仪处理

（1）**冷静应对与解释**　当活动中遇到设备故障,如音响不响、投影仪坏了等,工作人员要保持冷静,不要惊慌失措。首先要停止正在进行的与该设备相关的活动环节,然后走到老年人面前,面带微笑,但语气稍显遗憾地说,"爷爷/奶奶,真不好意思呀,这设备突然出故障了,我们正在想办法尽快修好呢,请您稍等一下哦",让老年人知道工作人员在积极处理问题,同时也表达了歉意。

对于一些需要老年人配合重新安排活动环节的情况,要耐心向老年人解释清楚原因和接下来要做的事情,比如:"爷爷/奶奶,因为设备坏了,我们得把唱歌环节先往后推一推,等设备修好了再进行,现在我们先进行手工制作环节好不好?"

（2）**快速修复与弥补措施** 工作人员要尽快安排专业人员对故障设备进行修复,如果短时间内无法修复,要考虑采取弥补措施。例如,如果音响坏了,不能进行唱歌比赛了,可以改为无伴奏合唱,或者朗诵比赛等其他不需要音响的活动。在采取弥补措施时,要充分考虑老年人的喜好和参与度,尽量让老年人在新的活动形式下也能获得较好的体验。

（3）**再次致歉与后续关注** 在处理完设备故障后,无论最终是否影响了活动的顺利进行,都要再次向老年人致歉,比如,"爷爷/奶奶,刚才设备故障给您带来了不便,真的很抱歉呀",表达对老人的歉意。活动结束后,要对此次设备故障情况进行后续关注,总结经验教训,以便在下次活动中更好地预防和处理类似问题。

一、理论测试

请扫描二维码,完成知识测试。

二、案例分析

在一次社区组织的老年书法活动中,发生了这样的情况:

工作人员小李非常积极地参与活动组织工作。活动开始前,他热情地引导老人们就坐,但在引导过程中,由于动作过于急促,不小心碰到了一位老人,老人险些摔倒。在活动进行中,小李看到一位老人写错了一个字,便立刻大声指出,这让老人感到有些尴尬。

活动结束后,老人们交流心得时,小李打断了一位正在发言的老人,急于表达自己的看法。当老人们陆续离开时,小李坐在原地玩手机,没有起身相送。

思考:小李哪些地方做得不妥？应该如何改进？怎样才能更好地体现对老年人的尊重和关爱？

三、能力训练

情境一

假设你被邀请参加一个老年合唱团的排练活动,作为一名年轻的参与者,你需要在活动中展现出良好的礼仪规范。在排练过程中,一位老年人总是跟不上节奏,表现出焦虑和沮丧。你会怎么做?

情境二

当活动休息时,你发现有几位老年人在讨论过去的艰苦岁月,你会如何参与他们的交流呢?

情境三

排练结束后,组织者邀请大家对本次排练提出建议,你会怎样表达自己的看法,既能尊重老人们的付出,又能提出合理的改进意见?

请详细描述你在以上三种情境中的具体言行和态度,注意要符合老年活动的礼仪规范。

项目五 沟通原理

项目导学图

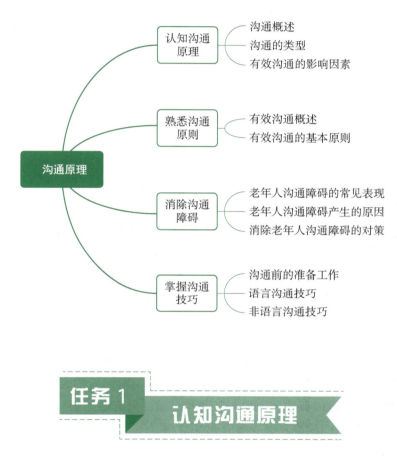

任务1 认知沟通原理

情境案例

张大爷今年78岁,患有高血压、糖尿病和心脏病,身体状况日益变差。由于子女工作繁忙,无法时刻照顾,经过家庭商议,决定为张大爷寻找一家合适的养老机构。这天,张大爷在儿子和女儿的陪同下来到了温馨养老院进行咨询。

思考: 在接待张大爷前,工作人员需储备哪些沟通知识?

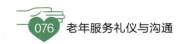

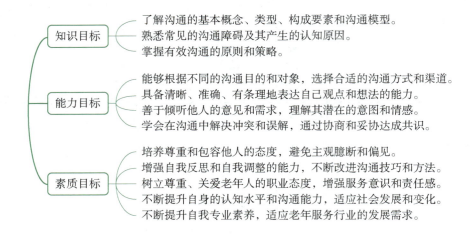

沟通的层次

知识点一：沟通的含义

1. 沟通的含义

沟通是指人与人之间、人与群体之间思想与感情的传递和反馈的过程，以求思想达成一致和感情的通畅。沟通涵盖了信息的交换、意义的共享和理解。它不仅仅是语言的交流，还包括非语言的信号，如肢体语言、面部表情、眼神等。有效的沟通旨在让信息发送者能够准确地表达自己的想法、感受和意图，同时让信息接收者能够正确地理解这些内容，并作出适当的回应。沟通可以发生在各种情境中，如家庭、工作场所、社交活动等，是人类社会互动和关系建立的重要基础。

2. 老年服务从业人员学习沟通知识的重要性

（1）有助于提升服务质量

在老年服务中，老年人的需求往往是多样化且复杂的。通过有效的沟通，从业人员可以深入了解每位老年人独特的身体状况、生活习惯、心理需求以及个人偏好。例如，有的老年人可能由于身体原因对饮食有特殊要求，有的老年人可能因孤独而更渴望陪伴和交流。只有通过细致的沟通，服务人员才能准确把握这些需求，进而提供个性化、精准且贴心的服务，让老年人在养老院中感受到家一般的温暖和关怀。

（2）有助于建立深厚的信任关系

对于老年人来说，进入养老机构意味着离开熟悉的环境和亲人，他们内心可能充满不安和焦虑。此时，老年服务从业人员若能以温和、耐心且尊重的态度与他们沟通，认真聆听他们的故事、想法和担忧，让老年人感受到被重视和理解，便能迅速与他们建立起信任。这种信任会促使老年人更愿意配合服务工作，如按时服药、参与康体活动等。

（3）有助于满足老年人的心理需求

许多老年人在晚年生活中会面临孤独、失落和对自身价值的怀疑。掌握良好的沟通技巧，从业人员可以成为他们的倾诉对象，给予情感上的支持和鼓励。通过积极的交流，激发老年人对生活的热情，帮助他们重新找回生活的乐趣和自信，有效减轻孤独感和抑郁情绪，提升他们的心理健康水平。

（4）有助于更好地解决矛盾冲突

在日常服务中，难免会出现一些误解或分歧，比如服务安排与老年人期望不符等。若从业人员具备优秀的沟通能力，就能在冲突发生时保持冷静，以理性、平和的方式与老年人进行交流，清晰地解释情况，聆听老年人的意见,共同寻找解决方案。这样不仅能够迅速化解矛盾,还能避免类似问题的再次出现,维护养老机构的和谐稳定。

总之,沟通知识与技能对于老年服务从业人员来说不可或缺,它直接影响着服务的质量和老年人的生活品质,对于推动老年服务行业的健康发展具有不可估量的作用。

知识点二:沟通的目的和作用

1. 沟通的目的

(1) 信息传递

这是沟通最直接和基础的目的。无论是工作中的任务分配、学校里的知识传授,还是日常生活中的消息告知,都需要通过沟通将准确的信息从一方传递给另一方。确保信息的完整性和准确性,使接收方能够基于所获得的信息作出适当的反应和决策。例如,活动策划师向老年人描述老年活动方案,医生向养老护理员传达照护方案,教师向学生讲解课程内容。

(2) 增进理解

有效的沟通能够促进双方对彼此观点、想法和意图的深入领会。每个人的背景、经历和思维方式不同,对同一事物往往有不同的看法。通过充分的交流,阐述各自的立场,解释原因,能够减少误解和偏见,促进共识的形成。比如,在商务谈判中,双方通过反复沟通来理解彼此的需求和底线,以达成合作协议。

(3) 协调行动

在团队合作、项目执行或社会活动中,沟通起到了协调各方行动的关键作用。明确共同的目标,划分责任,制定时间表和行动计划,都依赖于清晰和及时的沟通。只有当每个人都清楚知道自己和他人的任务及进度要求时,才能协同工作,提高效率,实现最终的目标。例如,老年服务过程中,医生、护士和康复治疗师、养老护理员等需要不断沟通来确保老年人照护计划的顺利进行。

(4) 建立和维护关系

沟通是构建和巩固人际关系的桥梁。通过交流情感、分享经历、表达关心和支持,能够增强彼此的信任、尊重和亲近感。无论是亲情、友情,还是爱情,良好的沟通都能使关系更加稳固和健康。同时,在工作场所中,与同事、上级和客户保持良好的沟通有助于营造积极的工作氛围,提高工作满意度。比如,与老年人之间定期的谈心可以加深信任感。

(5) 解决问题与冲突

当面临困难、矛盾或争议时,沟通成为解决问题的重要手段。各方可以通过陈述问题、分析原因、提出解决方案,并在相互协商和妥协的基础上,找到最优的解决途径。及时和建设性的沟通能够避免问题的恶化,化解冲突,恢复和谐。例如,养老机构与家属之间因服务问题产生纠纷,可以通过沟通协商达成互相谅解的解决方案。

(6) 激发创新与变革

不同个体之间的思想碰撞和交流能够产生新的灵感和创意。通过沟通分享独特的见解、经验和观点,能够开拓视野,突破固有思维模式,推动创新和变革。在学术研究、企业发展和社会进步等方面,广泛的沟通和交流对于激发创新思维具有重要意义。比如,团队成员在头脑风暴会议中的沟通可能会带来全新的产品设计理念。

2. 沟通的作用

(1) 促进信息传递和知识共享　及时的沟通能确保准确和及时的信息交流,避免误解和错误,使人们能够获取所需的知识和资讯,从而做出明智的决策。

(2) 增进人际关系　顺畅的沟通能帮助人们更好地理解他人的想法、感受和需求,建立信任、尊重和亲密感,减少冲突和矛盾,加强友谊、爱情和合作关系。

(3) 提高工作效率和团队协作　在工作中,良好的沟通有助于明确工作目标和任务分配,协调各方行动,解决问题,促进创新,从而提高工作的质量和效率,增强团队的凝聚力和战斗力。

(4) 有助于解决冲突　通过开诚布公的交流,各方能够表达自己的立场和诉求,找到共同的利益点,协商出合理的解决方案,化解矛盾和分歧。

(5) 增强个人和组织的竞争力　善于沟通的个人能够更好地展示自己的才能和价值,获得更多的机会和资源。而组织通过有效的内外部沟通,能够提升形象,适应市场变化,在竞争中脱颖而出。

(6) 促进个人成长和心理健康　在良好的沟通中,个体能够表达自己的情感和想法,获得他人的支持和建议,有助于减轻压力,增强自信,提升自我认知和情绪管理能力,促进心理健康和个人发展。

(7) 推动社会和谐与进步　在社会层面,广泛而有效的沟通能够促进不同群体之间的理解与合作,促进文化交流,推动社会的和谐稳定和进步发展。

知识点三:沟通的组成要素

沟通是人类社会中不可或缺的重要活动,它是信息、思想和情感在个体或群体间传递和交流的过程。一个有效的沟通通常由多个关键要素组成,这些要素相互作用,共同决定了沟通的质量和效果。

(1) 发送者　发送者是沟通的起点。发送者拥有想要传达的信息,并负责将其以适当的形式编码。这意味着发送者需要清晰地组织自己的想法,选择合适的词汇、语气和表达方式,以确保信息能够被准确地传递出去。发送者的背景、知识水平、情绪状态和沟通目的都会影响信息的编码方式。

(2) 接收者　接收者则是沟通的另一端。接收者的任务是对接收到的信息进行解码和理解。接收者的个人经验、价值观、文化背景、知识储备,以及当时的心理状态等,都会影响其对信息的解读。不同的接收者可能对同一信息有不同的理解,因此发送者需尽可能以清晰、明确且通用的方式传递信息,以减少误解的可能性。

(3) 信息　信息是沟通的核心内容。它可以是具体的数据、事实、观点、感受、指令等。信息的质量、准确性、完整性和相关性对于沟通的效果至关重要。清晰、明确且有价值的信息更有可能被接收者正确理解和接受。

(4) 渠道　渠道是信息传递的途径。常见的沟通渠道包括口头语言、书面文字、肢体语言、表情、声音语调、电子邮件、短信、社交媒体等。不同的渠道具有不同的特点和适用场景。例如:面对面的口头交流能够传递丰富的情感、提供即时的反馈,但受到时间和空间的限制;书面沟通则更便于记录和保存,但可能缺乏情感的直接表达。选择合适的渠道可以增强信息的传递效果。

(5) 编码　编码是发送者将信息转化为可传递信号的过程。这涉及对语言、符号、图像等的运用。良好的编码需要考虑接收者的特点和理解能力,使用双方都熟悉和易懂的方式来表达信息。同时,发送者还需要注意语言的简洁性和逻辑性,避免使用模糊、含混或歧义的表述。

(6) 解码　解码则是接收者将接收到的信号还原为信息,并加以理解的过程。接收者需要运用自己的知识和经验来解读编码后的信息,这可能会因为个体差异而存在理解的偏差。为了提高解码的准确性,接收者需要保持专注、积极倾听,并尝试从发送者的角度去理解信息。

(7) 反馈　反馈是沟通中的重要环节。它是接收者对所接收信息的回应,让发送者知道信息是否被正确理解和接受。反馈可以是语言上的回答、表情、动作,或者是后续的行为表现。及时、明确的反馈有助于发送者调整信息的传递方式,进一步完善沟通效果。

(8) 噪声　噪声是影响沟通的干扰因素。它可以来自外部环境,如嘈杂的声音、不良的光线等,也可以来自内部,如发送者或接收者的心理压力、情绪波动、偏见等。噪声会扭曲信息的传递,增加误解的风险,因此在沟通中需要尽量减少噪声的影响。

在实际的沟通中,这些要素相互关联、相互影响,形成了沟通的模型,见图5-1-1。一个成功的沟通不仅仅取决于信息的传递,更在于双方是否能够在这些要素的协同作用下,实现信息的准确交换和相互理解。只有当发送者能够有效地编码,选择合适的渠道传递信息,接收者能够准确解码并给予积极的反馈,同时尽量排除噪声的干扰,沟通双方才能达成良好的沟通效果,促进人际关系的发展,提高工作效率,解决问题,实现共同的目标。

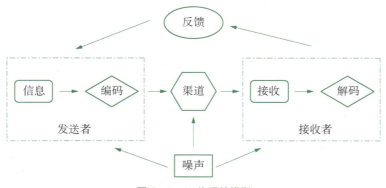

图 5-1-1 沟通的模型

知识点四:沟通的类型

沟通是人类社会中不可或缺的一部分,它以多种形式存在,满足了人们在不同情境下交流信息、表达情感和建立关系的需求。根据不同的划分标准,沟通可以分为不同的类型。不同类型的沟通方式各有特点和适用场景。在实际生活和工作中,需要根据具体的沟通目的、对象和环境,灵活选择和运用合适的沟通类型,以提高沟通效果,增进人际关系,促进信息的准确传递和问题的有效解决。同时,不断提升自己的沟通能力,包括语言表达、倾听技巧、非语言观察等方面,也是实现良好沟通的关键。通过有效的沟通,我们能够更好地与他人合作,共同创造更和谐、高效的社会和工作环境。

1. 语言沟通和非语言沟通

根据沟通的信息载体不同,可将沟通分为语言沟通和非语言沟通。

(1) 语言沟通

语言沟通是以语言为信息载体的沟通方式,又分为口头沟通和书面沟通。

口头沟通是最直接和常用的沟通方式。人们通过面对面的交谈、电话交流、会议发言等形式,用声音和语言来表达自己的想法和观点。口头沟通的优势在于能够即时反馈,传达情感和语气,增强信息的感染力。然而,它也容易受到说话者表达能力、语速、口音等因素的影响,可能导致信息传递不准确或遗漏。

书面沟通包括书信、电子邮件、报告、合同等形式。书面沟通的优点是信息可以被详细记录和保存,便于查阅和复查,具有较高的准确性和权威性。但书面沟通相对缺乏情感色彩,反馈速度较慢,且需要较好的写作技巧和语言组织能力。

(2) 非语言沟通

非语言沟通指的是使用除语言符号以外的各种符号系统,包括肢体语言、副语言、空间语言及时间语言。肢体语言,如手势、姿势、面部表情、眼神交流等,它往往能够反映一个人的真实情感和态度,有时甚至比语言更能传达内心的想法。例如,紧握的拳头可能表示愤怒,微笑可能表示友好和愉悦。副语言包括语音语调、语速、音量、停顿等。同样的一句话,用不同的副语言表达,会产生完全不同的含义。轻柔缓慢的语调可能传达出安抚的信息,而急促响亮的语调可能表示紧急或激动。空间语言指人与人之间的距离和空间位置所传达的信息。例如,亲密距离通常用于亲近的人之间,而社交距离和公众距离则适用于较为正式和陌生的场合。时间语言涉及对时间的运用和理解,如准时、迟到、拖延等。一个人对待时间的态度也能反映出其对沟通的重视程度和个性特点。

2. 正式沟通与非正式沟通

根据沟通的组织系统不同,可将沟通分为正式沟通和非正式沟通。

（1）正式沟通

正式沟通一般遵循特定的组织架构和规则，通过正式的渠道进行，如公文传递、会议决议等。这种沟通方式具有权威性和规范性，适用于传达重要的决策、政策和工作指令。

（2）非正式沟通

非正式沟通则发生在组织的日常活动中，信息通过私下的交流、闲聊等形式传递。虽然非正式沟通可能不够准确和权威，但它能够快速传播信息，满足人们的社交需求，有时也能为正式沟通提供有益的补充和参考。

3. 单向沟通与双向沟通

按照沟通的方向，可将沟通分为单向沟通和双向沟通。

（1）单向沟通　单向沟通是指信息发送者只发送信息，接收者只接纳信息的沟通。信息从发送者流向接收者，没有反馈机制。例如，广播、通知公告等就是单向沟通。单向沟通的优点是传递速度快，能够迅速传达信息，但由于缺乏反馈，无法确保接收者的理解程度。

（2）双向沟通　双向沟通是指交往对象之间的互相沟通，这种沟通是双向的，而非单方面的。信息在发送者和接收者之间双向流动，双方都能够表达意见和获得反馈，如面对面的讨论、电话交谈等。双向沟通有助于提高信息的准确性和理解度，促进问题的解决和关系的建立，但相对来说比较耗时。

4. 个体沟通与群体沟通

按照沟通者的数量划分，可以将沟通分为个体沟通和群体沟通。

（1）个体沟通　个体沟通是发生在两个人之间的沟通，如朋友之间的交流、夫妻之间的对话等。个体沟通注重人际之间的情感连接和相互理解。

（2）群体沟通　群体沟通是三个及以上的人参与的沟通，如小组讨论、团队会议等。群体沟通需要考虑成员之间的关系、角色分工和共同目标等因素，以确保有效的信息交流和协作。

5. 工具性沟通和情感性沟通

按照沟通的目的划分，可以将沟通分为工具性沟通和情感性沟通。

（1）工具性沟通　工具性沟通旨在完成具体的任务、解决实际问题或获取信息，如工作中的任务分配、商务谈判。

（2）情感性沟通　情感性沟通主要是为了表达情感、建立关系、增进彼此的了解和信任，如朋友间的倾诉、家人间的交流。

知识点五：有效沟通的影响因素

1. 个人因素

（1）语言和文化差异

这是常见的沟通障碍之一。世界上存在着众多的语言，每种语言都有其独特的语法、词汇和表达方式。即使使用同一种语言的人们，由于地域、社会阶层和教育背景的不同，也可能在语言习惯和理解上存在差异。例如，某些词语在不同的地区可能有不同的含义，或者某些口音可能导致发音不清，造成理解困难。此外，文化背景的差异对沟通的影响更为深远。不同的文化有着不同的价值观、信仰、习俗和社会规范，这些都会影响人们的沟通方式和对信息的解读。比如：在某些文化中，直接表达自己的想法和感受被视为诚实和坦率；而在另一些文化中，委婉和含蓄才是恰当的表达方式。当来自不同文化背景的人进行沟通时，如果不了解这些差异，就很容易产生误解和冲突。

（2）情绪和态度

情绪和态度在沟通中也起着关键作用。如果沟通者处于强烈的负面情绪之中，如愤怒、焦虑或沮丧，他们可能会失去理智，难以清晰地组织语言和表达自己的想法。情绪会影响语气、语速和用词，使信息传递变得混乱和不准确。同时，接收者如果处于不良情绪状态，也可能无法专注地倾听和理解对方的信息，而是更多地关注自己的情绪反应。此外,消极的态度,如对对方的不信任、不尊重或者不屑一顾,会在沟通中表现为冷漠、抵触或者攻击性的言行,这无疑会破坏沟通的氛围,阻碍信息的正常交流。

(3) 知识和经验的差距

知识和经验的差距是另一个不容忽视的障碍。当沟通双方在某个领域的知识水平或生活经验存在显著差异时,就可能出现"信息不对等"的情况。一方可能使用专业术语、行话或者基于特定经验的隐喻来表达观点,而另一方由于缺乏相关的知识背景,无法理解这些信息的真正含义。这种差距可能导致信息传递的偏差,甚至使接收者感到困惑和自卑,从而不愿意继续参与沟通。

(4) 选择性知觉

选择性知觉是一种心理现象,也会影响沟通的效果。人们往往会根据自己的兴趣、需求、期望和过去的经验,有选择地关注和理解信息,而忽略那些与自己观点不符或不感兴趣的部分。这种选择性知觉可能导致对信息的片面理解,无法获取完整和准确的内容。此外,个人的先入为主的观念、刻板印象和偏见也会影响对信息的客观判断和接收。例如,对某个群体存在偏见的人,可能会在与该群体成员的沟通中自动过滤掉积极的信息,而放大消极的方面,从而加剧误解和冲突。

(5) 沟通技巧

沟通技巧有很多,倾听就是其中的一个。缺乏良好的倾听技巧是沟通中常见的问题。倾听不仅仅是听到声音,更重要的是理解对方的意思、感受和需求。然而,很多人在沟通中急于表达自己的观点,而没有给予对方充分的理解和消化时间。不专注的倾听、打断对方、过早下结论等不良习惯都会影响信息的准确接收和理解,破坏沟通的平衡和互动性。

(6) 沟通渠道

选择不恰当的沟通渠道也是导致沟通障碍的一个原因。不同的沟通渠道具有不同的特点和适用范围。例如:对于重要而复杂的问题,面对面的交流能够提供更多的互动和即时反馈,有助于深入探讨和解决问题;而对于简单、明确的信息,电子邮件或短信、微信可能就足够了。如果选择了不适合的渠道,比如用短信、微信传达需要详细解释和讨论的重要决策,就可能无法充分表达信息,引发误解和不满。

2. 环境因素

(1) 物理环境

物理环境是影响沟通的首要环境因素之一。空间的大小、布局和舒适度都会对沟通产生作用。例如,一个狭窄、拥挤且嘈杂的房间可能让人感到压抑和烦躁,难以集中注意力进行有效的沟通。相反,一个宽敞、明亮、安静且布置舒适的环境能够让人放松身心,更愿意积极参与交流。温度和光线条件也不容忽视。过热或过冷的环境会使人感到不适,影响情绪和思维的清晰性;而昏暗或刺眼的光线则可能导致视觉疲劳,干扰信息的传递。此外,噪声水平是物理环境中的关键因素。在建筑工地附近或交通繁忙的道路旁进行沟通,外界的噪声很容易打断思路、掩盖重要的信息,导致沟通双方需要不断重复和澄清,降低沟通的效率。

(2) 社会环境

社会环境同样对沟通有着深刻的影响。沟通发生的社会背景,如文化、习俗和社会规范,会塑造人们的沟通方式和期望。在不同的文化中,沟通的风格、礼仪和禁忌可能大相径庭。例如:在某些文化中,直接的眼神接触被视为诚实和自信的表现;而在另一些文化中,过度的眼神接触可能被认为是不礼貌或具有侵略性的。社会阶层和群体的差异也会影响沟通。来自不同社会阶层的人可能在语言使用、话题选择和表达方式上存在差异,这可能导致误解或交流障碍。此外,社会的舆论氛围和价值取向也会左右沟通的内容和态度。在一个保守的社会环境中,某些激进的观点可能难以被接受和表达;而在一个开放和多元化的社会中,人们可能更愿意分享和探讨各种新颖的想法。

(3) 时间环境

时间环境也是一个重要的考量因素。沟通的时机选择不当可能会影响效果。例如,在对方忙碌、疲惫或处于紧急状态时尝试进行重要的沟通,很可能无法得到充分的关注和回应。时间的压力也会对沟通产生影响。如果沟通双方被严格限制在很短的时间内完成交流，可能会导致信息传递不完整、仓促做出决策或者无法深入探讨问题。此外，长期的时间跨度也可能改变沟通的性质。比如，对于一个需要长期跟进和讨论的项目，随着时间的推移，参与者的热情、关注度和对问题的理解可能会发生变化，从而影响沟通的进程和效果。

（4）技术环境

技术环境在当今数字化时代对沟通的影响日益显著。通信技术的发展为我们提供了丰富多样的沟通工具，如电子邮件、即时通信软件（微信、QQ等）、视频会议等。不同的技术工具在信息传递的丰富度和即时性上存在差异。例如：电子邮件适合传递正式和详细的信息，但缺乏即时互动性；而视频会议能够提供更直观的面对面交流体验，但可能受到网速不够导致的音频和视频卡顿的影响。此外，人们对新技术的熟悉程度和使用习惯也会影响沟通的效率和舒适度。对于不擅长使用某些技术工具的人来说，可能会在操作过程中遇到困难，从而分散沟通的注意力。

知识点六：沟通障碍的应对

1. 增强自我认知

增强自我认知和情绪管理至关重要。我们需要清楚地了解自己的情绪状态，以及可能对沟通产生的影响。在情绪激动时，尝试先深呼吸、冷静下来，避免在冲动之下说出不当的话语或做出过激的反应。同时，也要学会换位思考，理解对方可能的情绪和立场，以建立更和谐的沟通氛围。

2. 提升语言表达能力

提升语言表达能力是克服沟通障碍的基础。努力丰富词汇量，使表达更准确、清晰。避免使用模糊、含混或带有歧义的词汇和句子。在阐述观点时，按照一定的逻辑顺序，如先提出结论，再解释原因和提供证据，让对方能够更容易跟上思路。此外，积极倾听对方的意见和反馈，确保自己的表达能够被对方理解，如有误解及时澄清和修正。

3. 保持开放和学习的心态

对于因文化、知识和经验差异导致的障碍，应当保持开放和学习的心态。主动去了解不同文化的特点和习俗，尊重其差异，避免因文化偏见造成误解。在面对知识和经验不对等的情况时，应耐心解释专业术语和复杂概念，用通俗易懂的例子帮助对方理解。同时，也可鼓励对方分享他们的知识和经验，以实现相互学习和共同进步。

4. 创设良好的沟通环境

克服环境因素带来的影响需要沟通者主动创造有利的沟通条件。选择安静、舒适、没有干扰的场所进行重要的沟通。如果是远程沟通，提前检查设备和网络，确保通信的顺畅。在时间安排上，要选择双方都有充足精力和时间进行深入交流的时候，避免在对方忙碌或疲惫时强行沟通。

5. 建立信任和尊重的关系

建立信任和尊重的关系是促进有效沟通的关键。真诚地对待他人，遵守承诺，不隐瞒重要信息。尊重对方的观点和感受，即使存在分歧，也以理性和友善的方式进行讨论，而不是强行争辩或贬低对方。通过持续的良好沟通，逐步积累信任，使沟通更加顺畅和深入。

6. 不断反思改进

不断反思和改进自己的沟通方式也是必不可少的。在每次沟通后，回顾过程，总结成功经验和不足之处。向善于沟通的人学习，模仿他们的优点，不断调整和优化自己的沟通策略和技巧。

一、理论测试

请扫描二维码，完成知识测试。

二、案例分析

李奶奶今年75岁,独自居住。工作人员小王负责定期探访李奶奶,了解她的生活状况和需求。最近一次探访中,小王向李奶奶介绍了一个新的社区老年服务项目,包括上门医疗服务、助餐服务等。然而,李奶奶似乎对这些服务不太感兴趣,表现出冷漠和拒绝的态度。

思考:

(1)分析李奶奶可能产生这种态度的原因。

(2)如果你是小王,你会如何改进与李奶奶的沟通方式,以更好地传达这些服务的信息并获得她的接受?

三、能力训练

请辨认出以下沟通过程中的发送者、接收者、信息、渠道以及反馈的过程,填写在表5-1-1中。

小王是社区老年服务中心的工作人员,为了更好地服务社区老年人,她和社区工作人员组成家访组,在社区内进行家访服务工作。因几次到陈奶奶家里家访未果,于是小王通过电话与陈奶奶进行联系。小王与陈奶奶约定好了家访时间。

在约定日期的前一天,陈奶奶到服务中心找到小王,说她女儿要带她去医院检查牙齿,需要改期。小王和陈奶奶又约定了另外一个家访时间。

表5-1-1 沟通过程元素表

第一个沟通过程				
发送者	接收者	信息	渠道	反馈
第二个沟通过程				
发送者	接收者	信息	渠道	反馈

任务2 熟悉沟通原则

情境案例

在一家养老院,80岁的王奶奶是活动策划师小李的服务对象。起初,小李自顾自传达信息,沟通效果差。后来,小李改变方式,耐心询问,沟通效果变得好起来了。某次沟通,小李得知王奶奶因想念孩子心情不佳,于是给予理解和陪伴。

养老院组织手工活动,小李积极鼓励王奶奶参加。小李拉着王奶奶的手说:"王奶奶,这活动很有意思,您肯定行!"王奶奶犹豫,小李不断安慰。活动中,王奶奶起初手忙脚乱,小李耐心指导、示范,夸赞她的进步。最终,王奶奶完成精美作品,露出久违笑容。

此后,王奶奶和小李关系日益亲密。小李常陪王奶奶聊天,听她讲故事,分享点滴。节日时小李准备小惊喜,让王奶奶感受温暖。在小李的关怀下,王奶奶开朗许多,愿意积极参加活动,与其他老年人交流互动。

思考:小李在与王奶奶沟通时秉承了什么沟通原则?

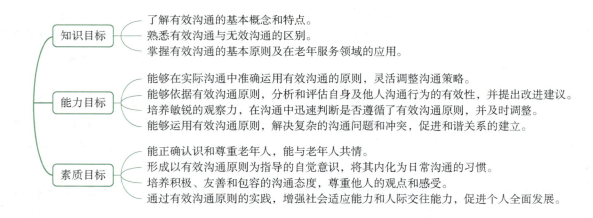

知识点一:有效沟通的含义

有效沟通指的是信息的发送者能够清晰、准确地表达自己的想法、意图和情感,同时信息的接收者能够完整、正确地理解这些内容,并能够根据所接收的信息作出恰当的回应或反馈。

在有效沟通中,不仅信息得到了准确传递,双方还能够在沟通中建立起相互理解、信任和良好的关系。这意味着沟通的过程没有明显的误解、歧义或障碍,并且达到了预期的沟通目的,如解决问题、达成共识、增进关系、协调行动等。

与老年人的有效沟通是一种特殊的人际沟通,是指沟通一方用语言、手势、行为、神态等方法与老年人进行信息交流和情感交流,收集老年人资料,确立问题,提供信息和情绪支持。

知识点二:有效沟通的特点

1. 清晰准确性

有效沟通是清晰准确的。这意味着信息的表达不含糊、无歧义,能够让接收者在第一时间明确发送者的意图。无论是通过语言、文字,还是其他形式,信息都应当组织有序、逻辑连贯,避免使用过于复杂或生僻的词汇和句子结构,以确保对方能够轻松理解。例如,在养老院中,养老护理员向老年人说明药物的服用方法时,应当清晰地告知每种药物的名称、剂量、服用时间和注意事项,让老年人能够准确无误地遵循医嘱。

2. 双向互动性

有效沟通具有双向互动性。它不是单方面的信息输出,而是双方都积极参与的过程。发送者充分表达自己的想法,接收者认真倾听并及时给出回应。这种互动能够促进信息的流动和理解的深化。比如,在组织老年活动时,活动策划师向老年人介绍活动的安排和流程,老年人可以提出自己的想法和建议,形成一个不断交流和完善的过程,从而使活动更符合老年人的兴趣和需求。

3. 理解信任性

有效沟通能够建立相互理解和信任。双方都尝试站在对方的角度去思考问题,尊重彼此的观点和感受,即使存在分歧也能够以平和、理性的方式进行交流。通过这种方式,能够减少冲突和误解,增进人际关系的和谐。比如在家庭中,子女与年迈的父母就养老方式进行沟通时,如果能够充分理解父母对于独立和自由的渴望,同时也让父母明白子女的关心和担忧,就能够在达成共识的基础上作出更合适的安排,同时也增强了家庭成员之间的亲密感和信任度。

4. 及时反馈性

有效沟通注重及时反馈。接收者能够迅速将自己对信息的理解和感受反馈给发送者,发送者根据反馈及时调整和完善沟通内容。这种即时的交流能够确保信息的准确性和完整性,避免误解的积累和问题的扩大。例如,在为老年人制定康复计划时,康复师向老年人及其家属解释计划的内容和目标,老年人或家属提出疑问或担忧,康复师根据反馈进行调整,以确保康复计划能够顺利实施并取得良好效果。

5. 目标达成性

有效沟通能够实现目标,无论是解决问题、达成协议、传递情感,还是获取信息,都能够达到预期的效果。它具有明确的目的性,并且能够通过有效的交流手段推动事情朝着期望的方向发展。比如,社区工作人员与老年居民沟通社区环境改善的方案,如果能够通过有效的沟通让老年人了解方案的益处,从而获得他们的支持和参与,那么就实现了沟通的目标。

知识点三:有效沟通与无效沟通的对比

表5-2-1是有效沟通与无效沟通的对比。

表5-2-1 有效沟通与无效沟通对比表

对比维度	有效沟通	无效沟通
信息清晰度	表达清晰,意思明确,逻辑连贯,无歧义或模糊性	表达混乱,意思含糊,缺乏重点和逻辑,容易产生误解
倾听与回应	积极倾听,理解对方观点,给予恰当的回应和反馈	倾听不专注,打断对方,忽视或错误理解对方的意思,很少回应或回应不当
情绪控制	能管理好情绪,不因情绪影响信息传递	被情绪主导,语气、态度不佳,沟通氛围紧张或敌对
相互理解	能站在对方角度思考,尝试理解对方立场和感受	只强调自己的观点,不顾及对方,难以达成共识
目标达成	能够实现沟通的预期目的,如解决问题、达成协议等	没有达到预期目标,问题未解决,甚至产生更多矛盾
语言和非语言信号	语言恰当,非语言信号(如肢体语言、表情)与语言内容一致	语言不当,非语言信号与所说的话相互矛盾
尊重与信任	相互尊重,信任对方的诚意和能力	缺乏尊重,充满质疑和猜忌
信息完整性	提供全面、必要的信息,不遗漏关键内容	信息片面、不完整,导致决策失误或判断错误
沟通效率	用较短的时间和较少的精力实现良好的沟通效果	耗费大量时间和精力,却没有实质的沟通成果

有效沟通的关键要素

通过对比可以看出,有效沟通能够促进关系、解决问题,而无效沟通则可能破坏关系、阻碍问题解决。

知识点四:有效沟通的基本原则

沟通原则涵盖了从信息传递、语言表达到情感交流等多个方面,是确保沟通有效进行的基石。

1. 清晰原则

处理老年人之间矛盾冲突应遵循的原则

在老年服务中,清晰原则是有效沟通的基石。老年人由于身体机能的下降,可能在听力、视力、认知能力等方面存在一定的障碍,这就要求沟通者的表达必须清晰明了,避免任何可能的混淆和误解。

例如,当养老护理员向老年人介绍新的康复训练计划时,应该这样说:"爷爷/奶奶,从明天开始,我们会为您安排每天上午10点的康复训练。训练包括简单的伸展运动和平衡练习,每次持续约30分钟。训练过程中会有专业的康复师在旁指导和协助您。"这种清晰的表述让老年人能够准确地知道训练的时间、内容、时长,以及相关人员的安排。

相反,如果沟通不够清晰,比如只是说:"过两天给您安排个康复训练。"老年人可能会感到迷茫,不知道具体时间、内容和形式,从而产生焦虑和不安。清晰的沟通有助于老年人做好心理和身体上的准备,积极配合服务。而且,清晰的表达还能避免老年人因为误解而做出错误的决定或行动。

此外,清晰原则也体现在沟通方式的选择上。对于视力不好的老年人,可以采用大声朗读的方式;对于听力不佳的老年人,则要面对面、语速适中地交流,并配合清晰的手势和表情,以确保信息的准确传递。

2. 准确原则

在老年服务中,准确原则对于保障老年人的健康和安全至关重要。任何微小的信息误差都可能对老年人的生活产生重大影响。以老年人的饮食安排为例,服务人员必须准确地告知老年人食物的种类、成分和特殊的饮食要求。比如,"奶奶,您的午餐有清炒时蔬、清蒸鱼和一小碗糙米饭。由于您的血糖偏高,我们没有添加过多的糖分和油脂",这样准确的描述能让老年人清楚了解自己的饮食状况,也有助于他们遵循特定的饮食限制。

如果信息不准确,比如将老年人的低糖饮食说成无糖饮食,可能导致老年人误食不合适的食物,进而影响健康。在医疗护理方面,准确传达用药剂量、时间和注意事项更是性命攸关。比如,"爷爷,您需要每天早上空腹服用这颗降压药,剂量是半片。服用后要静坐休息一会儿,观察有无不适反应"。准确无误的用药指导能够确保老年人正确服药,达到治疗效果。

另外,在向老年人传达活动安排或服务变更等信息时,同样要保证准确。例如,准确告知老年人社区活动的具体开始和结束时间,以及活动的流程和参与方式。只有准确的沟通,才能让老年人合理安排自己的时间和行动,避免麻烦和困扰。

3. 完整原则

在老年服务领域,遵循完整原则对于满足老年人的需求和保障他们的权益至关重要。完整的沟通能够让老年人全面了解相关情况,从而做出明智的决策和安排。

以老年人入住养老院为例,工作人员在介绍服务内容时应做到全面完整。不仅仅告知老年人住宿条件、餐饮安排,还要详细说明医疗保障服务,包括定期的身体检查项目、常见疾病的应急处理方式、与附近医院的合作情况等。同时,也要介绍养老院的娱乐设施和活动安排,如书法课、舞蹈班、定期的户外郊游等。此外,对于费用的构成,如住宿费、护理费、餐饮费等各项明细都要清晰罗列。

如果沟通不完整,老年人可能在入住后才发现某些重要方面未被提及,从而产生不满和不安。比如,只提到住宿环境舒适,却未说明医疗服务的具体内容,当老年人突发疾病时,可能会感到恐慌和无助。

再比如,在向老年人介绍健康管理方案时,要完整涵盖饮食建议、运动计划、心理辅导等多个方面。只有提供完整的信息,老年人才能够全面了解并积极配合,达到良好的健康管理效果。完整的沟通还能增强老年人对服务机构的信任,促进双方的良好合作。

4. 建设性原则

在老年服务中,遵循建设性原则的沟通对于帮助老年人提升生活质量、解决问题和促进积极改变具有重要意义。

当发现老年人因为行动不便而减少社交活动,导致情绪低落时,服务人员可以采取建设性的沟通方式。比如,"爷爷,我知道您最近因为走路不太方便,不太愿意出门和朋友们相聚。但其实我们可以一起想想办法,比如安排志愿者定期陪您去参加社区的活动,或者在院里组织一些适合您参与的小型聚会。这样您既能和大家交流,又不会太累"。这种沟通方式不是单纯地指出问题,而是共同探讨解决方案,给予老年人积极的引导和支持。

再如,对于有睡眠问题的老年人,建设性的沟通可以是"奶奶,我注意到您最近睡眠不太好。也许我们可以调整一下您白天的活动安排,增加一些轻度的运动,如散步。晚上睡觉前,您可以泡个热水脚,听一些舒缓的音乐。咱们一起试试看,能不能改善您的睡眠状况"。通过提出具体的、可行的建议,帮助老年人逐步解决问题,提高生活质量。

建设性的沟通还体现在鼓励老年人学习新技能或培养兴趣爱好上。比如,"爷爷,现在智能手机很方便,我可以慢慢教您怎么用视频通话和家人联系,这样您就能经常看到他们了"。这种积极的引导能够让老年人感受到自身的价值和潜力,激发他们对生活的热情和信心。

5. 礼貌原则

在老年服务中,礼貌原则是建立良好关系、提升服务质量的关键。始终以尊重和友善的态度与老年人交流,能够让他们感受到关爱和温暖。

当为老年人提供日常照护服务时,礼貌的表达至关重要。比如,"奶奶,麻烦您稍微侧身一下,我帮您整理一下床铺,这样您会睡得更舒服。谢谢您的配合"。这种礼貌的请求不仅体现了对老年人的尊重,也更容易获得他们的积极响应。

在回答老年人的问题时,也要保持礼貌和耐心。即使是重复多次的问题,也应以温和的语气回答,如"爷爷,您别着急,我再跟您说一遍。这个药您每天饭后吃一粒,一天三次"。礼貌的回应能够消除老年人可能产生的不安和焦虑。

当需要纠正老年人的某些行为时,更要注重礼貌。例如,"奶奶,为了您的安全,在走廊里走路的时候尽量扶着扶手,这样会更稳当一些",而不是生硬地指责:"您怎么又不扶扶手,多危险啊!"礼貌的提醒既能达到目的,又不会让老年人感到难堪。

此外,在与老年人的家属沟通时,礼貌原则同样适用。以礼貌的方式交流老年人的情况,能够促进家属与服务机构的合作,共同为老年人提供更好的照顾。

6. 同理心原则

在老年服务中,同理心原则是实现深度沟通和优质服务的核心要素。能够站在老年人的角度去感受和理解他们的经历、情感和需求,对于建立信任和提供贴心的服务至关重要。

有些老年人可能会因为身体机能的衰退而感到沮丧和失落,比如,对一位曾经热爱书法但因手抖无法再书写的爷爷,服务人员可以这样表达同理心,"爷爷,我知道不能再像以前那样挥洒笔墨,对您来说是很大的遗憾,但您曾经的作品都那么精彩,它们见证了您的才华。也许我们可以一起尝试一些新的方式来欣赏书法艺术,比如观看书法展览的视频"。

当老年人面临与家人分别的痛苦时,比如子女长期在外地工作无法经常探望,服务人员可以说,"奶奶,我能体会您对孩子们的思念,他们在外面努力工作也是为了让您生活得更好。咱们在院里也有很多伙伴,大家一起互相陪伴,您的孩子也会经常打电话关心您的"。

对于因记忆力下降而时常感到困惑和不安的老年人,同理心的沟通可以是"爷爷,我知道有时候想不起来事情让您很烦恼,这不是您的错,很多人随着年龄增长都会这样。我们会一直耐心帮助您的"。

通过这样的同理心沟通,老年人能够感受到真正的理解和支持,从而减轻心理负担,更加积极地面对生活。老年服务从业人员也能够更好地满足老年人的情感需求,提供更具人性化和个性化的服务。

7. 积极聆听原则

在老年服务中,积极聆听原则对于深入了解老年人的内心世界和需求起着关键作用。老年人往往渴望被关注和理解,而积极聆听是给予他们这种关怀的重要方式。

当老年人讲述自己年轻时的经历时,服务人员应全神贯注地聆听,不打断、不急于发表自己的看法。例如,一位奶奶回忆起过去艰苦的岁月,服务人员可以用专注的眼神、点头和适当的回应来表示自己在认真聆听,如"奶奶,那时候您一定很不容易"。通过积极聆听,老年人能够感受到被尊重和重视,从而愿意分享更多的故事和情感。

对于老年人的抱怨和不满,也要积极聆听。比如,老年人抱怨饭菜不合口味,服务人员应耐心听完,然后说:"爷爷/奶奶,我知道您对饭菜不太满意,您能具体跟我说说哪些地方不太好吗?我们会尽力改进。"这种积极聆听并寻求解决方案的态度,能够化解老年人的不满,增强他们对服务的信任。

积极聆听还包括留意老年人的非语言信号,如表情、语气和肢体动作。如果老年人在讲述时显得神情落寞,服务人员可以进一步询问:"我看您好像有些伤心,是不是有什么心事?"通过捕捉这些细微的信号,更全面地了解老年人的情绪状态和需求。

在聆听过程中,服务人员还可以适当重复老年人的关键话语,以确认理解的准确性。比如老年人说:"我最近总是觉得孤单。"服务人员可以回应:"您是说最近感到孤单,对吗?"这让老年人知道自己的话被准确接收,也有助于进一步的沟通和问题解决。

一、理论测试

请扫描二维码,完成知识测试。

二、案例分析

养老护理员小王负责照顾一位脾气较为古怪的王大爷。王大爷经常对照护服务表示不满,抱怨连连。

一天,王大爷因为饭菜不合口味而大发脾气。小王听到抱怨后,没有急于解释或反驳,而是先耐心聆听王大爷的不满,然后温和地说:"王大爷,我知道您对今天的饭菜不太满意,这肯定影响了您的心情。我马上向厨房反映,看看能不能给您换一份合您口味的。"

之后,小李进一步与王大爷沟通,了解他平时的饮食喜好,并承诺会尽量协调厨房满足他的需求。在接下来的日子里,小李还时常与王大爷交流,关心他的身体状况和生活需求。渐渐地,王大爷的脾气变得好多了,对照护服务也不再那么抵触。

思考:

(1)请分析在这个案例中,小王运用了哪些有效沟通原则?

(2)这些沟通原则是如何帮助改善王大爷的态度和他们之间的关系的?

三、能力训练

情境一:78岁的退休教师沈爷爷在某养老机构已住5年,脑卒中康复后能借助助行器移动。近期沈爷爷查出白内障,医院建议手术,其女同意,沈爷爷却犹豫不决,以致胃口差、心神不宁、入睡难且易惊醒,多次向养老护理员小张询问手术危险情况。这天,沈爷爷向小张诉说顾虑,小张因忙先走开并告知管理人员小陈。小陈与沈爷爷面谈安慰,并与沈爷爷女儿电话沟通。

要求:根据此情境进行模拟,组内学生自选角色(沈爷爷、沈爷爷的女儿、小张、小陈),其他同学观察沟通原则的运用,结束后互评。

情境二:某养老院工作人员小王巡查老年人午休时,接到邱爷爷的投诉,说养老护理员答应给他洗澡却没来,他脱了衣服等了半小时,越说越气愤激动。小王道歉并协助洗澡、安抚其情绪。

经调查,真相是邱爷爷中餐后让养老护理员小林给他洗澡,小林因工作繁忙,说:"好的,等中班同事来,现在忙不过来,不好意思。"但邱爷爷耳背只听到"好"字就回房准备洗澡,导致上述状况。小林被投诉很委屈。

下午邱爷爷儿子来看望,询问情况。小王介绍邱爷爷状况并告知此事。

要求:根据此情境进行模拟,组内学生自选角色(邱爷爷、邱爷爷的儿子、小王、小林),其他同学观察沟通原则的使用,结束后互评。

1. 训练方法

(1) 学生分成每3—4人一组,随机选取案例情境,自愿报名扮演不同情境下的老年人、老年人亲属、养老机构工作人员等不同角色。

(2) 分析情境角色,排练情境内容。

(3) 各小组完成情境表演,全班学生进行观摩、讨论和互评,教师进行点评。

2. 训练结果

(1) 合理设计情境表演情节,体会不同角色的沟通处境,充分运用各种沟通原则和技巧,完成情境表演。

(2) 针对各组情境表演内容,细心观察、认真分析、大胆点评。通过训练深刻体会与居家、社区及养老机构老年人的沟通要点。

任务3 消除沟通障碍

情境案例

在社区服务中心,工作人员小陈正在帮助一群老年人学习使用智能手机。其中一位张大爷总是显得很不耐烦,对小陈的指导反应冷淡。小陈耐心询问后才发现,张大爷觉得自己年纪大了,学不会这些新东西,而且觉得小陈讲解太快,自己跟不上。

小陈意识到问题后,放慢了语速,用更简单易懂的方式讲解,并且不断鼓励张大爷。最终,张大爷成功掌握了一些基本操作。

思考:

(1) 小陈最初与张大爷沟通不畅的原因是什么?

(2) 针对老年人学习新事物时的心态,应该如何进行有效的沟通和引导?

(3) 从这个案例中,能总结出哪些与老年人消除沟通障碍的关键点?

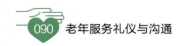

 **学习目标**

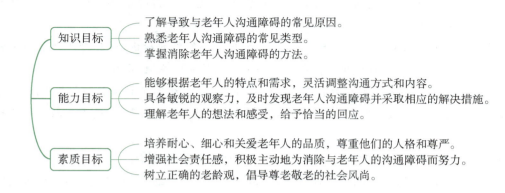

知识储备

知识点一：沟通障碍与老年人沟通障碍的常见表现

沟通障碍对老年人生活的影响

沟通障碍是指在信息传递和交流过程中，由于各种因素的干扰，导致信息发送者的意图不能被信息接收者准确理解，或者信息接收者的反馈不能被信息发送者正确接收，从而影响沟通效果和交流质量的情况。

老年人沟通障碍是指进入老年期后，老年人的各种生理功能逐渐衰退，同时面临社会角色的改变、疾病、丧偶等生活事件，加上社会变迁所带来的新生活方式的影响，使其沟通形态改变或难以适应社会发展，沟通出现阻碍。老年人沟通障碍的常见表现有以下八个方面。

1. 听力障碍

听力下降是与老年人沟通时经常遇到的一个障碍。随着年龄的增长，耳部的生理机能逐渐衰退，导致老年人对声音的敏感度降低。在交流中，他们可能需要对方提高音量或者重复多次才能听清，这不仅影响了沟通的效率，还可能使交流双方感到疲惫和不耐烦。有时，即使声音足够大，老年人也可能因为难以分辨某些语音或语调而产生误解，比如把相似的发音混淆，从而错误理解了话语的意思。

2. 反应障碍

反应迟缓也是一个显著的表现。老年人的大脑处理信息的速度通常会变慢，这使得他们在接收和回应信息时需要更多的时间。向他们提出问题或分享观点时，需要耐心等待他们的回答。而且，他们的思维往往不如年轻人敏捷，在复杂的话题讨论中，可能会跟不上节奏，难以迅速理解和参与到交流的核心内容中。

3. 记忆障碍

记忆力减退在与老年人的沟通中较为常见。老年人有时会忘记刚刚说过的话、约定的事项或者重要的细节，这可能导致交流的中断或者重复，比如反复询问已经讨论过的内容，或者在回忆相关信息时出现长时间的停顿。对于一些需要依靠记忆来理解和回应的话题，老年人可能会因为记不清而给出不准确或不完整的回答。

4. 性格障碍

老年人往往较为固执己见，这是由于他们在漫长的生活中积累了丰富的经验，形成了自己的价值观和认知体系。当面对新的观点、建议或生活方式时，他们可能会坚持自己的看法，不愿意改变或接受。这种固执可能会表现为对他人意见的直接否定，或者在交流中不断强调自己的经验和观点，使得沟通难以深入，无法达成共识。

5. 表达障碍

语言表达方面，老年人可能会出现说话含糊不清、语句重复或者逻辑混乱的情况。他们可能会在叙述事情时缺乏条理，跳跃性较强，让听者难以抓住重点。有时，由于词汇量的减少或者语言组织能力的下降，他们难以准确地表达内心的想法和感受，导致信息传递不准确，增加了沟通的难度。

6. 理解障碍

对新词汇和流行语的不理解也是一个障碍。现代社会语言发展迅速，新的词汇和流行语不断涌现。而老年人由于与时代的脱节，可能对这些新鲜的表达方式感到陌生。当在交流中使用这些词汇时，会让他们感到困惑，甚至误解其含义，从而影响沟通的效果。

7. 情绪障碍

情绪波动在与老年人的沟通中时有发生。由于身体机能的下降、生活环境的变化，以及可能存在的孤独感等因素，老年人的情绪往往会比较敏感和不稳定。在沟通中，如果他们感到被忽视、不被理解或者受到批评，容易产生烦躁、焦虑甚至愤怒的情绪，进而影响交流的氛围和质量。

8. 注意力障碍

注意力不集中也是常见问题之一。老年人更容易被外界的声音、动静所干扰，或者因为自身的身体不适、疲劳等原因而难以集中精力参与交流。在交流过程中，他们可能会突然分心，或者需要多次提醒才能重新回到话题上。

综上所述，与老年人的沟通障碍体现在多个方面，需要我们在与他们交流时保持耐心、理解和尊重，采用合适的方式和方法，以提高沟通的质量和效果，增进彼此之间的理解和关系。

知识点二：老年人沟通障碍产生的原因

老年人出现沟通障碍是一个较为复杂且多层面的问题，由多种因素相互交织、共同作用所致。

1. 生理因素

（1）听力衰退　随着岁月的流逝，人体耳部的结构和功能逐渐发生不可逆转的老化。内耳中的毛细胞作为感知声音的关键细胞，其数量和功能不断下降。听神经在传递声音信号的过程中，效率逐渐降低，这使得老年人在面对各种声音时，难以清晰地分辨其频率和强度。这一困境不仅严重影响了他们对日常对话的理解，尤其是在多人同时交流的复杂环境中，老年人很可能因为无法准确捕捉关键信息而感到困惑和迷茫。例如，在家庭聚会或社交场合中，当多人同时发言时，他们可能会错过重要的讨论内容或决策信息。

（2）视力下降　视力问题同样不容忽视。老花眼作为老年人普遍面临的问题，使得他们在近距离阅读文字时倍感吃力。白内障、黄斑变性等严重的眼部疾病更是给他们的日常生活带来了极大的不便。当老年人试图阅读书籍、报纸，或者查看手机上的信息时，模糊不清的视觉感受让他们感到沮丧和无助。在与人交流的过程中，观察面部表情和肢体语言对于理解对方的情感和意图至关重要。然而，这些视力问题又使得老年人难以清晰地捕捉到这些非语言信息，从而大大降低了沟通的效果和质量。比如，一个浅浅的微笑、一个轻轻的点头或者一个暗示性的手势，对于视力不佳的老年人来说，可能完全被忽略，导致对对方意图的误解。

（3）大脑功能减退　大脑功能的减退也是导致老年人沟通障碍的重要因素。随着年龄的增长，老年人的大脑在处理信息的速度、记忆力和注意力等多个关键方面都会出现明显的下降。面对复杂的语句和抽象的概念，他们可能需要耗费更多的时间和精力去理解和消化。而且，在回忆相关信息以进行回应时，常常会出现卡顿、遗忘或者出错的情况。这在需要快速反应和准确表达的交流场景，如商务谈判、学术讨论或者紧急情况下的沟通中，会给老年人带来极大的困扰和压力。

2. 心理因素

（1）角色转变　心理层面的问题对老年人的沟通同样产生着深远且持久的影响。退休后的社会角色转变，对于许多老年人来说，是一次巨大而断崖式的生活冲击。他们从曾经忙碌且充实的工作状态，瞬间跌入相对清闲和缺乏目标的生活模式。这种巨大的落差很容易在内心深处引发强烈的失落感和孤独感。他们可能会开始怀疑自己的价值和存在意义，觉得自己不再被社会所需要，从而逐渐失去了与他人积极交流的动力和自信。这种缺乏自信的心理状态在沟通中表现得尤为明显，他们常常犹豫不决，对于表达自己的想法和感受充满了恐惧。害怕因为说错话或者表达不当而受到批评和否定，因此选择保持沉默或者附和他人的观点，而不是勇敢地抒发自己的真实想法。

（2）固执与偏见　长期形成的固有观念和丰富的生活经验使老年人在面对新事物和新观点时，往往表现出固执与偏见。他们习惯于依据过去的经验和认知来判断和评价一切，对于那些与自己既有观念相悖的新思维方式和价值观念，他们更倾向于坚守原有的立场，采取排斥和拒绝的态度。怀有这种心态在与年轻人或者思想较为开放、前卫的人交流时，极易引发激烈的冲突和深深的误解。例如，在讨论关于科技发展、社会变革或者文化多样性等话题时，老年人可能会因为无法接受新的观点和做法，而与年轻一代产生严重的分歧和矛盾。

3. 社会因素

（1）社会隔离　从社会角度来看，社会隔离是老年人普遍面临的一个严峻且棘手的问题。随着年龄的增长，身体机能不可避免地下降，这直接导致他们参与社交活动的频率和积极性逐渐降低。社交圈子不断缩小，与外界的联系变得越来越稀疏和脆弱。他们获取新鲜信息的渠道变得狭窄，缺乏与时代同步的热门话题和共同兴趣，导致在与他人交流时常常出现无话可说，或者难以跟上节奏的尴尬局面。比如，在谈论当下流行的电影、音乐或者新兴的旅游目的地时，老年人可能因为对此一无所知而无法参与讨论，只能默默地坐在一旁。

（2）代际差异　代际差异也是造成老年人沟通障碍的重要因素。不同年代的人成长于截然不同的社会环境和文化背景，这在价值观、生活方式和兴趣爱好等方面塑造了显著的差异。年轻人充满活力，追求创新、变化和个性化的体验，他们热衷于探索未知、尝试新事物。而老年人则通常更注重传统、稳定和家庭的价值，倾向于遵循熟悉的生活模式和社会规范。这种差异在日常交流中很容易引发观点的碰撞和互不理解。例如，在关于职业选择、婚姻观念或者消费习惯等问题上，年轻人和老年人往往持有截然不同的看法，从而导致沟通的不畅和关系的紧张。

（3）科技发展　科技的飞速发展让现代社会的沟通方式发生了翻天覆地的变化，然而老年人对新的通信工具和交流平台，如智能手机、社交媒体等的适应速度相对较慢。这些新兴技术的操作方法对于他们来说可能过于复杂和陌生，难以在短时间内熟练掌握和运用。他们可能不熟悉各种应用软件的功能和操作流程，无法像年轻人那样轻松地通过网络获取信息、分享生活和与他人保持紧密的联系。这使得他们在数字化的交流模式中逐渐被边缘化，进一步加剧了与他人的沟通隔阂。比如，年轻人习惯通过视频通话、社交媒体群组来组织活动和交流情感，而老年人可能因为不熟悉这些方式而无法参与其中，感觉被排除在主流社交圈之外。

4. 疾病因素

（1）认知障碍　疾病因素在老年人沟通障碍中同样占据着不可忽视的地位。认知障碍疾病，如阿尔茨海默病和帕金森病，会对老年人的大脑造成渐进性的损害，严重影响他们的语言表达和理解能力。老年人可能会出现说话含糊不清、词不达意、语句混乱、重复表述等问题。他们甚至可能会忘记常用词汇、熟悉的人的名字或者日常物品的名称，使得交流变得异常困难和混乱。在病情严重时，老年人可能完全丧失语言能力，只能通过简单的手势或者表情来传达基本的需求和情感。

（2）精神疾病　精神疾病，如抑郁症和焦虑症，也会给老年人的沟通带来极大的负面影响。抑郁症会使老年人情绪极度低落，对周围的事物失去兴趣和热情，包括与人交流的欲望。他们可能会变得沉默寡言，对他人的问候和交流尝试反应冷淡或者完全回避。焦虑症则会让老年人过度紧张、担忧，在沟通中表现出不安和犹豫不决的态度。他们可能会反复思考自己要说的话，害怕出错或者引起他人的不满，从而影响交流的流畅性和质量。

5. 语言因素

在语言方面,老年人可能习惯于使用特定的方言、俗语或过时的词汇,这些语言表达方式在现代社会的通用语言环境中可能不被广泛理解。而且,他们的语速和语调可能不太符合正常的交流规范。例如,说话速度过慢可能让听者失去耐心,尤其是在快节奏的现代社会中。语调不够清晰会导致信息传达不准确,造成误解和沟通障碍。此外,老年人在语言表达上可能会比较啰嗦或者重复,这也会让交流对象感到厌烦或者失去注意力。

6. 环境因素

环境因素对老年人的沟通也会产生一定的影响。在嘈杂的环境中,如喧闹的市场、繁忙的施工现场附近,过多的噪声会严重干扰声音的传播和接收。老年人本身听力可能就已经有所下降,在这样的环境中更难以听清对方的话语,导致沟通受阻。不舒适的交流场所,如空间狭小导致人与人之间距离过近产生压迫感,或者光线昏暗影响视觉观察,都会让老年人感到不安和紧张,从而影响他们在沟通中的表现和发挥。比如,在拥挤的电梯里或者昏暗的楼道中,老年人可能会因为环境的不适而不愿开口交流,或者无法清晰地表达自己的想法。

知识点三:消除老年人沟通障碍的对策

1. 加强健康教育与预防保健

(1)重视健康管理　老年服务从业人员要重视老年人的健康管理。首先,定期为老年人安排听力和视力检查。与专业的医疗团队合作,邀请他们到养老院或社区老年服务中心为老年人进行上门服务。对于在检查中发现问题的老年人,协助他们及时就医,并跟踪治疗效果。同时,为老年人提供有关听力和视力保护的教育讲座,用简单易懂的方式讲解如何避免噪声伤害、正确用眼等知识。

(2)强化认知训练　在认知训练方面,设计适合老年人的大脑锻炼活动。比如,每天安排一段时间进行记忆训练,通过回忆往事、背诵诗词等方式激发大脑活力。组织棋类比赛、拼图活动等,让老年人在娱乐中锻炼思维能力。此外,鼓励老年人参与一些轻度的运动,如散步、简单的体操等,促进血液循环,为大脑提供充足的氧气和营养。

2. 心理支持与疏导

(1)关注老年人心理状态　密切关注老年人的心理状态是老年服务的重要职责。对于表现出情绪低落、焦虑或孤独的老年人,及时提供心理咨询服务。邀请专业的心理医生定期来养老院或社区坐诊,为老年人提供一对一的心理辅导。同时,老年服务从业者自身也要接受一定的心理知识培训,能够在日常服务中敏锐地觉察老年人的心理变化,并给予初步的安慰和支持。

(2)组织多彩活动　在营造温馨的社交环境方面,组织丰富多彩的集体活动,如生日会、节日庆祝等,让老年人有机会展示自己的才艺,增强自信心和归属感。鼓励老年人之间相互关心和帮助,形成良好的互助氛围。对于那些性格较为内向或孤僻的老年人,安排专门的服务人员主动与其交流,了解他们的兴趣爱好,引导他们逐渐融入集体生活。

3. 加强社会融入与代际交流

(1)加强社会融入　为了促进老年人的社会融入,老年服务机构可以与周边的学校、企业、社区建立长期的合作关系。例如:邀请学生到养老院为老年人表演节目、陪他们聊天;组织老年人参观企业,了解社会的发展变化。在代际交流方面,定期举办"祖孙日"活动,让老年人与年轻人分享自己的人生经验,同时倾听年轻人的想法和故事。

(2)推进科技普及　在科技普及方面,老年服务从业人员要耐心地指导老年人使用智能手机、平板电脑等设备。从最基本的操作,如接打电话、发送短信,到使用社交媒体、视频通话等功能。可以制作图文并茂的操作手册,方便老年人随时查阅。同时,在养老机构内设置专门的"科技角",配备志愿者随时为老年人解答疑问。

4. 改善语言环境与沟通方式

（1）改善语言环境　在日常服务中，老年服务从业人员要使用清晰、简洁、温和的语言与老年人交流。避免使用行话、缩略语或过于复杂的句子结构。对于重要的信息，要重复强调，确保老年人理解。鼓励老年人表达自己的想法和需求，聆听他们的每一句话，给予充分的尊重和回应。

（2）改变沟通方式　在沟通方式上，除了语言交流，要善于运用肢体语言和表情来增强理解。比如，微笑、点头、握手等动作可以传递友好和关心。对于听力不好的老年人，可以靠近他们的耳朵，放慢语速，提高音量，但要注意语气的自然和亲切。当解释一些复杂的事项时，可以借助图片、实物等辅助工具，使信息更加直观易懂。

5. 疾病的早期诊断与治疗

（1）熟悉疾病症状　老年服务从业人员要熟悉常见沟通障碍相关疾病的症状，如认知障碍、精神疾病等。在日常照料中，留意老年人的行为和语言变化，一旦发现异常，及时通知家属并建议就医诊断。与医疗机构建立紧密的联系，为老年人开辟绿色通道，方便他们进行各项检查和治疗。

（2）提供康复护理服务　对于患病的老年人，提供全方位的康复护理服务。配合专业的康复治疗师，帮助老年人进行语言训练、认知训练等。在日常生活中，创造各种机会让老年人练习沟通技能，如点餐、购物等场景模拟。同时，关注老年人的心理变化，给予他们足够的关爱和鼓励，让他们保持积极的治疗心态。

6. 优化沟通环境

（1）减少噪声干扰　在养老机构内，要采取措施减少噪声干扰。合理规划活动区域，避免多个活动同时进行产生过大的噪声。选择隔音效果好的装修材料，安装降噪设备。为老年人提供安静的休息和交流空间，如设置隔音的阅览室、聊天室等。

（2）优化空间布局　在空间布局上，充分考虑老年人行动不便或视觉障碍情况。确保通道宽敞无障碍，地面防滑，家具摆放合理，避免老年人碰撞受伤。灯光设计要明亮均匀，避免阴影和眩光。标识系统要醒目清晰，使用大字体和鲜明的颜色，方便老年人识别。

一、理论测试

请扫描二维码，完成知识测试。

二、案例分析

张奶奶今年80岁，患有中度认知障碍，入住某养老机构。她经常忘记别人说过的话，在与其他老年人和养老护理员交流时，表达混乱，词不达意。同屋的王奶奶性格开朗，喜欢聊天，但张奶奶总是无法跟上王奶奶的话题，导致两人之间交流很少。而养老护理员小周在照顾张奶奶时，由于工作繁忙，交流时缺乏耐心，说话速度较快，张奶奶神情常常显得茫然。

思考：

（1）分析张奶奶在养老机构中出现沟通障碍的原因。

（2）针对这种情况，向养老机构提出改进措施以帮助张奶奶改善沟通状况。

三、能力训练

赵奶奶，72岁，独居多年，最近住进了养老机构。她性格内向，有轻微的听力问题，且不太熟悉现代的通信工具。在养老机构里，她与其他老年人和工作人员的交流较少，显得有些孤僻。

情境一:工作人员试图了解赵奶奶的生活习惯和需求。
情境二:其他老年人邀请赵奶奶参加集体活动。

训练要求:

1. 分成小组,每个小组 3—4 人。
2. 小组内分别扮演赵奶奶、养老机构工作人员、其他老年人等角色。
3. 模拟上述两个情境进行沟通训练。
4. 思考:
(1) 在每个情境中,可能出现的沟通障碍有哪些?
(2) 针对这些沟通障碍,小组讨论并提出解决方案。
5. 模拟结束后,每个小组总结经验,分享如何更好地与有沟通障碍的老年人交流。

任务 4　掌握沟通技巧

情境案例

在社区活动中心的一个安静角落,工作人员小张注意到了一位独自坐着的王奶奶。王奶奶微驼着背,眼神有些空洞,表情略显落寞。小张带着满脸的笑容,轻快地走到王奶奶身边,热情地说道:"王奶奶,您好呀!今天天气不错呢。"王奶奶抬起头,看了一眼小张,只是淡淡地应了一句:"嗯,还行。"语气冷淡,仿佛心思完全不在这上面。

小张并没有被王奶奶的冷淡回应击退,他试图继续交流,依然保持着温和的语气:"王奶奶,您经常来这活动中心吗?"王奶奶稍微停顿了一下,目光依然游离,回答道:"偶尔。"说完又低下了头,依旧不热情。

思考:

(1) 小张的沟通方式存在什么问题?

(2) 对于王奶奶这种不太积极的回应,应该如何调整沟通策略?是转换话题,聊一些更贴近王奶奶生活的具体事情,还是先聆听王奶奶可能隐藏在冷淡背后的心声?

(3) 怎样才能更好地引起王奶奶的交流兴趣,让她打开心扉?

学习目标

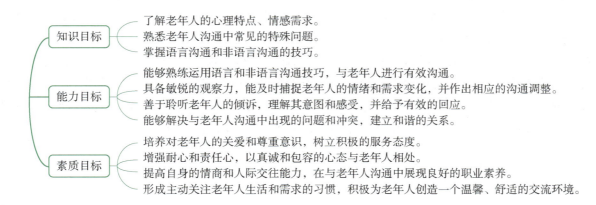

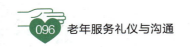

知识点一：沟通准备

1. 了解老年人的基本情况

沟通前要尽可能多地了解老年人的背景信息，包括年龄、性别、健康状况、生活经历、兴趣爱好、家庭情况等。这些信息可以通过与老年人的家属、养老护理员交流，或者查阅相关的档案资料获得。了解老年人的健康状况尤为重要，如是否有听力障碍、视力问题、认知障碍或慢性疾病等，这将影响沟通方式和内容的选择。如果老年人存在听力或视力问题，从业人员需要在沟通时适当提高音量、放慢语速，或者使用较大的字体和清晰的图片辅助交流。对于有认知障碍的老年人，要采用简单、直接的语言，并多次重复关键信息。

2. 明确沟通目的

在与老年人沟通之前，要明确自己的沟通目的：是为了了解他们的生活需求、提供健康咨询、解决矛盾纠纷，还是仅仅为了陪伴和交流？根据不同的沟通目的，需要采用不同的沟通策略和方法。如果是为了了解生活需求，需要准备详细的问题清单，并以开放和引导的方式提问；如果是提供健康咨询，需要提前准备专业的知识和准确的信息；如果是解决矛盾纠纷，则要保持中立和客观的态度，聆听双方的观点和诉求。

3. 选择合适的沟通环境

沟通环境对沟通效果有着重要的影响。要选择一个安静、舒适、整洁、光线良好的场所，避免嘈杂、混乱和有异味的环境。如果在室内，要确保温度适宜、通风良好。同时，要注意座位的安排，尽量让老年人感到舒适和方便，避免让他们处于逆光或被强光直射的位置。如果可能的话，可以选择老年人熟悉和喜欢的环境，如他们的房间、花园等，这样可以让他们感到更加放松和自在。

4. 调整自己的心态和情绪

在与老年人沟通之前，要调整好自己的心态和情绪，保持耐心、尊重、理解和包容。老年人的思维和反应速度可能较慢，表达能力可能有限，我们要有足够的耐心等待他们回答问题，不要表现出不耐烦或急躁的情绪。要尊重老年人的观点和意见，即使不同意，也不要轻易打断或批评。要理解老年人可能存在的孤独、焦虑、恐惧等情绪，给予他们充分的关心和安慰。同时，要保持积极乐观的情绪，用自己的热情和活力感染老年人，让他们感受到生活的美好和希望。

5. 准备沟通工具和辅助材料

根据沟通的内容和方式，准备必要的沟通工具和辅助材料。如果是面对面交流，可以准备纸笔、图片、卡片等，用于记录重要信息或辅助表达。如果是通过电话或视频沟通，要确保设备正常运行，网络信号良好。如果需要向老年人展示相关的资料或文件，要提前准备好，并将其整理得清晰、简洁、易于理解。

6. 学习相关的沟通技巧和知识

在与老年人沟通之前，要学习和掌握一些相关的沟通技巧和知识，如聆听技巧、提问技巧、表达技巧、非语言沟通技巧等。聆听技巧包括保持专注、适当回应等。提问技巧包括使用开放性问题、封闭式问题、引导性问题等。表达技巧包括语言清晰准确、简洁明了、通俗易懂等。非语言沟通技巧包括面部表情、肢体语言、眼神交流等的运用。通过学习和运用这些技巧，可以提高沟通的效率和质量。

知识点二：语言沟通技巧

1. 有效聆听

在与老年人交流的过程中，积极聆听是建立良好关系、深入理解他们内心世界的关键技巧。积极聆听不仅仅是听到对方的话语,更是全身心地投入,理解其情感、需求和未言明的含义,见图5-4-1。

(1)保持专注　保持专注是积极聆听的基础。当与老年人交流时,要放下手中的其他事务,将注意力完全集中在他们身上。眼神交流尤为重要,用温和、关切的目光注视着他们,让他们感受到被重视。身体微微前倾,展示出对他们所讲内容的浓厚兴趣。避免频繁看表、看手机或者心不在焉的举动,这些都会让老年人感到自己不被尊重或关注。

图5-4-1　有效聆听

(2)适当回应　与老年人沟通交流时,要给予适当的回应。回应不仅仅是语言上的,还包括非语言的信号。例如,点头表示认同,微笑表示鼓励,皱眉表示关切。在语言回应方面,不要只是简单地说"嗯""哦",而是用更具体的表述,如"我能理解您的感受""这确实是个值得关注的问题"等。同时,要根据老年人的讲述内容,适时提出问题,这不仅表明在认真听老年人讲话,还能引导他们更深入地表达自己的想法和感受。

(3)理解情感　理解老年人的情感是积极聆听的核心。老年人可能会因为身体状况、生活经历等原因,在交流中流露出各种复杂的情感。可能是孤独、焦虑、失落,也可能是喜悦、自豪。要敏锐地捕捉这些情感,并以共情的方式去回应。比如:当他们诉说生活中的困难时,给予安慰和支持;当他们分享快乐的回忆时,一起欢笑和庆祝。

(4)避免打断　与老年人沟通交流时,不要急于打断或给出建议。让老年人有足够的时间和空间来表达自己。很多时候,他们只是需要一个倾诉的对象,而不是急于得到解决方案。在他们完整地表达自己的想法后,再根据实际情况,提出恰当的建议或提供帮助。

(5)尊重经验　与老年人沟通交流时,要尊重老年人的观点和经验。他们经历了漫长的人生岁月,积累了丰富的智慧和经验。即使不完全认同他们的观点,也要以尊重的态度去聆听和理解。不要轻易否定或批评,而是尝试从他们的角度去思考问题。

2. 清晰表达

在与老年人进行沟通时,清晰表达是确保信息有效传递和理解的关键。由于老年人可能在听力、认知能力或反应速度上存在一定的限制,因此需要特别注意表达方式,以提高沟通的质量和效果。

(1)语速适中　语速适中是清晰表达的重要因素。说话速度不宜过快,过快的语速可能会让老年人感到应接不暇,难以跟上节奏,从而导致信息的遗漏或误解。但也不能过慢,过慢可能会让他们觉得交流拖沓、缺乏效率。应以平稳、适度的速度进行表达,给老年人足够的时间来接收和处理信息。

(2)音量适当　考虑到老年人可能存在听力下降的情况,需要适当提高音量,但要避免声音过大造成压迫感。同时,要注意发音清晰,避免含糊不清或吞音,特别是一些关键的词汇和信息,要着重强调,确保老年人能够准确听到。

(3)词汇易懂　与老年人沟通时,在词汇选择上,应尽量使用简单、常见、易懂的词语。避免使用生僻、专业或过于新潮的词汇,以免造成理解障碍。多运用日常生活中的词汇和表达方式,让老年人能够轻松地理解想要传达的意思。句子结构也应简洁明了,避免复杂的长句和从句,采用简短、直接的陈述句来表达核心内容。

(4)表达清晰　与老年人沟通时,表达的逻辑顺序要清晰。在讲述一件事情或传达一个观点时,按照先后顺序、因果关系或者重要程度等进行组织,让老年人能够有条理地跟上思路。可以先阐述主要观点或结论,再逐步解释细节和原因,这样有助于老年人快速抓住重点。

(5)重复强调　与老年人沟通时,重复和强调关键信息也是很有必要的。老年人可能会因为记忆力减退或注意力不集中而遗漏某些重要内容,适时地重复和强调重点可以加深他们的印象,提高信息的接收度。

（6）保持耐心　与老年人沟通时，要保持耐心和友善的态度。如果老年人没有理解或者误解了我们的意思，不要表现出不耐烦或生气，而是耐心地再次解释，直到他们明白为止。

3. 积极反馈

在与老年人交流的过程中，积极反馈是建立良好关系、增强沟通效果的重要环节。它不仅能够让老年人感受到被关注和尊重，还能鼓励他们更充分地表达自己的想法和感受。

（1）及时回应　积极反馈的首要技巧在于及时回应。当老年人分享他们的经历、观点或情感时，要尽快给予回应，避免让他们感到被忽视或冷落。及时的反馈能够向老年人表明在认真聆听，并且对他们所说的内容感兴趣。例如，当老年人讲述完一段回忆，可以马上说："我一直在认真听您说呢。"

（2）表达共鸣　表达共鸣是积极反馈的核心。设身处地地理解老年人的感受和经历，让他们知道我们能够体会到他们的情感。比如，老年人提到失去亲人的痛苦，可以说："我能想象那是一段非常艰难的时光，您一定很不容易。"这种共鸣式的反馈能够拉近彼此的距离，让老年人感到被理解和支持。

（3）给予肯定　给予肯定和赞扬也是关键的积极反馈方式。老年人在讲述自己的成就、努力或者做出的正确决定时，要毫不吝啬地给予肯定和赞扬。比如："您能做到这一点真的太了不起了！""您的这个想法非常明智。"这样的反馈能够增强他们的自信心和自尊心，激发他们更积极地参与交流。

（4）反馈具体　提供具体的反馈内容能让积极反馈更有价值。避免使用过于笼统的赞美之词，而是针对具体的行为、观点或情感进行反馈。比如，老年人描述了自己精心照料的花园，可以说："您种的那些花颜色搭配得特别漂亮，而且每一株都长得很健康，看得出您花了很多心思。"这种具体的反馈让老年人感到对方是真正关注和理解他们所做的事情的。

（5）运用鼓励　运用鼓励的话语能够激发老年人的积极性和主动性。当他们面临困难或者犹豫不决时，鼓励他们勇敢尝试或者坚持下去。例如："我相信您一定有能力解决这个问题。""您之前经历过那么多困难都挺过来了，这次也一定可以的。"

4. 适时提问

在与老年人交流的过程中，适时提问是保持互动、深入了解他们内心世界，以及获取有价值信息的重要手段。恰当的提问技巧不仅能够激发老年人的表达欲望，还能使沟通更加顺畅和富有成效。

（1）提问时机　与老年人沟通时，提问的时机至关重要。要在老年人表达完一个相对完整的观点或经历后再进行提问，避免打断他们的思路和叙述。例如，当老年人讲述完一段年轻时的工作经历，可稍作停顿，再适时提出相关问题。这样既能显示出对他们的尊重，又能确保提问与他们之前所讲的内容紧密相关。

（2）问题类型　向老年人提问时，问题的类型也需要精心选择。开放性问题能够鼓励老年人展开详细的叙述，例如："您能跟我多讲讲那段经历中让您印象最深刻的事情吗？"这类问题可以让他们有更大的发挥空间，分享更多的细节和感受。而封闭式问题则适用于获取明确的信息，如："您当时是在这个城市工作吗？"合理搭配使用这两种类型的问题，可以使沟通更加全面和深入。

（3）提问语气　提问的语气应温和、亲切，避免给老年人带来压迫感。用平和、友善的语调提问，如："奶奶，我很想听听您的想法，您愿意跟我多说一说吗？"让他们感受到真诚和关心，从而更愿意回答问题。

（4）提问内容　提问的内容要基于对老年人的兴趣和经历的了解。如果他们曾热衷于某种手工艺，可以问："您在制作那件手工艺品时，有没有遇到什么特别的挑战？"这样的问题能够引起他们的兴趣和回忆，使交流更加自然和愉快。

（5）问题难度　向老年人提问时，要注意问题的难易程度。过于复杂或深奥的问题可能会让老年人感到困惑或无从回答。尽量提出简单明了、易于理解的问题，让他们能够轻松应对。比如："您每天早上一般会做些什么？"

在提问的过程中，要给予老年人足够的思考时间。不要催促或表现出不耐烦，耐心等待他们组织语言和回忆相关内容。有时候,难度大的问题,他们可能需要一些时间来整理思绪。而且,根据老年人的回答,进一步追问相关细节也是很重要的。比如,老年人提到曾经参加过一场活动,可以接着问:"那活动中有没有什么让您特别开心的瞬间?"这样能够不断挖掘更丰富的信息,使沟通更加深入。

5. 巧用赞美

在与老年人交流互动的过程中,巧用赞美技巧能够极大地提升沟通的质量和效果,为彼此的关系注入温暖和积极的能量。

(1)赞美要真诚　真诚是赞美的关键。赞美必须源自内心的真实感受,而非虚假的奉承。仔细观察老年人的优点、成就,或者他们所付出的努力,然后用诚恳的语言表达出来。比如,看到一位老年人精心打理的花园,可以真诚地说:"您的花园简直太美了,每一朵花都充满了生机,这都是您悉心照料的成果,真的太了不起了。"这样的赞美会让老年人感受到对方是真正欣赏他们的。

(2)赞美要有针对性　赞美要具体而有针对性。避免使用过于笼统和模糊的语言,如"您真好""您真棒",而需要明确指出具体的行为、品质或事物进行赞美。例如,对一位擅长烹饪的老年人,可以说:"您做的这道红烧肉,色泽诱人,口感软糯,味道简直比餐厅里的还棒,真不愧是烹饪高手。"这种具体的赞美能够让老年人清楚地知道自己的哪些方面得到了认可,从而增强他们的自信心和满足感。

(3)赞美要结合老年人的经历　结合老年人的经历进行赞美能让效果加倍。了解他们年轻时的成就、经历或者特长,然后将赞美与之联系起来。比如,对一位曾经是教师的老年人说:"听说您以前是一位优秀的教师,培养了那么多优秀的学生,您的教育事业一定给无数人带来了光明和希望,这是多么伟大的贡献啊!"这样的赞美能够唤起他们对过去辉煌岁月的美好回忆,让他们感到自己的一生是有价值和意义的。

(4)赞美老年人的精神品质　赞美老年人的精神品质往往更能打动他们的心,如他们的乐观、坚韧、善良、宽容等。可以说:"无论遇到什么困难,您总是保持着乐观的心态,这种积极向上的精神真的值得我们晚辈学习。"这种对精神品质的赞美能够让老年人感受到自己的人格魅力依然熠熠生辉。

(5)赞美要注意频率和时机　赞美老年人时,注意频率和时机也很重要。过于频繁的赞美可能会显得刻意和不真实,而在恰当的时机给出赞美则能起到意想不到的效果。例如,当老年人完成了一项具有挑战性的任务后,或者在分享一段难忘的经历时,适时地给予赞美,能够让他们感受到对他们的关注和支持。

知识点三:非语言沟通技巧

1. 肢体语言

肢体语言也是重要的沟通方式,如可以用挥手、点头、摇头、扬眉、耸肩等肢体语言辅助沟通。友善的点头,轻轻的挥手或拍拍背,都会使老年人感到温暖和愉悦,有受尊重感和安全感。

(1)手势语言

手是人类运用最广泛的肢体器官,在非语言沟通中的作用也是巨大的,对于沟通双方而言,手也是身体动作中最重要、最容易被关注的部分。它以不同的动作配合讲话者语言,传递讲话者的心声。由于手部动作比较灵活,因此运用起来更加自如,许多演员、政治家和演说家通常会通过训练,有意识地利用一些手势来加强语气。由于个人的习惯不同,讲话的具体情况不同,沟通双方的情绪不同,手势动作也就不同。从手势的含义和作用来看,手势可以分为两大类:一种是功能性手势,主要用来指示事物的方位或描述事物的形状。比如,手指前方,向问路的人说"就在前面",或者用手比画某人的大体身高和身形。另一种是辅助性手势,主要是用于配合自己的语言、表达自己喜怒哀乐所使用的手势。

(2)动态语言

动态语言是举止的语言,在一定程度上反映一个人的素质和性格。老年服务从业人员在沟通中要塑造良好的、可信赖的职业形象,动态语言是其中重要一环。冰冷僵硬、粗暴造作的举止,会给老年人带来厌烦和恐惧心理;沉着冷静、从容端庄的举止,可以给老年人留下安全感和信任感。

在老年服务沟通中,从业人员需注意站立、行走、入座和其他动作所传达的意思。当站着与老年人交谈时,可以附带一些手部动作,但是如果动作过大就显得粗鲁不庄重,更要避免一些下意识的小动作,如抖腿、摆弄手中的笔纸等。当坐着与老年人交谈时,如果整个人靠坐在椅子上,则有懒散倦怠的意思,让老年人觉得不受重视和尊重,而应该身体前倾表示关注和投入。进入老年人房间时不随便坐在老年人的床铺上,不斜倚在老年人的床头被子上。在工作场合中,遇到紧急情况不要慌张,大步流星的奔跑或碎步疾走制造的是紧张的气氛,易引起老年人的恐慌。当与老年人相伴行走时,只看着前方顾着自己走,会让老年人觉得受到冷落,应该在行走的过程中与老年人相伴而行,并不时面向老年人进行询问和关照。当推着老年人轮椅走动的时候,不时俯首与老年人进行交流,以示善意和亲近。细小的动态语言可能为服务沟通带来不同的效果,恰到好处的动态语言对提高服务质量有促进作用。

(3) 触摸语言

触摸是无声的语言,是人类情感的表达方式之一。在老年服务中,工作人员通过亲切的触摸与老年人进行非语言沟通是一种积极有效的方式,可以让老年人感受到关心、理解、安慰和支持等正面情感,适时适地、恰当位置的触摸对老年服务沟通是有促进作用的。老年人常出现焦虑、沮丧等心理,对老年人的心理支持往往比生理上的治疗更重要,因此非语言行为往往非常奏效。比如:握住老人的手,耐心聆听对方诉说;适当地给老年人盖盖被子,理好蓬松的头发。通过皮肤的接触满足老年人的心理需求,用触碰的交流表现出对老年人的理解和关爱,使他们有安全感、亲切感。

图 5-4-2 触摸

触摸是对老年人的一种特殊的沟通语言,触摸不同的部位、不同的触摸方式所表达的意思有所不同,对老年人的触摸语言应该注意场合、情景进行正确使用。比如,在交谈过程中谈得不愉快或是老年人情绪有波动,可以先轻拍对方的肩膀或是手背(见图 5-4-2),稳定老年人的情绪,再转移话题。比如,老年人因为听力下降或有听力障碍,往往感觉不到旁人的靠近,当我们走近时,可以通过触摸的方式,轻轻触摸和拍拍老年人的肩膀或者手臂,让老年人知道从业人员的靠近,不至于因突然间出现而惊吓到老年人。

2. 副语言

副语言包括语速、语调、音量、停顿,以及语气等元素,恰当运用这些技巧能够增强沟通效果,促进情感交流,让老年人更好地理解和接受所传达的信息。

(1) 语速

语速是副语言技巧中的一个重要方面。与老年人交流时,语速应适中,不宜过快。老年人的思维和反应速度往往相对较慢,如果语速太快,他们不容易跟上节奏,导致信息接收不完整或产生误解。缓慢而清晰的语速能够给老年人足够的时间来理解和处理听到的内容,让他们感到交流是从容和舒适的。

(2) 语调

语调的高低起伏也会影响沟通的效果。使用富有变化的语调可以使表达更生动、更有吸引力。在讲述重要或有趣的内容时,可以适当提高语调,引起老年人的注意;而在表达安慰和关心时,则采用较低、柔和的语调,营造出温馨亲切的氛围。同时,要避免语调过于单调,以免让交流变得枯燥乏味。

(3) 音量

音量的控制同样关键。考虑到老年人可能存在听力下降的情况,音量应适当提高,但要注意避免过大而造成刺耳或压迫感。以清晰、响亮但不过于吵闹的音量进行交流,能够确保老年人能够清楚地听到话语。此外,还需根据交流环境的噪声水平和老年人的听力状况,灵活调整音量。

(4) 停顿

停顿在沟通中具有重要的意义。适当的停顿可以给老年人时间去消化信息,也为他们提供了回应和参与交流的机会。在表达一个观点或讲述一段经历后,稍作停顿,观察老年人的反应,鼓励他们提出问题或分享自己的想法。过长或过短的停顿都可能影响交流的流畅性,因此需要根据内容和节奏,把握好停顿的时机和时长。

(5) 语气

语气则能够传递出情感和态度。与老年人沟通时,应始终保持温和、耐心和尊重的语气。避免使用生硬、冷漠或不耐烦的语气,以免伤害他们的感情。用亲切的语气称呼他们,如"爷爷""奶奶",并在交流中融入关心和爱护的情感,让他们感受到真诚和温暖。

例如,当询问老年人的身体状况时,可以用轻柔、关切的语气说:"奶奶,您最近身体怎么样?"在说完后稍作停顿,给她时间回答。如果要强调某个重要的建议,如按时吃药,可以适当提高音量和加重语气:"爷爷,一定要记得按时吃药,这对您的健康很重要。"但同时要注意保持语气的平和,不让老年人感到压力。

此外,副语言技巧的运用还需要根据老年人的个性和情绪状态进行调整。对于性格开朗、健谈的老年人,可以使用较为活泼和积极的副语言;而对于较为内向或情绪低落的老年人,则应以更加沉稳和舒缓的方式进行交流。

3. 环境语言

环境语言包括空间距离、环境布置、光线、声音等方面,巧妙运用这些技巧可以营造出舒适、和谐的沟通氛围,促进与老年人的有效交流。

(1) 空间距离

与老年人交流时,要保持适当的空间距离,既不过于亲近让他们感到侵犯个人空间,也不过于疏远让他们觉得被忽视。一般来说,保持一臂左右的距离较为适宜,这样既能方便进行眼神交流和肢体接触,又能让老年人感到自在和安全。对于较为熟悉和亲近的老年人,可以适当缩短距离,但仍要注意观察他们的反应,确保他们感到舒适。

(2) 环境布置

与老年人沟通时,选择一个整洁、安静、温馨的交流场所至关重要。可以摆放一些老年人熟悉和喜爱的物品,如照片、纪念品等,以唤起他们的美好回忆和情感共鸣。舒适的座椅、柔软的靠垫能够让老年人在交流过程中身体得到放松。此外,保持室内空气流通、温度适宜,也能为沟通创造良好的条件。

(3) 光线运用

充足而柔和的光线可以让老年人清晰地看到对方的表情和动作,有助于他们更好地理解和回应。避免过强或过暗的光线,以免造成视觉不适或影响情绪。自然光是理想的选择,如果在室内,可以选择淡黄色的灯光,营造出温暖、舒适的氛围。

(4) 声音调控

与老年人沟通时,尽量减少外界噪声的干扰,创造一个相对安静的交流空间。如果在室内,可以使用隔声材料或关闭窗户来降低噪声。同时,选择轻柔、舒缓的背景音乐,往往能够缓解紧张情绪,让老年人在放松的状态下进行交流。但要注意音乐的音量不能过大,以免影响正常的对话。

例如,在养老院的活动室中与老年人交流,可以将桌椅摆放整齐,墙上挂上老人们的集体活动照片,窗户边摆放几盆绿色植物,让整个空间充满生机。调整光线亮度,使其既明亮又不刺眼,并播放一些经典的老歌作为背景音乐,音量适中。这样的环境布置能够让老年人在交流时心情愉悦,更愿意敞开心扉。需要注意的是,不同的老年人可能对环境语言有不同的偏好和敏感度,因此在与他们沟通之前,尽可能了解他们的个人习惯和需求,从而针对性地调整环境语言,以达到最佳的沟通效果。

同步训练

一、理论测试

请扫描二维码,完成知识测试。

二、案例分析

养老院的管家小王在陪李奶奶散步。

小王:"李奶奶,咱们走慢点。"李奶奶:"嗯。"

小王:"今天太阳不错,晒着舒服吧?"李奶奶:"是。"

思考:

(1) 小王的沟通为什么没有引起李奶奶的积极回应?

(2) 可以从哪些方面改变沟通内容和方式?

(3) 对于不太爱说话的李奶奶,如何建立更良好的沟通关系?

三、能力训练

请判断以下几个句子属于哪种语言表达方式,并站在老年人的立场上说出这些句子会使老年人产生怎样的感受。

句子:

(1) 因为你偷吃,所以血糖才这么高!

(2) 懂道理的老年人是不会这样做的;你应该这样。

(3) 你不要哭;时间到了,快去排队打饭!

(4) 再这样闹,我就把电视关掉。

(5) 事实是这样,你这样不对;事实摆在你面前,你还争什么?

(6) 你怎么能够这样做呢!

(7) 你都是因为怕,才会这样做;你就是怕你的儿子不要你!

(8) 我们不要说这些了;没时间了,我有事情做。

语言表达方式:A. 说教式　B. 警告式　C. 逃避式　D. 命令式　E. 批判式　F. 争辩式　G. 批评式　H. 分析式

项目六

老年服务从业人员团队沟通

项目导学图

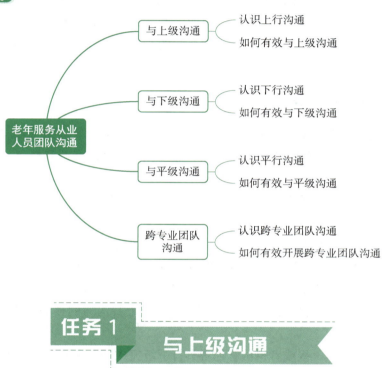

任务 1　与上级沟通

情境案例

小王毕业时联系了多家养老机构，经过几轮面试，最终被一家知名度较高的机构录用，任养老陪诊师一职。上班后不久，小王的上级想将其调入客服岗位，小王并不想接受调整。

思考：小王应该如何与上级沟通，从而说服上级让她继续担任养老陪诊师一职？

学习目标

知识目标
- 了解上行沟通的概念。
- 熟悉上行沟通的障碍、优缺点。
- 掌握与上级沟通的策略和技巧。

能力目标
- 能够清晰准确、有条理地向上级汇报工作。
- 能在与上级的沟通中提出合理的建议。
- 能正确处理与上级的关系。

素质目标
- 培养积极主动的工作态度，及时反馈工作情况。
- 树立尊重、信任和合作的意识，建立良好的上下级关系。
- 具备高度的责任心和敬业精神，在沟通中展现出专业素养。

 知识储备

知识点一：上行沟通

上行沟通，即自下而上的沟通，是指信息从组织低层向高层传递的过程。在上行沟通过程中，信息发送者是下级、工作群体和团队、全体员工，接收者是上级、管理层或企业的代表。上行沟通有两种形式：一是层层传递，即依据一定的组织原则与组织程序逐级向上反映；二是越级传递，即减少中间层次，让决策者与组织成员直接对话。在管理过程中，上行沟通的内容通常表现为工作汇报、工作总结、申诉、建议和提意见等。沟通媒介主要包括口头汇报、交谈、书面工作总结、座谈会、意见书等。

通过上行沟通，下级可以把自己的意见向上级反映，这有助于激发下级的参与热情，使之获得一定程度的心理满足；管理者也可以通过上行沟通了解企业的经营情况，与下级形成良好的关系，提高管理水平。但上下级因级别不同，容易造成心理距离，形成一定的心理隔阂，可能抑制或歪曲反映情况的真实性与客观性，最终导致信息失真。

知识点二：有效上行沟通的重要性

有效的上行沟通能够让上级了解下级工作意愿：是不是在积极工作；能做什么，擅长做什么；除了现在做的，还能做什么。在这个基础上，上行沟通使上级愿意提供更多的资源和精力，成为下级非常重要的一个内部支持者。

"和上级搞好关系"是很多职场人熟知的生存守则。与上级沟通成功与否，不仅影响上级对下级的印象，而且影响下级的工作和前途。

总体而言，上行沟通的好处在于帮助下级辨明方向、理清思路、合理配置资源和有效完成任务。一项针对亚洲领导力的调查研究表明，管理者要切实发挥领导力必须了解和掌握这几个方面：懂经营、能创新、搭关系、有方向、向上管理、带队伍、勇担责等。德鲁克在《卓有成效的管理者》一书中指出：想要工作卓有成效，下级发现并发挥上级的长处是关键。实际上，有效上行沟通的核心在于上下级之间建立并培养良好的工作关系。

在老年服务机构中，首先，上级或者机构管理者具有下级完成任务所必不可少的资源和信息，他们决策的逻辑和方向对下级完成机构目标至关重要。其次，下级超出工作常规的决定一般要得到上级的认同和肯定才具有"合法性"和恰当性。再次，下级在遇到困难和挑战的时候，要有意识地进行向上协调，才能获得支持和指导。最后，上级的建议对下级做好老年服务工作也是必不可少的。

知识点三：上行沟通的主要形式

1. 意见反馈系统

意见箱是最常见的保障上行沟通的途径之一。设置意见箱的最初动机是提高产品的质量、提高生产效率，管理者相信一线员工对生产有独到且有效的见解。渐渐地，收集生产建议的意见箱演变成了收集员工反馈的渠道。至此，倾听员工心声的上行渠道渐具雏形。为了鼓励那些敢于提出创新见解的人不断开动脑筋，让组织分享群众无穷的智慧，还可设立相应的激励机制。当然，真正奖励员工的其实不仅是奖金，还有员工得到的心理上的回馈——参与感、成就感。

一个好的建议必然带来皆大欢喜的结局，但倘若建议被否决，就难免会产生问题，员工可能会士气受挫，甚至心存怨恨。另外一个可能的问题是，提出好建议的员工可能受到其上级的排挤，双方关系可能出现危机。虽然问题不可避免，但大多数实践证明，上行沟通利大于弊，意见箱的设置依然有其必要性。

2. 员工座谈会

老年服务机构的每个部门选派若干名代表与各部门管理者、高层管理者一起召开员工座谈会,也是一种效果颇佳的上行沟通途径。在座谈会上,员工可以就自己部门存在的某些问题畅所欲言,提出意见和建议。这种座谈会应定期举行,比如每个月一次或每季度一次。同时,为确保座谈会的气氛轻松、愉快,与会者畅所欲言,要注意以下三点:

① 最好在一种非正式的气氛下举行会议,因此,应选在工作时间之余,并辅以茶点、饮料。

② 由一个能说会道、会活跃气氛的人主持会议,以起到调节气氛的作用。

③ 虽然会议并不限制员工就何种问题发表意见,但仍有必要引导员工就某些话题展开讨论,以激励士气,并避免会议变成恶意的声讨会。

3. 巡视员制度

巡视员的概念源于瑞典,在那里,公民可以向国家公务员提出调查有关政府机构的官僚主义的申诉。当今,在许多组织中也设置了类似的职位,专门调查员工所关心的问题,然后向上级或管理层汇报。老年服务机构可安排专人负责定期走访、倾听员工心声,调查员工关系问题。巡视员须具备公正、敏锐的洞察力,能够及时识别并解决团队内部的沟通障碍与矛盾,促进团队和谐,提升整体服务质量。

知识点四:上行沟通的障碍

引起上行沟通障碍的原因是多方面的,概括起来,上行沟通的障碍主要表现为五个方面。

1. 高层管理者不鼓励上行沟通

一些老年服务机构的管理者,尤其是高层管理者,认为自己是了解下级的需要的,也坚信自己的决策是正确的。他们不鼓励上行沟通,既不设置上行沟通的渠道,又不重视上行沟通的信息,久而久之,就会严重损害或排除上行沟通,危害之大无法估量。例如,在老年服务机构中,养老护理员可能发现某些老年人对特定照护方式存在不适,或是餐饮服务的个性化需求未得到满足,但由于高层管理者不鼓励上行沟通,这些宝贵的信息往往被埋没。长此以往,不仅会影响老年人的生活质量,还可能挫伤养老护理员的工作积极性,对整个老年服务机构的长远发展造成不利影响。

2. 各级管理者过滤上行沟通信息

研究表明,组织内上行沟通的每一个步骤都会有信息过滤和扭曲情况发生,尤其是在了解某些事件有可能对自己不利时,对信息的过滤就更严重。各级管理者过滤上行信息的主要原因:一是不愿上交问题。上行沟通中的一部分信息是反映问题的,各级管理者都希望在自己这一层面解决问题,认为如果解决不了会被看作无能或不力,因此,有意无意地延迟了信息的流动。二是报喜不报忧。各级管理者常常会快速回应高层主管感兴趣的事情,或者报告好消息而延迟报告坏消息,尽量使某些不好的信息不向上流动。例如,某养老机构中,养老护理员小陈发现院内走廊扶手松动,小陈担心有安全隐患,于是汇报给护理部张主任,但张主任顾虑上报后可能带来的管理质疑,便选择先缓几天。几天过后,张主任心里头还是有点儿不踏实,觉得这事儿终究得有个说法。可当他准备向院长汇报的时候,又犯了难,谁愿意整天给领导汇报问题呢?特别是这种可能让领导不开心的事。于是,张主任在汇报的时候,就特意强调团队最近努力工作,令老年人非常满意。至于扶手松动的事,就轻轻带过了,生怕给领导留下个"管理不善"的印象。这样一来,原本挺紧急的一个安全隐患,就这么在层层过滤和"美化"中,变得不那么重要了。

3. 存在沟通瓶颈

有时上行沟通不畅是由于沟通链上出现了瓶颈。这个瓶颈可能是上级的秘书或行政助理,他们过滤所接收到的信息,并传送他们认为上级应该知道的信息;也可能是力图升迁者,他们占有信息资源以显示自己的优势;还可能是竞争者,他们希望自己或自己的部门比其他人或其他部门更好,而屏蔽了可能有利于其他人和其他部门的信息。

例如,在某老年服务机构中,张经理是该机构中层管理者,其行政助理小李某日接收到个别老年人对

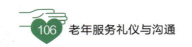

机构餐饮不满意的相关信息。小李出于好意，想减轻张经理的工作压力，于是过滤掉这些看似琐碎的反馈信息。然而，这些看似不起眼的信息，实则是提升服务质量和老年人满意度的重要线索。这样一来，张经理难以获取到全面而真实的基层反馈，也无法及时了解到团队内部的创新思维与改进建议。这种沟通瓶颈不仅阻碍了上下级之间的有效沟通，也限制了老年服务机构整体服务质量的提升和团队凝聚力的增强。

4. 下级缺乏上行沟通的动机

由于高层管理者不鼓励上行沟通和各级管理者对上行信息的层层过滤，致使相当部分的下级认为，上行沟通是无意义的，如下级普遍认为"说了也没有用""反映了，上级也不会听"等，由此导致下级缺乏上行沟通的动机，使整个企业死气沉沉。另外，上下级关系不良，缺乏信任，双方不肯花时间去相互了解和真诚沟通，也会导致下级不愿意与上级沟通。

例如，小李是某老年服务机构老年活动团队的一员，在工作中，小李多次观察到一些老年人因为活动安排不够丰富而感到孤独。她曾尝试通过正规渠道向上级反映这一问题，但得到的回应总是含糊其词，没有实质性的改进措施。几次之后，小李和同事们开始相信"说了也白说"，逐渐失去了向上沟通的动力和积极性。小李还发现，该机构内部上下级之间关系较为疏远，缺乏必要的信任基础。上级管理者忙于日常事务，鲜少主动了解基层老年活动员工的工作状态和困难，而基层老年活动员工也因长期得不到关注和支持，不愿再花费时间和精力去尝试与上级建立有效的沟通桥梁。这种恶性循环使得整个老年服务机构的工作氛围变得沉闷，缺乏活力与创新。

5. 位差心理

在组织中，个体均位于特定的组织层级。每个人的社会地位和组织地位不尽相同，由此产生了人与人之间的地位差异，即"位差"。在人们交往的过程中，地位的高低差异就产生了沟通的位差效应。

沟通的位差效应主要来自组织成员间因地位、角色不同而产生的心理作用。地位的不同使人形成上位心理与下位心理，具有上位心理的人因处在比别人高的层次而有某种优越感，具有下位心理的人因处在比别人低的层次而有某种谦卑感。人们在实际工作和交往中经常有这样的体验：在自己领导、比自己地位高或威望大的人面前，往往会表现失常，事先想好的一切很可能乱了套，以致出现许多尴尬的场面；如果在一个地位或能力都不如自己的人面前，人们却可以应对自如，甚至超常发挥。

知识点五：有效与上级沟通

1. 正确处理与上级的关系

每个下级都清楚，如果没有上级的帮助和支持，自己根本无法完成工作任务，更不能处理好各种工作关系。但不幸的是，不少下级完全忽略了与上级建立正常而良好的工作关系，要么是一味地讨好、巴结上级，要么是与上级对着干，不断地与上级发生冲突。其实，这些都是不正确的做法。一般来说，在老年服务机构中，处理好与上级的关系，应注意以下几点：

（1）了解并尊重上级的习惯

要了解上级的目标、承受的压力、长处和弱点、行为风格和处事作风，并在工作中尽量不违背上级。例如，有的部门主管偏好直接沟通，喜欢即时反馈，而有的则更注重书面记录和定期汇报。作为下级，应根据上级的风格调整自己的沟通方式。对于喜欢直接沟通的上级，可以在日常工作中多汇报进展和遇到的问题；对于偏好书面记录的，则确保定期提交详细的工作报告。

（2）了解自己的长处及不足

作为下级，需要深入剖析自我，明确知晓自身的优势所在与待提升之处。这包括了解个人需求、职业目标、独特才能及潜在短板，还有在日常工作中展现出的行为模式与风格。例如，有些老年社工温柔耐心，擅长安抚老年人情绪，但在紧急情况下的应变能力较弱，因此老年社工需要基于这份自我认知，积极与主管沟通，寻求上级的支持与帮助，这样的关系将促进个人成长，同时推动团队与老年服务机构的整体发展。

（3）处理好与上级的私人感情关系

处理与上级的私人感情应秉持专业与尊重。首先，公私分明，避免将私人情感带入工作决策。其次，保持开放沟通，真诚表达想法，同时尊重上级的意见与决定。再者，展现团队合作精神，积极参与团队建设，增强彼此间的信任与默契。最后，注重个人职业形象，以专业、负责的态度赢得上级的认可与尊重，从而构建健康、积极的私人与工作关系。

（4）正确对待上级的批评

当与上级发生矛盾或冲突时，不能意气用事，针锋相对或漠然置之。最好的态度应当是积极地、心平气和地找上级进行沟通。选择沟通的时机、场合，以及谈话的气氛都很重要。在沟通时，要真心感谢上级的帮助和栽培。请上级指出自己的缺点和不足，希望上级能继续严格要求自己，帮助改掉缺点，这样可以让上级觉得下级很尊重他的意见，从而对下级有一个新的认识。

2. 和上级沟通的策略

（1）明确目的

在沟通之前，下级首先要明确与上级沟通的目的，是寻求指导、汇报工作、解决问题，还是提出新的想法。这有助于下级更准确地传达信息，并避免沟通偏离主题。此外，明确沟通目的还能帮助下级在沟通过程中保持主动，掌握沟通的节奏和方向。通过精准定位沟通的核心议题，下级能够更有效地组织语言和思路，使沟通内容更加条理清晰、逻辑严密。这样不仅能提升上级的理解效率，还能增强沟通的针对性和实效性，确保每次沟通都能达到预期的效果，为团队目标的顺利实现贡献力量。

例如，小刘是某老年服务机构中的老年康复师，她发现自己负责康复训练的某位老年人情绪波动较大，准备就该问题向部门主任反馈。但她没有立即向主任汇报，而是首先梳理了该老年人的具体情况和相关资料，并提出了自己的一些解决建议。梳理好相关信息后，小刘明确了自己的汇报目的，即汇报近期康复工作中遇到的老年人情绪波动问题，并寻求有效的解决策略。接着，小刘向主任进行了汇报，并提出自己所想到的解决方案，主任肯定了小刘的做法，支持她按照自己所提的方案执行。由此可见，沟通前明确目的，不仅帮助小刘在沟通中保持思路清晰，也确保了主任能够迅速理解问题本质，共同探讨出切实可行的解决方案，让老年人得到更好的服务。

（2）把握时机

老年服务工作具有特殊性和复杂性，工作内容涉及老年人的身心健康、生活照料、医疗护理等多个方面，需要高度的责任心和专业素养。在这样的工作环境中，与上级沟通的时机选择不当，可能会影响工作效率，甚至对老年人的服务质量产生不利影响。

例如，在养老机构中，当遇到紧急的医疗状况需要上级决策支持时，若未能及时沟通，可能会延误老年人的治疗时机。反之，如果在上级正忙于处理其他重要事务时贸然沟通，也可能无法得到充分的关注和有效的回应。因此，把握好沟通时机是确保老年服务工作顺利进行、提高服务质量、保障老年人权益的重要环节。

第一，把握日常工作中的常规沟通时机。在日常的老年服务工作中，有一些相对固定的时机适合与上级进行沟通。例如，定期的工作汇报会议是一个理想的沟通平台。在会议前，应充分准备好相关的工作进展、成果、问题及解决方案等内容，以清晰、有条理的方式向上级汇报。此外，当完成一项重要的老年服务项目或达到一个阶段性的工作目标时，也应及时向上级沟通，分享成果并寻求进一步的指导和支持。

第二，关注紧急情况下的特殊沟通时机。在老年服务工作中，难免会遇到一些紧急情况，如老年人突发疾病、意外事故等。此时，必须立即与上级进行沟通，以确保能够迅速采取有效的应对措施。在这种情况下，速度和准确性是关键，应简洁明了地向上级说明情况，并提出初步的解决方案或建议。同时，对于一些可能影响养老机构运营或服务质量的潜在风险，如设施设备的故障隐患、人员短缺等问题，也应在风险尚未爆发但已经显现出一定迹象时,及时与上级沟通,共同商讨防范措施。

第三,考虑上级的工作节奏和心理状态。要准确把握与上级沟通的时机,还需要充分了解上级的工作节奏和心理状态。如果上级刚刚经历了一场紧张的会议,或处理了一系列棘手的问题,此时可能不是进行复杂沟通的最佳时机。相反,可以选择在上级心情较为轻松、工作相对空闲的时候进行沟通,这样更有可能获得上级的耐心倾听和积极回应。

第四,利用非工作时间进行适当沟通。在某些情况下,利用非工作时间与上级进行沟通也是一种可行的策略。例如,在下班时间通过微信、电话或邮件向上级汇报一些紧急但不太复杂的事项,或者在周末与上级交流一些关于养老行业的最新动态和发展趋势等。但需要注意的是,这种方式应适度使用,避免过度打扰上级的休息。

第五,根据沟通内容的性质和重要程度选择时机。对于一些重要的决策性问题,如养老机构的战略规划调整、重大项目的投资等,应在上级有足够的时间和精力进行深入思考和讨论时进行沟通。而对于一些一般性的工作事务或信息传递,可以选择在上级日常工作的间隙进行简要沟通。

第六,灵活调整沟通时间。尽管可以提前规划沟通时间,但实际工作中往往会出现各种突发情况和变化。因此,需要具备灵活调整的能力。如果原本预定的沟通时间因某些原因不再合适,应果断推迟或提前,并及时向上级说明调整的原因。

(3)认真聆听

没有说清楚,还是没有听清楚?

认真聆听上级的话语,则是获取信息、理解意图、提升自我的重要途径。上级传达工作任务、分享经验或提出建议,其中都蕴含着宝贵的知识和智慧。通过认真聆听,下级能够避免误解和偏差,更准确地把握工作重点和方向。同时,这也是对上级的一种尊重和认可,让他们感受到下级对工作的重视和对他们的信任。那么,怎么在和上级沟通的时候,做到善于聆听呢?

① 保持专注。当上级交流时,应坚决放下手头的其他事务,全身心地将注意力集中于上级的话语。眼神坚定而专注地看着对方,这一细微的动作能够充分展现出对上级的尊重,以及对待此次沟通的认真态度。这种专注不仅仅是外在的表现,更是内心对于上级话语的高度重视,能够让上级感受到诚意和专注。

② 避免打断。避免打断上级的发言是必须坚守的原则,哪怕内心持有截然不同的想法,哪怕急于阐述自己的观点,也要极力克制住打断上级说话的冲动。耐心等待上级把话说完,是一种修养的体现,更是对上级权威的尊重。这不仅能够营造出一个良好的沟通氛围,还能让上级完整地表达自己的思路和想法,避免因为被打断而产生的思路中断或者情绪波动。

③ 积极回应。通过点头、微笑,或者使用简单的语气词,如"嗯""对"等方式,让上级明确感知到自己正紧跟其思维脉络,理解其所传递的每一个信息。这种积极的回应能够给予上级正向的反馈,激发其更清晰、更全面地表达自己的观点,同时也能让自己更深入地参与到沟通之中。

④ 做好记录。提前准备好笔记本和笔,将上级讲话的重点和关键信息翔实记录下来。这一行为不仅有助于在当时更好地理解上级的指示,还为后续的工作提供了清晰的参考和依据。它充分展现了对于工作的重视程度,也为准确无误地执行任务提供了有力的保障。

⑤ 理解意图。在聆听过程中,要努力挖掘上级讲话的深层次意图和目的,深入思考其为什么会这样说,期望通过这些话语达到什么样的效果。这种深度的理解有助于从更高的维度把握工作的方向和重点,从而更加精准地执行任务,实现工作目标。

(4)建立信任

与上级沟通时如何保持积极主动的态度

老年服务团队建立成功且有效的上行沟通机制,对于维护团队和谐、提升服务质量至关重要。管理者面临的一大挑战便是如何在这样一个需要高度责任感与同理心的领域内,构建起上下级之间坚不可摧的信任桥梁。这不仅仅涉及意见箱、定期会议或详尽的反馈机制等的设置,更核心的是要在日常的点滴互动中,通过实际行动来滋养这份信任。

在老年服务团队中,信任不仅是管理者对老年人能力评估师、养老护理员、康复治疗师等专业技能和服务态度的正面预期,也是每位成员相互扶持、共同面对挑战的基础。它要求管理者深入了解每位团队成员的专长与局限,给予他们足够的支持与鼓励,同时明确职责分工,确保每位员工都能感受到自身价值的被认可与尊重。这种信任的建立,离不开管理者长期而持续的投入,包括定期的一对一交流、公开透明的决策过程,以及面对问题时共同寻找解决方案的态度。

在老年服务行业中,信任还承载着对老年人安全与福祉的庄严承诺。上下级之间需建立起一种默契,即任何决策与行动都应以提升老年人的生活质量为核心。这意味着,即使面对挑战或误解,团队成员也能基于深厚的信任基础,迅速调整沟通策略,确保信息的准确传递与问题的及时解决。因此,在老年服务机构中,建立并维护信任,不仅是团队沟通的关键要素,更是推动整个机构持续健康发展的不竭动力。

3. 与上级沟通的技巧

(1) 若意见不一致,先表达认同

首先要明白下级是来帮助上级分担工作压力和职责的,目标和上级应是一致的,但是,下级和上级因为站的角度和高度不一样,可能会有不同的理解和思考,这就需要双方经过沟通来达成一致。相比下级,上级往往视野更广,思考问题更深,掌握资料更全,因而上级经常会看到下级没法看到的事情。所以,上下级意见不一致时,下级应先认同上级的意见,再向其请教自己没能理解的事宜,挖掘出自己还没能了解的事实,补充自己的认知。

(2) 让上级做"选择题",而非"问答题"

站在上级的角度了解问题后,就要对这些问题提出相应的对策。对策应不止一个,对于每个对策都应分析利弊,然后再带着问题和多个解决方案去找上级,让上级做决定。这里要有足够的自信,不要担心自己的想法被否决。每次沟通都是一次进步,多进行几次"了解问题—分析对策—上级决策"的沟通后,就能提高自己解决问题的能力。

在请示上级时,要记住让上级做"选择题",而非"问答题"。如果一个下级在职场上经常只是提出问题,不给出解决方案,或者只给上级一种解决方案,他也很容易成为"需要被解决的问题"。带着多种选择方案去请示上级,一方面是给上级选择权,另一方面也能体现出下级的主动思考。

(3) 有技巧地汇报工作

汇报工作非常重要,因为它是一个很好的进行自我表扬和呈现能力的机会。要做好汇报工作,需要把握以下三个方面。

一是,做足功课,准备充分。

"凡事预则立,不预则废",要做好汇报工作,事先就要对所汇报的工作进行准备,提前做好功课。首先,了解领导意图。结合工作实际,以及平时与领导的沟通情况,了解清楚上级听取工作汇报的意图,并紧紧围绕上级意图去准备相关材料,避免"无的放矢"。其次,整理好材料。对汇报的工作,要根据汇报的要求和重点,把要汇报的内容列成提纲或形成文字材料,条分缕析地进行认真准备,以便在汇报时能充分利用有效时间,把汇报重点呈现给上级。最后,提出解决方案。对所汇报的工作认真研究,提出合理、科学的解决办法,以"选择题"的方式呈现给上级,供上级决策时参考。

设想这样一个简单的场景,小洪是某养老社区运营经理助理,接到任务——就进行养老社区的安全设施升级,征求直接上级张经理的意见。请看如下几组对话方式。

[对话一]

小洪:"张经理,社区里哪些安全设施需要升级呢?"

张经理:"你问我,我问谁?"(张经理眼皮都不抬一下)

[对话二]

(小洪兴致勃勃跑到张经理办公室)

小洪:"张经理,这次社区安全设备升级,我们是升级监控系统,还是门禁系统?"

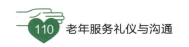

张经理："都行。"

（小洪很疑惑，这不等于什么都没说吗？）

[正确的对话方式]

小洪：张经理，关于我们养老社区的安全设施升级，我经过调研，设计了三个方案：一是增加智能监控系统，覆盖所有公共区域和关键节点；二是安装紧急呼叫按钮，确保每位老年人房间内都有；三是优化门禁系统，强化外来人员管理。您看这三个方案是否可行？

张总："这些方案都挺必要的，但我们需要考虑的是性价比和实际效用。"

小洪："智能监控系统虽然初期投入较大，但长期来看能大幅降低人力成本，且能及时发现安全隐患；紧急呼叫按钮是立即响应老年人需求的关键，必须优先安装；门禁系统的升级能进一步提升社区安全性。根据预算评估，我们预计整体投入约为30万元，但能有效减少潜在的安全风险。"

张总："很好，特别是紧急呼叫按钮，这是最基本的保障。当然，智能监控系统的长远效益也值得投资。你尽快整理出详细的实施方案和预算报告，我们争取在下个季度初开始实施。"（张经理终于抬起了头，露出一丝微笑）

当然，实际工作中还会有更多细节需要罗列，做综合对比，上级很有可能针对某些细节继续追问，但是只要能够将调研工作提前做好，将每个方案的优、劣势罗列出来，并提出自己的建议，上级综合评估后，最优方案就会脱颖而出。

二是，主题突出，把握重点。

平时工作汇报中，经常出现这类情况，本来上级只是想了解一个方面的工作，汇报者却汇报了诸多方面的情况，显得很散、很乱，汇报者言之凿凿，却让人不知所云。究其原因，主要是汇报者汇报工作目的不明确，主题不突出。因此，汇报工作要抓住重点。汇报工作要根据汇报目的和上级的要求，选择重点内容，并找准切入点。有的下级汇报工作时，总想抓住机会把所有工作汇报出来，唯恐上级对所汇报的工作了解得少。汇报时不分主次，面面俱到，往往既抓不住要领，又吸引不了上级，效果极不理想。另外，汇报工作要客观准确。要把汇报工作建立在事实清楚的基础上，不能凭空捏造，更不能主观臆测，要用事实说话，不能用模棱两可的话来应付上级。

三是，区别对象，讲求方法。

向上级汇报工作的目的，就是要争取上级的理解和支持，进而解决问题，进行下一步工作。每个上级在长期的工作实践中，都形成了自己独特的工作特点。因此，汇报工作时要因人而异，针对不同汇报对象，采取不同的方法。一是要了解清楚上级的个性特点。对做事沉稳的上级，汇报工作时就要做到条理清晰，让上级对所汇报工作有一个全面的了解；对做事干净利落的上级，汇报工作时就要简明扼要、突出重点，让上级能抓住问题要害，为解决问题提供准确信息。例如，某老年服务机构护理部主管的工作风格以细致入微著称，在向这样一位上级汇报工作时，可重点详细阐述工作中的关键环节，不仅包括整体进展，也要涉及具体细节，如老年人情绪变化、个性化护理需求满足情况等。同时，应准备充分的数据支持和实例分析，以便主管能深入理解工作难度与成效，从而给予更具体、更有针对性的指导和支持。二是对不同层次的上级汇报工作时要各有侧重，讲求一定的方法，切忌不假思索，搞统一模式。基层领导主要负责落实具体工作，所以，对于基层领导，汇报工作越具体越好，对高层的上级，汇报工作时要相对宏观一些。

（4）根据上级管理风格进行沟通

根据老年服务机构中不同上级的管理风格，可以采取相应的策略以实现与不同对象的有效沟通。

对指令型上级。指令型上级通常具有较强的决策力和权威性，他们注重任务的高效执行和结果的达成。与这类上级沟通时，要做到简洁明了、直奔主题。在阐述观点和汇报工作时，避免过多的细节描述和无关信息，直接给出关键要点和结论。同时，严格遵循他们的指令，不打折扣地执行任务，并及时、准确地汇报工作进展和成果。例如，在提交方案时，应先概括主要内容和预期效果，再提供必要的细节支持。

对教练型上级。教练型上级更注重员工的成长和发展，他们愿意给予指导和建议。与这类上级交流,要展现出积极的学习态度和强烈的求知欲。认真聆听他们的教导,主动请教问题,不仅要明确具体的工作方法,还要理解背后的思维逻辑。在沟通工作进展时,不仅要汇报成果,还要分享自己在工作过程中的思考和所遇到的困难,以便获得更有针对性的指导和反馈。比如,在完成一项任务后,可以与上级一起分析其中的得失,寻求改进的方向。

对支持型上级。支持型上级善于营造宽松和谐的工作氛围,对员工的想法和需求给予充分的理解和支持。面对他们,要充满自信地表达自己的观点和想法,同时也要对他们的支持表示诚挚的感谢。在沟通中,可以适当分享一些个人的情况和感受,增强彼此的信任和亲近感。当提出新的建议或想法时,要充分说明其可行性和潜在价值,以获得他们的认同和支持。

对授权型上级。授权型上级倾向于给予员工较大的自主权和发挥空间。与他们沟通,需要定期主动地汇报工作,让上级对整体情况有清晰的把握。在遇到重要决策或复杂问题时,及时向上级请示,明确他们的意见和期望。同时,要充分发挥自己的主观能动性和创造力,展现出独立解决问题的能力和担当精神。比如,在开展一项新的项目时,制定详细的计划并及时向上级汇报关键节点和预期成果。

一、理论测试

请扫描二维码,完成知识测试。

二、案例分析

张敏的上级是一位管理细致的社工部主任,每次布置任务,连非常具体的细节都有所要求,他要求老年社工完全按照他的思路和模式来做每一项工作,这使得员工几乎没有创新的空间。有几次,张敏就某个方案根据自己的想法作了创新,而没有完全按照主任的思路设计,事后也向主任陈述了自己的理由:按照这样的思路可以更快更好地完成此项工作。但主任还是认为,这是不按规矩办事,予以否决。张敏觉得非常不满,工作积极性大大受挫。但是,她目前对于机构氛围、老年社工岗位,以及收入还比较满意,不想因为不适应主任的工作特点而调换部门或跳槽。

思考:张敏应该如何做好与主任的沟通,使她能在工作中发挥自己的创造性和主动性。

三、能力训练

假设你是某养老机构的员工,你的上级把一项临时性的工作任务安排给你,而你又不想干这项工作。在这种情况下,你怎样与上级进行沟通才能说服上级把这项工作安排给别人,而又不会对你产生不好的印象?

任务 2 与下级沟通

情境案例

某大型康养服务公司,部门经理李明需要向他的团队传达公司新的工作政策。这项政策涉及部门工作流程的改变,以及一些新的期望和要求。为了确保团队成员充分理解新政策,李明召开团队会议。他首先简要介绍了新政策的背景和目的,然后详细解释了政策的内容和实施细节。他还提供了一些实例来帮助团队成员更好地理解新政策的影响。在整个沟通过程中,李明还鼓励团队成员提问和分享他们的想法,以提升团队成员的工作参与度和积极性。

思考:李明与下级的沟通有哪些可取之处?

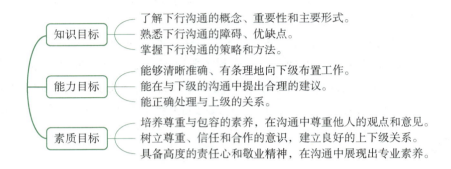

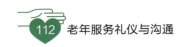

例会制度

知识点一:下行沟通

下行沟通,即自上而下的沟通,是指信息从组织高层向低层传递的过程。在老年服务机构的下行沟通过程中,信息发送者是机构负责人、部门主管或团队负责人,接收者是工作团队、全体员工。下行沟通的内容通常是管理决策、规章制度、工作目标和要求、对工作业绩的反馈等机构经营管理中正式的和严肃的内容。下行沟通的媒介包括文件、通知、手册、报告、会议、口头指示等。

通过下行沟通,可以使下级部门和员工及时了解机构总体奋斗目标和具体措施,增强员工的责任心和使命感,协调机构内部各层次之间的活动,加强各层次之间的联系。但如果机构组织层次过多,信息通过层层传递往往会发生歪曲,影响传递效果。如果机构内部缺乏民主管理的习惯与气氛,下行沟通极易导致一种权力氛围,影响士气,挫伤员工的积极性。

知识点二:有效下行沟通的重要性

上级与下级是管理与被管理的关系,也是同呼吸、共命运的关系。如果上级不懂得主动与下级沟通,就无法及时知道下级的想法,无法发现下级的潜能或不足,也不能掌握下级的工作和情绪状态。上级不主动与下级沟通,下级的思想和对工作的认识就会受到限制,不能及时改进工作方法从而提高工作效率;下级也会认为上级不关心、不体恤、不理解自己,难免降低工作热情。上级若不主动与下级沟通,就不容易与下级建立良好、愉快的工作关系。下行沟通的价值体现为四个方面。

1. 有助于明确工作目标和任务

上级通过下行沟通将组织的战略规划、具体工作目标,以及各项任务要求清晰地传达给下级。这使得下级员工能够准确理解自己的工作职责和努力方向,避免工作中的盲目性和混乱。他们可以根据上级传达的信息,制定合理的工作计划,有条不紊地开展工作,从而提高工作效率和质量。

2. 有利于促进团队协作

在组织中,不同部门和岗位的员工需要相互配合才能完成工作任务。上级通过下行沟通,可以协调各部门之间的工作,明确各自的职责和分工,避免重复劳动和职责不清的情况。同时,下行沟通还可以促进员工之间的信息交流和经验分享,增强团队的凝聚力和协作能力。

3. 有利于员工的职业发展

上级通过下行沟通可以向员工传达组织的发展战略和人才培养计划,让员工了解组织对他们的期望和要求。同时,上级还可以给予员工工作上的指导和建议,帮助他们提升专业技能和综合素质。这有助于员工明确自己的职业发展方向,制定个人发展规划,实现自身价值的最大化。

4. 有助于增强组织的稳定性和执行力

通过有效的下行沟通,上级可以及时了解员工的工作情况和思想动态,发现问题并及时解决。同时,上级的决策和指示也能够得到下级的积极响应和执行,确保组织的各项工作顺利进行。这有助于增强组织的稳定性和执行力,提高组织的竞争力和适应能力。

知识点三:下行沟通的主要形式

按沟通的载体进行分类,下行沟通主要有口头和书面两种形式。每种沟通形式均有优缺点,在实际工作中,应根据具体情况灵活选择,结合使用,以确保信息能够准确、及时地传达给下级,提高组织的管理效率和工作绩效。

1. 口头沟通

口头形式的下行沟通主要有面对面交谈,电话指示,各种会议(评估会、信息发布会、咨询会、批评会)等。

(1)面对面交谈　上级领导可以与下级员工进行一对一的面谈,这种方式能够直接传达信息,同时也能观察到对方的反应,及时调整沟通策略。例如,领导与员工讨论项目进展情况,了解员工在工作中遇到的问题,并给予针对性的指导。

优点:互动性强,沟通效果好,可以及时解答疑问,增进上下级之间的感情。

缺点:时间成本较高,不适合大规模的信息传递。

(2)小组会议　召集相关人员召开小组会议,上级可以在会议上向团队成员传达重要决策、工作安排和目标要求等。比如,部门经理组织团队会议,介绍新的业务项目和工作重点。

优点:可以同时与多人进行沟通,提高沟通效率,促进团队成员之间的交流与合作。

缺点:可能会出现部分人员发言不积极,或者会议时间过长导致效率降低的情况。

(3)电话沟通　上级通过电话与下级进行沟通,适用于紧急情况或者无法面对面交流的时候。例如,领导在外出差时,通过电话向下属布置紧急任务。

优点:方便快捷,能够及时传达信息。

缺点:缺乏面对面交流的直观感受,可能会存在信息误解的情况。

2. 书面沟通

书面形式的沟通主要有文件通知、电子邮件、微信群或 QQ 群、内部刊物等。

(1)文件通知　文件通知,即组织通过发布正式文件、通知等形式向下级传达政策法规、工作安排、规章制度等重要信息。比如,公司发布关于员工福利调整的通知文件。

优点:信息准确、规范,具有权威性和可追溯性,便于存档和查阅。

缺点:较为正式,可能会显得生硬,缺乏灵活性和互动性。

(2)电子邮件　上级也可以通过电子邮件向下级发送工作任务、反馈意见、重要信息等。例如,领导给团队成员发送项目进展情况的邮件。

优点:方便快捷,成本低,可以同时发送给多人,并且可以添加附件,便于传递更多的信息。

缺点:可能会被收件人忽略,或者因为邮件过多而导致信息淹没。

(3)微信群或 QQ 群　上级可以将工作文件、工作指示、工作信息等发布在部门的工作群,如微信群、QQ 群。这种书面的沟通方式已经非常普遍。

优点：方便、及时，无成本，不用一一发送。

缺点：信息可能被覆盖而导致部分下级错过信息；如果上级在非工作时间发布消息，则对下级的休息造成影响。

（4）内部刊物　组织可以创办内部刊物，如报纸、杂志、数字刊物、微信公众号等，用于传达组织动态、企业文化、优秀员工事迹等信息。例如，在企业内部的月刊中，介绍公司近期的重大项目和员工风采。

优点：内容丰富，形式多样，可以增强员工对组织的认同感和归属感。

缺点：制作费时、费事，信息更新速度较慢。

知识点四：下行沟通的障碍

造成下行沟通障碍的原因是多方面的，既有组织机构的问题，也有上级的问题。

1. 组织机构复杂

当老年服务机构规模较小时，管理层与员工可以频繁地面对面接触，信息沟通层次少，沟通渠道通畅。随着机构的成长，机构规模越来越大，出现了更多的层级和更复杂的职权结构，在这种情况下，信息要层层进行传递，就有可能导致信息传递延误、失真，甚至传递错误的情况发生。

2. 对沟通的忽视

许多老年服务机构不断地修订长期目标和短期目标，却很少用有效的沟通去传达这些目标，让全体员工都理解并接受它。同时，部分管理者对沟通的重要性认识不足，缺乏主动沟通的意愿，也将导致信息在内部流通不畅。

3. 管理层与员工的隔阂

员工和管理层之间存在不信任情绪，常常产生"我们"和"他们"之感。尤其是非参与式的管理模式，常常出现员工想要的信息和上级所给予的信息完全不符的现象。

4. 上级很少检查自己的沟通技巧

有些上级养成了一些沟通方式和习惯，但从不考虑这些方式和习惯是否恰当，是否还需要改进，或者是否存在更加有效的方式，甚至也不知道自己传递的信息是否被下级正确接收了。

5. 上级不愿意与下级沟通

有些上级把掌握信息当作一种权力和管理工具，有意隐瞒信息。不愿意与下级进行沟通，或者将信息作为奖赏的手段只传达给个别员工。

6. 信息传递中的遗漏和曲解

组织机构层级越多，信息传递中的遗漏和曲解就越多。据一项著名的管理沟通状况调查显示，信息在下行传递中好像经过一个个漏斗，层层过滤，假设高层管理者的原始信息是100%，口头传递经过五个层次，到达最后一个接收者那里时就只剩下了20%，80%的信息因为各种原因被过滤或丢失了（如图6-1）。

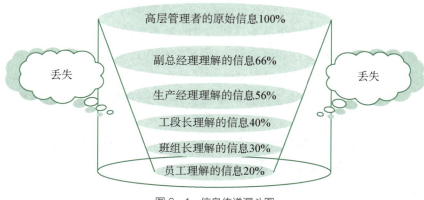

图6-1　信息传递漏斗图

7. 信息不对称、信息过载和信息不明确

（1）信息不对称　信息不对称指的是一部分员工所掌握的信息比另一部分员工要多或者全面。在下行沟通过程中，上级一般拥有较多的关于组织的正式信息，下级拥有的正式信息少一些。组织的层级管理体系容易导致信息的不对称。一般地，组织强调下级对上级的服从。但由于层级的存在，下级对上级命令的真正意图的理解和掌握非常有限，而且下级在执行命令过程中遇到的问题也很难及时有效地传递给上级。组织内，领导层负责机构的直接管理和决策，他们拥有更多信息来源，因此在政策把握、资源配置和管理协调方面具有信息优势；中层管理者在具体业务的指导、决策执行方面具有信息优势；基层人员从事基础工作，对工作中的具体问题和实际情况了解得更多、更准确，但他们相比管理者在政策和管理信息的掌握上具有明显的劣势。

（2）信息过载　信息过载指的是信息量超过了接收者所能够处理的限度。在一般的组织中，成员会收到大量的通知、邮件、微信等，难以及时处理。在信息过载的时候，有的信息接收者倾向于不处理信息，有的则是选择性处理，如果缺乏一定的督促、控制机制，有些对于组织而言十分重要的信息容易被忽视，造成不良影响。因此，构建有效的信息管理系统与沟通策略至关重要。这包括：设定优先级筛选机制，对信息进行分类标记；采用定期回顾与反馈机制，确保重要信息不被遗漏；同时，增强员工的信息处理能力培训，帮助他们高效识别并处理关键信息，共同维护组织的信息流通与决策效率。

（3）信息不明确　上级传达的信息含糊，指令不明确也会影响下行沟通的效果。下行沟通的时候，如果氛围、渠道，以及主体间的信任关系没有建立起来，下级员工对信息不确定的场景往往表现为不愿意作出反应，即不过问、不反馈、不担责。因为他们担心自己问得过多会被上级认为不聪明、不主动、没能力。这样，上级很难获得有效的反馈，信息不明确的现象就不能及时得到纠正。

知识点五：有效与下级沟通

1. 正确处理与下级的关系

管理者与下级的关系，绝不能简单地理解为支配与被支配、领导与被领导的关系。处理好与下级的关系是管理者工作的主要任务，也是进行下行沟通的关键所在。管理者要想与下级建立良好的信任关系，不仅要表现出一定的工作能力和技巧，还要掌握大量的信息和其他资源。一般来说，管理者处理与下级的关系，需要注意六个方面。

（1）交流

交流就是随时与下级沟通，提供准确信息，解释作出决定与制定政策的缘由，坦诚承认自己存在的问题，避免将信息的交流当作工具或奖赏来使用。管理者与下级沟通时，不仅要同下级集体进行交流，还要同下级个人进行交流。例如，一位老年服务机构护理部主管认为给他手下的养老护理员加薪就可以表达出对他们的认可，从而留住人才，可是某位养老护理员却说："我在这家老年服务机构工作了两年，我的主管却一次也未对我个人的业绩进行过评估，也没有与我深入交流过。我觉得我做得还不错，因为我每年都会加薪，但我不知道未来我是否还会留在这家机构。"可见，仅有加薪是不够的，这是不完全的沟通，人们还需要更多的个体交流。

（2）支持

在职场中，管理者对下级的支持至关重要。这种支持不仅体现在关心、帮助和指导方面，更表现在对下级想法的认同、职位的巩固，以及对下级生活和职业的重视。管理者应当充分认识到，下级最信任的是在困难时刻能够与他们站在一起的领导。因此，为下级提供成功的机会，是上级与下级之间无声、但最具成效的沟通方式。在老年服务机构中，管理者需要从三个方面做好对下级的支持。

其一，关心下级，关注他们的成长和需求。管理者应该主动了解下级的工作状况、遇到的困难和需求，从而能够及时提供相应的帮助和支持。这种关心不仅能够提高下级的工作积极性，还能够增强团队凝聚力，使下级更加忠诚于领导和团队。老年服务机构管理者可以定期举办一对一的谈心会，深入了解

每位员工的需求和困惑,比如,当发现某位认知障碍照护员因照护失智老年人而感到压力巨大时,管理者可以安排心理辅导或组织团队建设活动,帮助员工释放压力,同时分享有效的沟通技巧和情绪管理方法,促进员工的心理健康和成长。

其二,帮助和指导下级。管理者应该充分利用自己的经验和能力,为下级提供解决问题的方法和策略。针对新入职的员工,管理者可以设计一套系统化的培训计划,包括理论学习(如老年心理学、照护知识)和实践操作(如日常照护技能、紧急情况应对)。在培训过程中,管理者亲自示范,并耐心纠正学员的错误,同时鼓励员工之间互相学习,形成"师徒制"。

其三,积极认同下级的想法和巩固他们的职位。管理者要善于发现和挖掘下级的创新思维和独特见解,鼓励他们敢于表达自己的观点。同时,管理者要确保下级在团队中的地位稳定,为他们创造良好的工作环境。例如,当老年服务团队中的某位员工提出关于改善老年人居住环境或提高服务质量的新点子时,管理者应立即给予正面反馈,并组织团队会议讨论其可行性。如果方案被采纳并成功实施,管理者应在团队内部公开表扬该员工,强调其贡献,并在绩效考核中给予相应加分。

(3) 尊重

马斯洛需求层次理论把人类的需求分成生理需求、安全需求、爱与归属需求、尊重需求和自我实现需求五类。每个人都希望被关注,虽然不同的人看重的具体方面不同,但都十分憎恶被忽视,特别是被自己的上级忽视。所以,成功的管理者都会采用不同的沟通方式,让自己的员工感受到自己在组织中的重要性,特别会花较多的时间和优秀员工进行沟通,更好地激发其潜力为组织作出贡献。对下级的尊重,有三条关键技巧:

第一条,记住下级名字。对中高层管理人员而言,没有直接工作关系的各层下级可能很多,但要特别记住那些明星员工的名字,见面的时候直呼其名,这是最让员工感觉到受重视的事情。

第二条,学会倾听。高效率的管理者能够避免对下级作出武断的评价,不会受过激言语的影响,不急于作出判断,而是对下级的情感感同身受,带着理解和尊重倾听下级的心声。

第三条,关怀下级生活。嘘寒问暖,拉拉家常,都可以体现对员工的重视。对下级生活中的困难,给予及时的关注,甚至可以动用组织的力量帮助下级克服重大的生活困难。但一定要避免给其他员工造成自己和某位下级私人关系很好的印象。

(4) 公正

公正意味着客观、公平,对下级的工作要给予足够的赞扬。相反,偏袒、虚伪、错误的观念和行为,以及不道德的举止,则会极大地破坏上下级间的信任关系。如果类似的情况反复出现,那么团队中将不会存在相互信任和坦诚相待。在这种情况下,一个明智的管理者应当深刻认识到公正的重要性,时刻保持清醒的头脑,以客观、公平的态度对待每一位下级。这样的管理者才能赢得员工的尊重和信任,为组织营造一个良好的工作氛围。

首先,准确评价下级的工作表现,给予实至名归的赞扬。这不仅能够激发员工的积极性,还能让员工在工作中不断成长、进步。相反,如果管理者偏袒某些下级,忽视其他人的付出,将会导致团队内部矛盾重重,影响整体工作效率。

其次,公平分配工作任务和资源。在此基础上,员工会感受到组织的公平正义,更加愿意为组织付出努力。而偏袒某些下级、虚伪的管理者则会使员工心灰意冷,对组织的发展产生负面影响。此外,公正的管理者还能够正视错误观念和行为,及时给予指正。这有助于员工树立正确的人生观、价值观,形成良好的职业道德。反之,如果管理者对错误行为视而不见,甚至包庇、纵容,将使组织文化腐化,最终自食其果。

最后,以身作则,树立良好的道德榜样。员工会从管理者的行为中感受到道德的力量,自觉遵循组织制度,共同维护良好的组织文化。而管理者的不道德行为则会对员工产生恶劣的影响,导致组织内部道德沦丧。

(5) 守信

守信常与人品德相关，它是一个人诚实性的最好证明。守信意味着上级对下级的行为前后一致，以及遵守直接和隐含的承诺。

上级对下级守信的重要性不言而喻。在组织中，上级的言行往往对下级起着示范作用。如果上级能够坚守诚信，那么这种品质也会逐渐渗透到整个组织中，形成良好的组织文化。例如，某老年服务机构院长经常对员工作出承诺，但很少兑现。时间长了，员工们对该院长的信任度逐渐降低，机构的工作氛围也越来越差。后来，机构换了一位守信用的新院长。这位新院长在上任之初就明确表示会信守承诺，并很快付诸实践。员工们重新感受到了院长的诚信，工作积极性得到了极大提高。在短短几个月内，机构的业绩就有了显著的提升。这个案例说明，上级的守信不仅关系到个人的形象，更是组织健康发展的重要基石。一个不守信用的上级不仅会让下级失去信任，还会对整个组织的凝聚力和战斗力造成严重影响。因此，作为上级，应该时刻保持诚信，以身作则，引领团队朝着更好的方向发展。

(6) 能力

在老年服务机构中，优秀的管理者必须具备多方面的能力。他们不仅要精通老年服务领域的专业知识与技能，能够为机构成员提供专业指导和支持，确保服务质量，还需具备敏锐的行业洞察力和战略决策力，能够准确把握市场趋势和客户需求，为机构规划出稳健且具有前瞻性的发展路径。这样的管理者才能够在员工心中树立权威，使员工心悦诚服地追随并尊重他。若管理者仅专注于专业技能的提升，而忽视了在战略规划、团队协作及管理能力等方面的培养，员工可能会质疑其管理才能，因为优秀的管理者不仅体现在技术专长上，更体现在其对行业整体趋势的精准把握和高效决策的能力上。比如，一位在老年服务领域技术精湛的管理者，或许能够带领团队在服务技术和服务模式上不断创新，但若在面对老年服务市场变化、政策调整，或客户需求变迁时，缺乏敏锐的洞察力和果断的决策力，就可能作出不利于机构长远发展的选择，使得团队的辛勤付出难以转化为实际成果。这种情况下，员工们可能会意识到，仅凭专业技术难以弥补在战略眼光和管理能力上的欠缺，进而可能产生动摇，不愿继续在这样的管理下工作。

因此，对于老年服务机构的管理者而言，全面提升自身能力，做到技术与战略并重，是赢得员工信任与尊重、推动机构持续发展的关键。

2. 和下级沟通的策略

为了保证下行沟通渠道畅通，提高下行沟通的效率，管理者有必要掌握一定的沟通策略。概括起来，有效的下行沟通策略主要包括六个方面。

(1) 制订沟通计划，建立沟通制度

为了保证能够及时有效地下达信息，管理者必须根据部门的工作性质及责任范围制订相应的沟通计划，把沟通活动纳入制度建设之中，从而使下行沟通做到制度化和规范化，以改变下行沟通的随意性。老年服务机构的沟通制度包括以下内容：管理者必须将有关事宜及时通知下级；必须将机构计划、指令和目标告知机构员工；必须鼓励、培育和建立一个稳定的双向沟通渠道；必须就有关重要事件的信息及时与员工沟通；划拨足够的资金和工作时间实施机构沟通政策。

同时，还应该注意：一方面，机构需要通过下行沟通来传递信息；另一方面，并非所有的信息都可以向下传递，有些是有关机构战略发展的机密，有些信息传递的时机还未成熟，没有到可以公开的程度。然而，这并不是说管理者可以采取不闻不问的态度。即使在这种情形下，机构管理层也必须表示出对员工关注信息的理解，同时对员工以诚相待。不诚实或操纵信息都可能降低员工的忠诚度。事实上，当管理者还在迟疑，不愿就某事实进行公开说明时，歪曲的事实早已顺着"葡萄藤"散布到机构的各个角落了。

(2) 精兵简政，减少沟通环节

随着老年服务机构规模的扩大，机构的组织结构越来越复杂，层次越来越多，给管理沟通的有效进行造成了极大的障碍，不但影响信息传递的效率，而且容易导致信息传递失真或过滤。因此，精简机构组织，变宝塔型为扁平化已经成为组织变革的必然趋势。例如，某老年服务机构在一次组织结构调整中，将

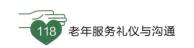

行政部与人力资源部合并为综合管理部,同时增设了直接对接老年人的服务协调中心,确保老年人需求能迅速传达至一线服务团队。这种扁平化的组织结构,使得决策和执行更加迅速高效。同时,该机构采用民主、协作的管理模式,进一步促进了信息的流通和资源的共享。

(3) 坚持例外原则,实现有效授权

著名管理学家泰勒早就提出,管理者必须遵循例外原则,将日常事务的处理权交给下级,管理者只保留例外事项的处理权。而实行例外原则的关键,在于日常管理活动的规范化和管理者的有效授权。合理有效的授权,不仅能够对下级产生巨大的激励作用,而且能够营造自由民主的管理氛围,极大地提高沟通效率。下行沟通的一个致命缺点是具有单向性、自上而下,而授权为向下沟通带来了双向交流的可能性。随着授权对管理工作的重要性日益突出,并越来越多地为管理者所采用,这无疑给有点先天不足的单向的下行沟通增添了色彩。授权所能产生的激励作用缓和了下行沟通冷冰冰的纯粹命令的气氛,极大地改善了沟通低效的状态。

(4) 言简意赅,提倡简约沟通

沟通中应力求避免含糊其词。除了沟通中的其他因素会引起误解,信息本身也会产生歧义,如果信息本身模糊不清,信息接收者就无法理解并记住信息。为了避免这一点,管理者可以采用简单、直接的措辞,或者对方易理解的措辞,而非从自己的层面出发进行沟通。

(5) 建立有效的反馈机制

建立有效的下行沟通反馈机制是确保组织信息流畅、决策执行到位的关键。管理者需树立开放沟通的理念,主动营造一种鼓励员工表达意见和反馈的文化氛围。这要求管理者不仅作为信息的发布者,更要成为倾听者和反馈的接收者,展现出对员工意见的重视和尊重。

老年服务机构为确保反馈渠道的畅通无阻,应提供多样化的反馈方式,如养老机构管理照护信息平台、定期的员工大会、小组讨论会、匿名意见箱等,让员工能够根据自己的偏好和情况选择合适的反馈途径。这些渠道应确保信息能够直达管理者,且反馈过程保密、公正,避免员工因担心报复而不敢发声。管理者则需对员工的反馈给予及时、真诚的回应。无论是肯定,还是改进建议,都应给予明确的反馈,让员工感受到自己的声音被听见和重视。对于有价值的反馈,管理者应积极采纳并体现在后续的工作中,以此激励员工持续参与反馈,形成良性循环。

为了持续优化下行沟通反馈机制,机构可定期评估沟通效果,收集员工的意见和建议,对机制进行必要的调整和改进。同时,通过培训和教育,提升员工的沟通技能和反馈意识,使下行沟通反馈机制更加高效、顺畅。

(6) 采取正确方法,减少下行沟通中的抵触情绪

在下行沟通中,最令管理者头痛的沟通莫过于向下级传递负面的信息,或者向员工传递一些他们不希望接收的信息。比如:手下的员工在工作中出现了差错,按照规章制度必须给予批评,即指出其行为中不当的表现,有时甚至要训诫下级,以杜绝此类现象;或者是机构出现财务危机,某些岗位的薪酬需要下调,管理者必须向其下级传递该信息等。在进行此类信息沟通时,容易出现的情况是员工产生抵触情绪,甚至导致更为严重的后果,即员工对管理者产生怨恨。而且,当信息接收者认为某个信息对个体具有威胁性或与实际情况不相符时,往往会扭曲信息,甚至努力忘却该信息。那么,这时管理者应该怎么办呢?首先,管理者应该正面处理否定和反对意见。其次,选择恰当的沟通时间和渠道很重要。最后,沟通的措辞也要经过慎重考虑:太过含蓄,尽管会避免冲突,但或许起不到警戒作用;太过直接,虽然可以引起对方的注意,但也可能制造不必要的矛盾和抵触情绪。

具体来讲,为了在减少抵触和怨恨的同时准确地传递信息,不妨采取下面的策略。

第一,提前掌握事实。在与员工正面交谈之前,要尽可能多地了解事实情况,越具体、越准确,则越有利于面谈。道听途说是十分危险的,也是不明智的。例如,老年人能力评估师小李被投诉服务不周,市场部主管先询问了客户,确保事实清晰。在与小李面谈时,具体指出问题所在,如"记录显示,当张奶奶的家

属对评估有异议时,你未按流程作详细解释或重新评估",并依据事实提出改进建议。这样的处理让管理者避免道听途说,让批评有理有据,小李也更易接受并改正,减少怨恨情绪。

第二,了解当事人的想法。让员工有时间和机会仔细说明事情的经过是十分有益的,借此可以缓和气氛,或了解当事人对问题的看法,以及他对问题的自我认识。了解员工的想法还能帮助上级评估员工的心理状态,确保沟通的方式和程度不会对员工造成过大的心理压力。在员工阐述过程中,上级应保持开放和耐心的态度,鼓励员工表达真实感受,这有助于建立一种相互信任和支持的上下级关系。

第三,对事不对人。下行沟通时,上级应尽量就事论事,不要涉及下级个性,且要说明对其行为改变的具体期待。如果不注意措辞而伤及员工的自尊心,就为以后的有效沟通设置了障碍,埋下了隐患。例如,当护理部主管发现某位养老护理员在照顾老年人时存在疏忽时,应明确指出这一具体行为,如"我发现昨天在帮助李奶奶穿衣时,你的动作略显急躁,可能没有充分考虑到她的舒适度"。这样的表述聚焦于具体事件,避免了对养老护理员个人能力的全面否定。同时,上级应表达清晰的期望:"我希望未来在类似情况下,你能更加耐心细致,确保每位老年人的安全与舒适。"这样的沟通方式既指出了问题,又给予了改进的方向,有助于员工接受批评并积极改进,同时也维护了他们的自尊心。

养老院院长处理冲突的技巧

3. 和下级沟通的技巧

(1) 建立良好的沟通氛围

尊重是沟通的基础。领导要尊重下级的人格、意见和感受,不要轻视或贬低他们。要认真倾听下级的发言,给予他们充分的表达机会,不要打断,也不要批评他们的观点。例如,在会议上,领导可以鼓励下级积极发言,对他们的意见给予肯定和赞扬,让他们感受到自己的价值和重要性。

领导要与下级保持平等的关系,不要以高高在上的姿态与他们沟通。要放下架子,与下级进行真诚的交流,让他们感受到自己是被尊重和平等对待的。例如,在与下级交流时,领导可以使用亲切的语言,避免使用命令式的语气,让下级感到轻松和自在。

信任是沟通的桥梁。领导要信任下级的能力和品德,给予他们充分的信任和支持。要相信下级能够完成工作任务,不要过分干预或监督他们的工作。例如,在分配工作任务时,领导可以给予下级一定的自主权和决策权,让他们发挥自己的才能和创造力。

(2) 掌握有效的沟通方法

首先,倾听是沟通的重要环节。领导要学会倾听下级的意见和建议,了解他们的需求和想法。要全神贯注地倾听下级的发言,不要分心或做其他事情。要注意倾听下级的语气、表情和肢体语言,从中了解他们的真实感受。例如,在与下级交流时,领导可以保持眼神交流,点头示意,让下级知道自己在认真倾听他们的发言。

其次,表达是沟通的关键。领导要学会清晰、准确地表达自己的意见和想法,让下级能够理解自己的意图。要使用简洁明了的语言,避免使用模糊、抽象的词汇。要注意语速和语调,让下级感到舒适和自然。例如,在布置工作任务时,领导可以使用具体的指令和要求,让下级明确自己的工作目标和任务。

最后,反馈是沟通的重要手段。领导要及时给予下级反馈,让他们了解自己的工作表现和进展情况。要给予积极的反馈,鼓励下级继续努力,也要给予建设性的反馈,帮助下级改进工作。例如:在下级完成工作任务后,领导可以及时给予表扬和奖励,让他们感受到自己的努力得到了认可;如果下级在工作中出现了问题,领导可以及时给予指导和建议,帮助他们解决问题。

(3) 选择合适的沟通时机和场合

领导要选择合适的时机与下级进行沟通。要避免在下级忙碌或情绪低落的时候进行沟通,以免影响沟通效果。要选择在下级有时间、有心情的时候进行沟通,让他们能够集中精力听取自己的意见和建议。例如:在下级完成一项重要工作任务后,领导可以及时与他们进行沟通,给予表扬和奖励;如果下级在工作中遇到了困难,领导可以在他们情绪稳定的时候进行沟通,给予帮助和支持。

领导要选择合适的场合与下级进行沟通。要避免在公开场合批评或指责下级,伤害他们的自尊心。

要选择在私下场合与下级进行沟通,让他们能够放松心情,畅所欲言。例如:在与下级进行绩效评估时,领导可以选择在单独的办公室进行沟通,让下级感到尊重和信任;如果下级在工作中出现了失误,领导可以选择在私下场合进行沟通,给予指导和建议,避免影响他们的工作积极性。

（4）解决沟通中的问题和冲突

在沟通中,领导可能会遇到下级提出的问题和困难,领导要认真对待下级的问题,及时给予帮助和支持。要分析问题的原因,提出解决方案,让下级能够顺利完成工作任务。例如,在下级提出工作中遇到的技术难题时,领导可以组织相关人员进行讨论和研究,提出解决方案,帮助下级解决问题。

在沟通中,领导可能会与下级发生冲突,领导要冷静对待冲突,避免情绪化的反应。要分析冲突的原因,寻找解决问题的方法。要尊重下级的意见和感受,通过协商和妥协的方式解决冲突。例如,在下级对工作安排有不同意见时,领导可以与下级进行沟通,了解他们的想法和需求,通过协商和调整工作安排的方式解决冲突。

一、理论测试

请扫描二维码,完成知识测试。

二、案例分析

某养老集团信息部陈主任每个月都会请部门员工吃顿饭,已经形成惯例。一天,他走到休息室叫员工小马,通知其他人晚上吃饭。快到休息室时,陈主任听到休息室里面有人在交谈,他从门缝看过去,原来是陈主任手下的员工小马和销售部员工小李在里面。小李对小马说:"你们陈主任对你们很关心,我见他经常请你们吃饭。""得了吧。"小马不屑地说,"他就这么点本事笼络人心,遇到我们真正需要他关心、帮助的事情,他没一件办成的。你拿上次公司办培训班的事来说,谁都知道如果能上这个培训班,工作能力会得到很大提升,升职机会也大大增加。我们部门几个人都很想去,但陈主任一点都没察觉到,也没有积极为我们争取,结果让别的部门抢了先。我真的怀疑他有没有真正关心过我们。""别不高兴了。"小李说,"走,吃饭去。"陈主任听到他们的对话,满腹委屈地躲进自己办公室。

思考:根据案例,陈主任应该如何与下级沟通?

三、能力训练

假设你是养老机构某部门的负责人,有一项临时性的工作任务需要布置,当你把这项工作任务安排给员工小吴时,没想到小吴以各种理由拒绝接受这项工作。遇到这种情况,你会采取什么办法让小吴接受这项工作任务?

任务3　与平级沟通

情境案例

在一家养老机构中,你和同事小张共同负责老年人的日常活动策划。最近,你提出了一个新的活动方案,认为可以组织老年人进行一次户外郊游,让他们亲近大自然,同时也能锻炼身体。然而,小张却认为这个方案存在安全风险,老年人可能在郊游过程中出现意外,而且组织起来也比较麻烦。

思考:

(1) 你会如何与小张沟通,以达成共识?

(2) 如果小张坚持自己的观点,你又该怎么办?

(3) 在沟通中,你需要考虑哪些因素?

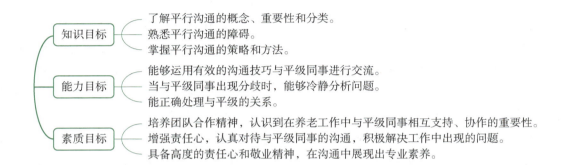

请求同事帮忙的小技巧

知识点一:平行沟通

平行沟通是指组织内同层级或部门间的沟通。这种沟通形式通常涉及员工间的交流,如基层员工之间的沟通,以及管理者内部之间的沟通。相对于上下级沟通,平行沟通的主体一般没有直接或间接的职权隶属关系。它指的是沿着组织结构中的同一个层级所进行的信息和情感的传递,即同一个层级上的管理者或员工所进行的同部门或跨部门、跨职能的沟通。它可以分为同一个部门内部的平行沟通和跨部门的平行沟通,具体来说主要有部门内部员工间的平行沟通、跨部门员工间的平行沟通、跨部门或跨职能的平行沟通。

在老年服务机构中,同一护理部门的几位养老护理员之间,会就如何更有效地照顾特定老年人的需求进行部门内平行沟通。他们分享各自的经验和观察,讨论如何调整照护计划以更好地适应老年人的身体状况和心理需求。这种部门内部的平行沟通有助于提升照护服务质量,确保每位老年人都能得到个性化的关怀。此外,跨部门的平行沟通也至关重要。例如,营养师与康复师之间的定期交流,可以确保为老年人制定的饮食计划与康复计划相辅相成,共同促进老年人的健康恢复。这种跨部门的协作确保了老年服务的全面性和连贯性。

平行沟通具有多种优点,包括简化办事程序和手续、节省时间、提高工作效率、促进部门之间的相互了解、培养整体观念和合作精神、克服本位主义倾向、增加员工之间的互谅互让、培养友谊、满足社会需要、提高工作兴趣、改善工作态度等。当然,平行沟通也存在一些缺点。例如,由于信息量大,可能会导致沟通头绪过多,容易混乱。此外,个体之间的沟通也可能成为员工发牢骚、传播小道消息的途径,这可能会对团体士气产生消极影响。

不同类型的平行沟通采用的沟通形式不同。跨部门的平行沟通通常采用会议、备忘录、报告等沟通形式,其中会议是最经常采用的沟通形式,如决策性的会议、咨询性的会议和通知性的会议等。而部门内员工的平行沟通更多地采用面谈、备忘录的沟通形式。由于沟通主体相互熟知,并且有着同样的业务背景，此类沟通效果通常比较理想。而对于部门员工与其他部门的经理或员工的沟通来说，面谈、电子邮件、微信或QQ，以及备忘录等沟通方式则较为合适。

知识点二：有效平行沟通的重要性

平行沟通是为了加强员工间、部门间的合作，减少员工间、部门间的摩擦，并最终实现组织的总体目标。这对组织的整体利益有着重要的作用。

1. 保证组织总目标的实现

基于劳动分工原理诞生的部门化，便于组织提高劳动生产率，进行有效管理，但部门化势必使员工在追求具体工作效率的同时，忽略组织的全局利益。平行沟通能够增强员工对其他部门的了解，便于本部门从宏观层次上认识本职工作，并自觉协同其他相关部门进行操作，最终实现组织总体目标。在老年服务机构中，部门的设立无疑提高了专业分工的效率，使得各个部门能够专注于自身领域的优化，如护理部门致力于提升护理质量，医疗部门则专注于提供精准医疗与健康管理。然而，这种专业化也可能导致员工过于关注本部门的目标，而忽视了机构整体的战略目标。平行沟通在此时发挥了关键作用，通过加强护理部门、医疗部门，以及行政管理等部门之间的平行沟通，员工能够更全面地理解其他部门的工作内容及挑战，从而培养出全局的视野。例如，照护人员在了解膳食部门的健康饮食理念后，可能会更加积极地引导老年人遵循科学的饮食习惯，促进老年人健康；膳食部门在接收到护理部门的反馈后，也能更精准地调整餐食，满足老年人的特殊需求。这种跨部门的协同合作，不仅促进了信息的流通与资源的共享，还增强了员工之间的凝聚力与责任感。在共同目标的驱动下，各部门不再是孤立的工作单元，而是紧密相连、相互支持的有机整体，共同为老年服务机构提供高质量、全方位的服务，确保组织总体目标的顺利实现。

2. 弥补纵向沟通的不足

不管组织多么致力于疏通纵向沟通渠道，关注沟通场合、时间等因素，但仍不可避免地会出现信息遗漏、沟通误解等情况。多数情况下，平行沟通是为了简化上行沟通、下行沟通这类烦琐的垂直交流，或者为了加快工作速度，使信息更有效、更准确地传递而进行的沟通。与纵向沟通相比，平行沟通能够创造比较轻松的沟通氛围，不但有利于部门之间，以及员工之间更好地达成共识，而且能够有效弥补纵向沟通造成的不足。例如，当护理部门遇到一位需要特殊饮食安排的老年人时，如果仅依赖上行沟通向上级申请决策，可能会因流程烦琐而延误时间，而通过平行沟通，护理部门可以直接与膳食部门协商，共同制定符合老年人需求的饮食计划，这样不仅加快了决策速度，还确保了信息的准确性和针对性。

3. 实现各部门信息共享

组织是由各个部门组成的一个有机整体，各个部门不是一个个孤立作战的个体，而是作为一个整体的部分而存在，只有协调好各个部门之间的关系，才能为组织创造更好的整体效益。而部门之间实现信息共享正是协调部门间关系的最主要形式。

在老年服务机构这一复杂的组织体系中，各个部门如同人体的各个器官，相互依存、紧密相连。为了保障机构的高效运行与优质服务，实现部门间的信息共享显得尤为重要。例如，护理部门需要及时了解医疗部门对老年人健康状况的评估结果，以便调整护理方案，提供更精准的照护服务。同时，医疗部门也需要从护理部门获取老年人的日常表现与反馈，以全面评估治疗效果，制定更为合理的医疗计划。此外，膳食部门在规划老年人的饮食时，需参考医疗部门的营养建议，确保食物既符合老年人的口味，又满足其健康需求。行政管理部门则通过汇总各部门的运营数据，分析服务效率与成本，为机构的整体决策提供支持。因此，老年服务机构中的信息共享不仅是协调部门间关系的桥梁，更是提升整体效益的关键。通过建立健全的信息共享机制，确保信息在各部门间畅通无阻，能够显著提升服务效率与质量，为老年人提供更加贴心、专业的老年服务。

知识点三：平行沟通的障碍

从理论上讲，平行沟通由于不存在等级差异，沟通主体是平等的，这样的沟通应该更加有效。然而，平行沟通的现状仍令人担忧。正因为没有权力关系的约束，许多沟通主体采取"事不关己，高高挂起"的态度，沟通不畅的情况时有发生。

产生平行沟通障碍的原因主要有六个方面。

1. 部门本位主义

很多情况下，一些部门为了达到自己的目的或维护自己的利益，无视其他部门乃至整个组织的利益。由于部门间工作业绩、利益的不同，以及评估体系的存在，造成了部门本位主义的泛滥。为了维护本部门利益，每个部门都强调本部门的业绩，轻视其他部门，斤斤计较自己的得失，都认为只有本部门才是最重要的，其他部门都无足轻重。甚至有的部门为了保护本部门的利益，采取封闭信息、不合作等方式对待部门间关系，由此导致部门间配合协作困难，进而影响企业整体目标的实现。这种以部门为中心的思维模式，导致部门间缺乏有效沟通与协作。比如，养老机构的护理部强调护理质量与效率，而后勤部则侧重成本控制与物资供应，护理部可能忽视后勤部在物资调配上的难处，而后勤部也可能对护理部的紧急需求反应迟缓。至于为保护本部门利益，采取信息封锁、资源独占等不合作行为，更严重阻碍了服务流程的顺畅进行。这不仅影响了老年服务的质量与效率，也削弱了机构的整体竞争力，难以实现"以老年人为中心"的优质服务目标。

2. 认为自己的价值最大

有些部门只站在本部门的角度认识、看待问题，只强调本部门的价值，认为本部门最为重要，而忽视其他部门对组织的贡献。例如：养老护理部门往往认为自己直接负责老年人的日常照护，是机构不可或缺的基石，因此贡献最大；而医疗部门则强调其专业医疗支持对老年人健康的重要性，同样认为自身价值无可替代。这种"唯我独尊"的心态，导致各部门在平行沟通中难以保持开放与包容，忽视了彼此间的相互依赖与协作。长此以往，不仅削弱了团队的凝聚力，还可能因资源分配不均、工作衔接不畅等问题，影响老年服务机构的整体运营效果和服务质量。因此，打破这种认识偏见，促进部门间的相互理解和尊重，是保障平行沟通顺畅、提升机构整体效能的关键。

3. 部门之间职责交叉

分工是管理的基础。不少老年服务机构在管理过程中由于未能进行科学分工，或者分工不够明确，导致部门之间职责交叉、权限不明、责任不清，结果是各个部门都把利益归于自己，而把责任推给别人，出现问题相互推诿、责怪别人，取得成绩则相互争夺，这样很难使机构内部各个部门形成一个有机的整体。例如，在某养老院，一位老年人突然感到身体不适，需要紧急处理。由于养老院在前期管理中未能进行科学、明确的分工，护理部与医疗部之间的职责模糊不清。当老年人发出求助信号时，护理部的员工首先赶到现场，但他们由于缺乏专业的医疗知识，只能进行基本的安抚和初步观察，同时联系医疗部。然而，医疗部的员工在接到通知后，却因对老年人日常照护情况的不了解，以及双方职责划分的不清晰，而产生了一定的迟疑和推诿。他们认为护理部应该首先对老年人进行初步评估，并将老年人身体不适归咎于照护不当。这样的场景，不仅延误了老年人的救治时间，也让在场的员工感受到了院内管理的混乱。

4. 性格冲突

平行沟通失败、低效甚至产生摩擦的另一个主要原因是沟通各方性格以及思维方式、习惯的冲突。每个人因为其独特的工作领域、成长经历和生活体验，都会形成其独特的思维方式和沟通习惯。如果缺乏对沟通对象性格、思维方式及习惯的深入了解，就会产生沟通障碍。例如，某老年服务机构护理部的张阿姨性格直率，说话直来直去，而医疗部的李医生则相对内敛，注重细节。当两位在处理老年人健康问题需要合作时，张阿姨的直接可能让李医生感到被冒犯，而李医生的谨慎又可能被张阿姨视为拖延。双方若未能及时觉察并适应对方的性格特点，就可能因性格冲突而产生沟通障碍，影响工作效率和团队氛围。

此外，护理部更注重情感交流和人文关怀，而医疗部则更强调专业性和科学性。这种差异若不能得到妥善处理，也可能在沟通过程中引发误解和冲突。

5. 对有限资源的争夺

部门之间或员工之间为工作资源、职位的竞争与冲突也是平行沟通常见的障碍。当一个人拥有的资源越是稀缺和不可替代的，他在组织中的影响力就越大。有时，为了保持这种稀缺性和不可替代性，人们会采取被认为不合逻辑的行动，如不愿透露自己的工作技巧，编撰专门的语言和术语来防止别人了解他们的工作，或故意神秘行事，使工作看起来比实际更复杂和更困难。

随着人口老龄化加剧，优质养老护理人员、康复保健人员、专业医疗设备以及优质床位等资源变得日益稀缺。护理部门、康体部门与医疗部门之间，或是员工之间，可能会为了争取这些资源而产生竞争与冲突。例如，经验丰富的养老护理人员因其专业技能成为稀缺资源，他们可能因担心自己的地位受到威胁，而不愿轻易传授工作经验给新同事，以保持自己在团队中的独特性和不可替代性。同样，先进的医疗设备作为提升服务质量的关键，也可能引发部门间的争夺。医疗部门希望获得更多高端设备以支持其诊疗工作，而设备的分配往往需要综合考虑整个机构的运营成本和效益，这可能导致部门间的协商变得复杂而困难。此外，优质床位的分配也是养老机构中常见的资源争夺点。家属和老年人往往倾向于选择环境更好、服务更优质的房间，而这类房间的数量有限，如何公平合理地分配成为管理者需要面对的一大挑战。

6. 利益冲突

在部门实际运行中，常会出现位置决定想法的情况。比如，老年服务机构中，护理部的主要职责是提供日常照护服务，确保老年人的生活质量和舒适度，其绩效标准往往与老年人满意度、照护服务质量等紧密相关。因此，护理部倾向于在人力、物力上投入更多资源，以提升护理服务的专业性和细致度，这在一定程度上会增加机构的运营成本。而医疗部则专注于老年人的健康管理、疾病防治及康复治疗，其业绩要求往往侧重于医疗服务的效率与质量，以及医疗成本的控制。医疗部希望通过优化诊疗流程、提高治疗效率来降低成本，同时保证医疗质量。在资源有限的情况下，医疗部可能会对护理部的扩张需求持保留态度，担心这会挤占原本就紧张的医疗资源。当护理部与医疗部需要进行平行沟通和协调时，这种利益冲突便凸显出来。双方容易各自为政，从自身部门的利益出发考虑问题，而忽视了机构的整体利益。护理部可能认为医疗部过于关注成本而忽视了对老年人健康的全面关注，而医疗部则可能认为护理部的扩张需求不切实际，增加了机构的财务负担。这种相互掣肘的状态不仅影响了部门间的合作与协同，也阻碍了老年服务机构整体服务质量的提升。

知识点四：有效进行平级沟通

1. 妥善处理与平级的关系

在管理工作中，管理者经常需要与其他部门的人员打交道，由于对方是管理者职权管辖范围以外的人员，管理者通常对他们没有支配权或指挥权，不能对他们实行领导，或者由于工作性质差异，而与对方在目标、观念上存在较大分歧，这都增加了平行沟通的困难。同样，在员工之间，由于不存在管理与被管理的关系，他们相互间的沟通也具有不同于上下级间沟通的独特之处。处理好平行人际关系，对于每个员工来说都是重要的。

在这种情形下，首先要弄清楚自己将与哪些人产生平行关系。平行关系有时很难被发现，它会随管理者的计划、任务、目标的变化而变化，这就意味着每一项新的工作都将带来新的平行关系。因此，管理者需要经常思考和回答以下问题：

我的目的和计划是什么？本年、月、周及今天的任务是什么？

各项任务的完成必须得到哪些人的合作？可能得到哪些人的合作？

他们当中谁有可能阻碍或耽误任务的完成？

在确定了平行关系以后,再对那些可能对目标产生抵制或者阻碍的人进行分析,并对抵制的程度进行预测,做到心中有数。有效处理平行人际关系,以下七点技巧可以借鉴。

(1) 树立平等共处的观念

在老年服务工作中,与平级相处,树立平等共处的观念至关重要。大家虽分工不同,但目标一致,都是为了给老年人提供最好的服务。平等意味着不轻视他人的工作,无论是照护人员、活动策划者还是后勤人员,每个人的付出都不可或缺。我们要尊重彼此的专业知识和经验,积极交流分享,共同进步。遇到问题时,以平等的姿态共同探讨解决方案,而不是互相推诿指责。只有秉持平等共处的观念,才能营造和谐的工作氛围,更好地为老年人的幸福晚年贡献力量。

(2) 小心对待办公室友谊

在工作中,与平级相处需小心对待办公室友谊。一方面,适度的友谊能增进团队凝聚力,让工作氛围更融洽。大家可以在忙碌的工作之余互相支持、交流经验,共同为老年人的生活增添温暖。但另一方面,也要保持适度的距离和职业性。不能让私人情感过多影响工作决策,避免因友谊而在分配任务或处理问题时失去公正。同时,若友谊出现矛盾,也可能给工作带来困扰。所以,我们应谨慎把握办公室友谊的度,让它成为工作的助力而非阻碍。

(3) 要为同事保守秘密

在老年服务工作中,与平级相处,为同事保守秘密是建立良好关系的重要准则。养老机构中,同事们可能会分享一些工作上的困扰、个人的小秘密等。当得知这些信息后,一定要严格保密。为同事保守秘密体现了自身的诚信和责任感,能赢得对方的信任。这不仅有助于营造和谐的工作氛围,还能让大家在工作中更加安心地交流与合作。如果随意泄露同事的秘密,会破坏彼此的关系,影响团队的凝聚力,不利于为老年人提供优质的老年服务。

(4) 不要有太多的牢骚和抱怨

在老年服务工作中,与平级相处,不应有太多牢骚和抱怨。养老机构的工作本就充满挑战,若一味发牢骚和抱怨,会给同事带来负面情绪,影响整个工作氛围。大家应积极面对工作中的困难,共同寻找解决方案。过多的牢骚和抱怨还可能掩盖问题本质,阻碍工作进展。以乐观的态度投入工作,相互鼓励支持,才能更好地为老年人服务。把精力放在提升服务质量上,而不是沉浸在消极情绪中,这样才能与平级同事携手共进,为老年服务事业贡献更多力量。

(5) 把握好自己的社交距离

在老年服务工作中,与平级相处,把握好自己的社交距离至关重要。一方面,适当的社交能增进同事间的感情,提升团队协作效率。可以在工作之余与平级同事交流老年服务的经验、分享生活中的趣事,建立良好的工作关系。但另一方面,也要注意保持适度的距离,避免过度卷入他人的私人生活或工作矛盾中。把握好社交距离意味着知道何时该参与交流、何时应保持专注于自己的工作任务。这样既能享受良好的同事关系带来的益处,又能确保工作的专业性和高效性。

(6) 打造宽广胸怀

养老机构的工作繁杂,同事间难免会有不同意见和小摩擦。此时,拥有宽广胸怀就能以平和的心态看待分歧,不纠结于一时的得失。当同事犯错时,不应指责抱怨,而应给予理解和帮助,共同解决问题。宽广的胸怀还能接纳不同的工作方式和性格特点,促进团队的和谐与协作。以包容之心对待平级同事,大家齐心协力为老年人服务,共同营造积极向上的工作氛围,为老年服务事业贡献更多的温暖与力量。

(7) 注意沟通态度

平行沟通更注重的是平时的合作关系、联络人脉的积累。要主动开展平行沟通,不要消极被动地等到必须沟通的那一刻。在沟通过程中保持谦让的态度,对待其他部门的业绩提升,保持平常心,不嫉妒。对于其他部门的工作多采取换位思考,体谅他人,运用同理心,站在对方的角度,考虑解决问题的方法。树立团结协作的团队精神和理念,关心其他部门和其他同事的需求。当其他部门或同事遇到困难时,要想方设法地为他们排忧解难,竭尽全力地为他们提供支持和帮助,只有这样,当自身陷入困境的时候,才会得到其他部门同事的支援和帮助。

2. 与平级沟通的策略

对于平行沟通中出现的问题和障碍,可以通过调整沟通思路、转变沟通观念来加以消除。有效的平行沟通策略主要包括八个方面。

(1) 谦和待人,避免炫耀

待人谦和能营造和谐的工作氛围。养老机构里,大家共同为老年人的幸福努力,没有谁比谁更优越。以谦和的态度与平级同事交流,认真倾听他们的意见和建议,会让同事感到被尊重。比如,在讨论照护方案时,不急于表达自己的观点,而是先听听他人的想法,用平和的语气提出自己的见解。这样的沟通方式能促进大家相互学习、共同进步。

避免炫耀则有助于维护良好的同事关系。如果在平级面前过度炫耀自己的成绩或能力,容易引起他人的反感。每个人在老年服务工作中都有自己的贡献,应该关注团队的整体成果,而不是个人的荣耀。比如,不要在同事面前刻意强调自己成功组织的某次活动,而忽略了其他同事在其中的付出。

老年服务工作需要团队的协作,只有大家相互尊重、共同努力,才能为老年人提供更好的服务。保持待人谦和、避免炫耀的品质,能够在与平级沟通中更加顺畅,增强团队的凝聚力,共同为养老事业添砖加瓦。

(2) 真诚合作,克制嫉妒

真诚合作是提升老年服务质量的关键。养老机构的工作复杂多样,需要各个岗位的同事共同努力。当与平级沟通时,应以真诚的态度对待彼此,共同为老年人的福祉出谋划策。比如,在策划老年人的娱乐活动时,不同部门的同事可以坦诚交流自己的想法和资源,携手合作,确保活动的顺利进行。真诚合作能充分发挥每个人的优势,提高工作效率,为老年人创造更加舒适的生活环境。

克制嫉妒则能维护良好的工作关系。在养老机构中,同事们可能在不同方面取得成绩,这时要避免嫉妒心理的产生。嫉妒只会带来负面情绪,破坏团队和谐。应该以欣赏的眼光看待同事的成功,从中学习经验,激励自己不断进步。例如,看到同事在工作中得到老年人的赞扬,不要心生嫉妒,而要反思自己的不足,努力提升技能。

总之,在与平级沟通时,真诚合作能汇聚力量,为养老事业做出更大贡献;克制嫉妒能保持良好的心态,促进同事之间的友好关系。

(3) 关心他人,提供帮助

关心他人能营造温暖的工作氛围。养老机构的同事们每天面对繁重的工作任务和各种压力,一句关心的话语、一个关切的眼神,都可能给对方带来极大的鼓舞。比如,当看到同事因照顾老年人而疲惫不堪时,可以送上一杯热茶,询问是否需要帮忙,让同事感受到来自同伴的温暖。这种关心不仅能增进同事之间的感情,还能提高大家的工作积极性。

提供帮助则有助于提升工作效率和质量。老年服务工作中常常会遇到各种突发情况和难题,同事之间的相互帮助可以让问题得到及时解决。例如,在组织老年活动时,可能会遇到人手不足的情况,这时其他同事主动伸出援手,能共同推进活动的筹备和实施。又或者当新同事对工作流程不熟悉时,有经验的同事主动耐心指导,能帮助他们尽快适应工作。

通过关心他人和提供帮助,可以建立起一个团结协作、互帮互助的团队。在这样的团队中,大家共同为老年人的幸福生活努力,为养老事业贡献自己的力量。

(4) 多倾听而不只是叙述

多倾听有助于更好地理解同事的观点和需求。在养老机构里,每个人都有自己独特的工作经验和视角。当与平级沟通时,认真倾听他们的叙述,能够了解他们在照顾老年人过程中遇到的问题、提出的建议以及对工作的期望。比如,倾听同事分享的老年人的特殊需求,可以更全面地掌握老年人的情况,从而更好地调整工作策略,为老年人提供更贴心的服务。

相比之下,只注重叙述可能会忽略他人的感受和想法。如果在沟通中一味地强调自己的观点和经历,容易让同事感到被忽视,从而产生抵触情绪。这样不仅无法达到良好的沟通效果,还可能引发矛盾和冲突。

多倾听还能促进团队合作和凝聚力。当用心倾听同事的意见时,他们会感受到被尊重和认可,从而更愿意合作。在共同解决问题的过程中,大家可以充分发挥各自的优势,为实现老年服务工作的目标而共同努力。

总之,在与平级沟通时,要学会多倾听,放下自己的主观判断和急于表达的欲望。用耳朵去倾听同事的声音,用心去理解他们的需求,这样才能建立起良好的沟通关系,共同为养老事业贡献力量。

(5) 对待分歧,要求同存异

养老机构的工作涉及多个方面,同事们拥有不同的背景、不同的经验和观点,分歧在所难免。当面对分歧时,首先要明确共同的目标,那就是为老年人提供优质的服务和关爱。以此为基础,寻找双方的共同点,这是"求同"的过程。例如,在讨论老年活动安排时,可能对于活动形式有不同意见,但大家都希望老年人能够开心、积极地参与,这就是共同的出发点。

解决分歧:
王奶奶的
书画活动

"存异"则是尊重彼此的差异。每个人都有自己独特的思考方式和解决问题的方法,不能强求一致。对于不同的观点,要以开放的心态去倾听和理解,而不是急于否定。也许在某些情况下,不同的方法都可以达到良好的效果。比如,在照顾老年人的饮食方面,有的同事认为应该注重营养均衡,有的则强调口味适合老年人,这两种观点都有其合理性,可以根据不同老年人的需求进行灵活调整。

求同存异能够促进团队的和谐与进步。通过沟通和协商,既可以保留各自的特色,又能在共同目标的指引下协同合作。这样的团队更具活力和创造力,能更好地应对老年服务工作中的各种挑战,为老年人创造一个温馨、舒适的生活环境。

(6) 设立沟通部门,建立沟通制度

针对平行沟通中经常出现的互相推诿现象,可以采取设立专门部门或沟通人员的办法。这些沟通人员负责定期召开部门沟通会议,要求各部门人员定期相互提交报告,从而让不同部门的人员了解各自正在进行的工作,并鼓励其提出有建设性的意见和建议。如某老年服务机构非常重视不同部门人员的接触和沟通,每月初,机构管理者都会组织一次全体部门负责人的沟通会议。会上,各部门轮流分享本月的工作计划、重点项目进展以及面临的难题。例如,护理部汇报了本月将重点提升老年人个性化护理方案,而医疗部则介绍了新引进的康复设备及其预期效果。通过这样的分享,各部门得以了解彼此的工作动态,减少了因信息不对称而产生的误解。机构还制定了定期报告提交制度,要求各部门每周提交工作简报,包括已完成的任务、待解决的问题及需要的支持等。这些报告不仅让管理者能够实时掌握机构的整体运营情况,也为他们在必要时协调资源、解决冲突提供了依据。

(7) 优化和明确沟通目标

对于组织内不同成员而言,组织目标的内涵既有区分又有联系。在平行沟通过程中,管理者不妨将目标分成三个层次,如基于未来的长期目标、引导行为强度和耐力的中期目标,以及马上需要实现的短期目标。在沟通过程中,可以将沟通的具体活动和这些短期、中期、长期目标建立连接,根据沟通的情况来优化和挑战目标组合,促进目标的协调和整合。当目标之间产生冲突的时候,则可以进行适当的腾挪、嫁接、等待、整合,帮助沟通者更好地完成工作。例如,某老年服务机构为了提升整体服务水平,管理层制定了清晰的目标体系。他们不仅设定了"五年内成为行业标杆"的长期目标,还明确了"本季度提升老年人满意度10%"的短期目标,以及"每月开展一次员工培训,提升专业技能"的中期目标。在一次跨部门沟通会上,各部门负责人围绕这些目标展开讨论。护理部提出希望通过引入新技术在短期内提升护理质量,但这需要一定的资金支持,与财务部的短期成本控制目标产生了冲突。管理层引导大家通过整合资源、优化项目的方式,既保证了新技术的引入,又控制了成本,实现了短期与长期目标的平衡。

(8) 认识负面心理

在组织内部的平行沟通中,组织成员之间容易产生三种负面心理,即战斗心理、情感负担和交谈误解。战斗心理指的是主体间进行互动的时候,会不由自主地将谈话当作战场,并预设"战争"的阶段和假想敌的"邪恶"。情感负担指的是交往过程中伴随的恐惧、愤怒、困窘、焦虑、担心等情绪。交谈误解指的是很难准确理解对方的意图。囿于心智模式的强大惯性,沟通者在平行沟通中会拘泥于自己的视角,放大对方的错误,迷失在误解、夸张、受害的情绪海洋中。如果自身的意愿和别人的看法之间形成很大落差,一般会归咎于外因。在与平级沟通时,认识到这些负面心理,及时调整自己的心态,才能保持良好的同事关系,共同为养老事业做出更大的贡献。

3. 与同事和睦相处的说话技巧

(1) 三思而后言,不说揭短的话

工作中同事之间难免会存在不同意见,当有不同的看法时,不要立即反驳对方,最好以商量的口气提出自己的意见和建议。即使别人提出的意见很幼稚、很不成熟,也不要立即嘲笑或反驳。嘲笑会使人感到含有恶意,是很伤人的,真诚坦白地说明自己的想法和要求,让人觉得是希望与他合作而不是在挑他毛病。与同事说话之前,先想想这句话说出去会产生什么后果,要避免用"你从来都是……""你总是弄不好""你根本不懂"等绝对否定别人观点的消极措辞。尤其不要在工作中争吵,因为一旦发生了争吵,无论怎么妥善处理,总会在心里、感情上蒙上一层阴影,也会影响别人对自己的评价,会被认为不能妥善处理同事关系。例如,当老年服务团队讨论如何优化老年人的饮食方案时,有同事提出了一个较为新颖但尚需完善的建议。此时,即便内心有不同看法,也应先按下急于反驳的冲动,以平和的口吻表达自己的想法:"我理解你的想法,很有创意,不过我在想,如果我们能再结合老年人的健康状况和口味偏好来调整一下,是不是会更贴近实际需求呢?"这样的交流方式,既尊重了对方的意见,又提出了建设性的建议,有助于团队形成更完善的方案。同时,要避免使用那些带有绝对否定意味的措辞,如"你根本不懂老年人的营养需求"。这类话语无异于给同事贴上标签,不仅伤害了对方的自尊,也破坏了团队的和谐氛围。相反,通过真诚地分享自己的专业知识、经验和建议,能够增进同事间的相互理解和信任。

(2) 学会表达感谢

在工作中不要把同事的好,视为理所当然,要知道感恩,并向帮助者表达感谢。工作中养成对同事说"谢谢"和"谢谢你"的习惯。但要注意的是,表达感谢一定要真诚,千万不要虚情假意。在老年服务机构中,每一位员工都是维系机构正常运转不可或缺的一环。无论是护理员细心地为老年人擦拭身体、康复师耐心地指导老年人进行康复训练,还是后勤人员默默无闻地保障着各项物资供应,他们的付出都值得被看见和感激。因此,当同事之间相互协作,共同完成一项任务或解决一个难题时,不妨养成及时表达感谢的习惯。比如,当护理部的小张在忙碌中帮助同事小李一起完成了对一位特殊需求老年人的特别护理后,小李可以真诚地对小张说:"小张,真是太感谢你了!有你的帮助,我们这次的工作才能这么顺利完成。你的专业精神和团队精神让我深受感动。"这样的感谢不仅让小张感受到了自己的价值被认可,也进一步加深了两人之间的友谊和信任。同时,表达感谢时,真诚的态度至关重要。虚假的客套话不仅无法传达真正的感激之情,反而可能让同事之间产生隔阂。

(3) 学会适当赞美

大部分人都是喜欢被赞美的。卡耐基说:"人性的弱点之一就是喜欢别人的赞美。"赞美对于每个人来说,始终不会是一件被人拒绝的坏事,在工作中受到真诚夸赞的人,可能会因为一句溢美之词变得更加奋发上进,更加积极。在某养老院,王阿姨是公认的细心护理典范。某天,新入职的小李在协助王阿姨为一位行动不便的老年人翻身时,目睹了王阿姨不仅动作轻柔,还细心地为老年人调整枕头高度,确保老年人舒适。小李不由自主地对王阿姨说:"王阿姨,您真的太专业了!看您照顾老年人,每一个细节都考虑得那么周到,我真是学到了很多。有您这样的前辈在身边,我感觉自己成长得特别快。"王阿姨听后,微笑着回应:"小李,你也很棒,上手快又用心,咱们一起努力,让老年人们过得更舒心。"由此可见,真诚的赞美不仅能增进同事间的相互尊重与理解,还能激发团队的凝聚力与向心力,共同促进老年服务质量的提升。

一、理论测试

请扫描二维码,完成知识测试。

二、案例分析

在一家养老机构中,护理员小李和小张负责同一楼层老年人的日常照护工作。最近,机构新来了一位患有阿尔茨海默病的老年人,需要特别关注。小李认为应该给这位老年人制定专门的照护计划,包括增加陪伴时间、设置特殊的标识等。而小张觉得按照常规照护方式就可以,没必要单独制定计划,这样会增加工作量。

思考:

(1) 分析小李和小张产生分歧的原因。

(2) 如果你是小李,你会如何与小张沟通来解决这个分歧?

(3) 从这个案例中可以总结出哪些与平级沟通的要点?

三、能力训练

1. 你和同事小王共同负责组织一场老年人的生日会。小王提出的方案比较传统,而你认为应该加入一些新的元素,如邀请老年人的家属通过视频送上祝福、安排一些互动游戏等。请模拟你与小王沟通的过程,争取达成共识。

2. 分别扮演养老机构的新员工和老员工。新员工对工作流程提出了一些改进建议,老员工则认为新员工不了解实际情况,这些建议不可行。通过角色扮演,感受双方的心态,然后探讨如何建立良好的沟通关系,共同推动工作的改进。

任务 4 跨专业团队沟通

情境案例

某医养结合机构为了帮助癌症老年人缓解心理上承受的压力和病痛折磨,组建了一个由医生、护士、护理员和社会工作者等专业人员共 10 人组成的跨专业陪伴小组。小组的工作中心任务包括:设计符合癌症老年人需求的陪伴服务方案,实施陪伴服务以及总结服务经验。在癌症老年人群中,有一位 80 岁高龄的刘奶奶,自己并不知道身患癌症,家人也不希望让她知道事实。

思考: 你作为跨专业陪伴小组的一名参与者,应该如何与团队成员沟通,从而为这位老年人提供陪伴服务的方案。

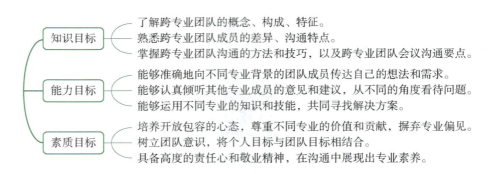

知识储备

知识点一：跨专业团队

跨专业团队是跨部门沟通与协作的一种重要表现形式。团队的成员来自不同的部门和岗位，有着不同的专业背景和工作经历，但他们相互协作，代表各自的功能领域履行职责，进行决策。他们既是团队任务的执行者，又是决策参与者，把各自功能部门的需求传递到团队工作中，并把团队的要求反馈到功能部门。他们有共同的目标和愿景，可以凝聚团队的力量，形成强大的战斗力。

老年服务从业人员团队就是跨专业的团队。提供老年服务需要多学科团队协作，如医生、护理员、营养师、理疗师、行政人员等，他们都是老年服务从业人员团队的成员。

知识点二：跨专业团队中存在的成员差异

跨专业团队的成员，由于学习不同的专业知识，处于不同的岗位，具有不同的文化背景，以及性别和年龄不同，在价值观、信仰等方面也会存在诸多差异。这些差异使大家在兴趣爱好、语言表达及思考问题的方式等方面有所不同，在团队沟通时需要注意这些差异的存在。

1. 岗位差异

处于不同岗位的人所产生的认知会有很大的差异。不同岗位的人，其思考的问题、想解决的困难、想达成的结果都有所不同。老年服务团队中，医生通常从医学专业角度出发，更关注老年人的身体健康状况和疾病治疗，认为通过有效的医疗干预可以延长老年人的寿命和提高生活质量；护士则侧重于日常护理和康复护理，认为细致的护理和心理支持对老年人的康复至关重要；社会工作者的认知聚焦在老年人的社会交往和心理需求方面，认为老年人的孤独感和社交隔离是重要问题，要通过组织活动和提供心理疏导，帮助老年人建立社交网络，增强生活的幸福感；而养老机构的管理人员则从整体运营的角度看待问题，认为只有通过高效的管理才能确保老年服务的可持续发展。

这些由不同岗位带来的认知差异，既反映了不同专业的特点，也可能在团队沟通中带来挑战。与处于不同岗位的个体进行沟通时，应当认识到对方与自己的差异，对沟通内容进行细化，明确自身立场与对方立场的不同，并做好沟通闭环，确保信息有效传达。

2. 年龄差异

随着科技的迅速发展和社会环境的极大变化，不同年龄阶段的人网络运用能力和思维方式存在很大不同，因此不同年龄阶段的团队成员在沟通中容易产生障碍。

不同年龄阶段的人看待问题的方式、解决问题的手段、对问题的关注点都是有区别的。以语言沟通为例,年轻的员工喜欢快速、明确的沟通方式,对于权威的态度与年长的员工不同,他们可能不会因为职务级别而特别尊重上级,因而希望上级表达时不要绕弯子,特别是不要"打官腔",抵触"开大会"。如果在和他们的沟通过程中过多地强调自身的权威性,可能会产生反效果。所以,以平等的地位简明、及时地传达信息,令他们明白意图,可以很好地提高沟通效率。

3. 专业差异

读大学时,在不同的专业学习知识,用不同的视角、方法探索世界。世界上从来不缺某一领域的精英,却没有多少全能人才。对大多数人而言,专业的学习,不仅打开了通往本专业的大门,也关闭了学习其他专业知识的大门。学习不同专业知识的人相聚之时,如何避免因专业差异带来的沟通障碍,成为跨专业团队沟通需要考虑的问题。

在老年服务机构,跨专业知识融合至关重要,机构通过团队建设活动、交叉培训等方式,促进不同背景员工相互学习。例如,医疗人员学习沟通技巧以更好安抚老年人情绪,而社会工作者学习基础医疗知识以提供更全面的支持。此举有效打破了专业壁垒,减少了沟通障碍,共同为老年人提供更加全面、个性化的服务。

4. 性别差异

性别的不同给团队沟通带来的影响往往是两方面的,既有相斥的一面,也有相吸的一面。

在沟通目的、沟通习惯与沟通结果等方面,男性与女性有很大不同。在沟通目的上,男性说话、做事大多是为了解决问题,目的性较强;而女性说话、做事大多是为了沟通感情,期望建立良好的关系。在沟通习惯上,男性喜欢先讲结果,快速抓住重点马上解决;而女性则强调过程,将事情从头到尾说一遍,最后归纳事情的结果及原因。在沟通结果上,男性注重宏观层面,只要目的达成,很少注意细节;而女性则关注微观细节,要求细节全部完善。

在与异性沟通时,应当理解对方的差异,并自我调适。由于先天生理、心理的差异,男性和女性在沟通方式上有差别,这种差别不仅造成了不少不良沟通,甚至矛盾与误会也随之产生。

但同时,我们也要意识到团队沟通中存在的"异性相吸"。性别的差异除了会造成沟通冲突,还可以在团队沟通中形成互补。两个思维迥异的人在沟通中碰撞出新的火花。你有一个想法,我有一个想法,交换后每个人都有了两个想法。尤其是在工作场所,人们在心理上对异性的好感,能够有效提高团队沟通效率。

知识点三:跨专业团队的沟通技巧

1. 建立共同目标

在跨专业团队中,建立共同目标是确保有效沟通和协作的基石。以老年服务工作为例,当来自不同专业领域的成员汇聚在一起时,如医护人员、工程师、营养师、社会工作者等,他们各自带着不同的专业视角和工作重点。然而,只有明确了共同的目标,即提供优质、舒适、安全的老年服务,才能让大家心往一处想,劲往一处使。

十年打造"五星级"养老服务团队

对于医护人员来说,他们的目标是保障老年人的身体健康,及时处理疾病和提供日常护理。工程师则致力于为养老机构提供安全可靠的设施设备,确保环境的便利性和舒适性。营养师专注于为老年人制定合理的饮食计划,满足他们的营养需求。社会工作者的任务是关注老年人的心理状态和社交需求,组织各种活动促进他们的社会交往。当这些不同专业的目标统一在为老年人提供优质老年服务这一共同目标下时,团队成员就能更好地理解彼此的工作价值和意义。

例如,在规划养老机构的布局时,工程师需要与医护人员密切合作。医护人员根据老年人的行动能力和医疗需求,提出病房、治疗室等区域的位置和设施要求。工程师则运用专业知识,设计出既符合医疗需求,又便于施工和维护的布局方案。同时,营养师和社会工作者也可以参与进来,提出关于餐厅位置和活动空间设置的建议,以方便老年人的生活和社交。通过共同目标的引领,各专业成员能够充分发挥自己的优势,共同为实现优质老年服务而努力。

2. 学习对方专业知识

在跨专业团队中,学习对方专业知识是促进有效沟通和协作的重要途径。不同专业领域的成员由于知识背景和工作经验的差异,往往在沟通中会遇到理解障碍。通过主动学习对方专业知识,团队成员可以更好地理解彼此的工作内容和价值,从而减少误解,提高沟通效率。

以老年服务工作为例,医护人员可以学习一些工程技术方面的知识,了解养老机构的设施设备如何运行和维护。这有助于他们在提出医疗需求时,能够考虑到工程实施的可行性和成本效益。例如,当医护人员建议在病房安装某种医疗设备时,如果他们了解工程技术的限制和成本因素,就可以与工程师共同探讨更合适的安装方案。同样,工程师也应该学习一些医疗护理的常识,了解老年人的特殊需求和医疗流程,从而在设计和建设养老机构时,能更好地满足医疗功能的要求。比如,工程师在设计卫生间时,可以考虑到老年人的行动不便,采用无障碍设计,方便医护人员进行护理工作。

此外,营养师、社会工作者等其他专业成员也可以相互学习。营养师可以了解一些社会工作的方法,以便在制定饮食计划时,考虑到老年人的社交需求和心理状态。社会工作者可以学习一些营养知识,在组织活动时,结合饮食健康进行宣传和教育。通过学习对方专业知识,跨专业团队成员可以拓宽自己的视野,增强团队的整体实力,为老年人提供更全面、优质的老年服务。

3. 注意表达和倾听技巧

(1) 表达时清晰简洁

在跨专业团队中,清晰简洁的表达是确保信息准确传达的关键。由于不同专业的成员具有不同的知识背景和专业术语,使用过于复杂或专业的语言可能会导致误解和沟通障碍。因此,在表达自己的观点和想法时,应尽量避免使用专业术语,用通俗易懂的语言阐述观点。

例如,在老年服务工作中,工程师在向其他专业成员介绍设施设备的技术参数时,不应仅仅使用工程术语,而应该用简单明了的语言解释这些参数对老年人生活的影响。比如,工程师可以说:"这个设备的功率比较低,意味着它运行时比较安静,不会打扰到老年人的休息。"这样的表达更容易被其他专业成员理解。

同时,可以结合具体例子、图表等辅助说明,使抽象的概念更加直观。比如,营养师在介绍某种营养成分的作用时,可以用日常生活中的食物举例,如"维生素C可以增强免疫力,像橙子、柠檬等水果中就富含维生素C"。或者使用图表展示不同食物的营养成分含量,让其他成员一目了然。

(2) 倾听时全神贯注

倾听是沟通的重要环节,在跨专业团队中,全神贯注的倾听更是至关重要。不同专业的成员在表达自己的观点时,可能会使用不同的方式和语言,只有认真倾听,才能准确理解对方的意思。

当其他成员发言时,应给予充分关注,不打断对方。通过眼神交流、点头等方式表示在认真倾听,让发言者感受到尊重和重视。例如,在团队讨论中,当医护人员讲述老年人的健康状况和护理需求时,其他成员应专注地倾听,不要随意打断或分心。

理解对方的观点后,可以用自己的话复述一遍,确保准确理解。这不仅可以让发言者确认自己的观点被正确理解,还可以帮助倾听者进一步加深对内容的理解。比如,社会工作者在听完工程师介绍设施设备的改进方案后,可以说:"你的意思是通过安装这个新设备,可以提高老年人的生活便利性,对吗?"这样的复述可以避免误解,为进一步的讨论和协作奠定基础。

4. 换位思考

在跨专业团队中,换位思考是促进理解和合作的重要技巧。由于不同专业的成员具有不同的视角和工作重点,往往会在沟通中产生分歧。通过换位思考,站在其他专业成员的角度去思考问题,可以更好地理解对方的观点和需求,减少冲突,提高沟通效率。

以老年服务工作为例,设计师在设计养老机构的室内布局时,可能会更注重美观和舒适性。而工程师则更关注设施设备的安装和维护便利性。如果设计师能够换位思考,理解工程师的需求,在设计过程中就可以考虑到设备的安装位置和维护通道,避免后期出现施工困难。同样,工程师也应该站在设计师的角度,考虑设计的整体风格和老年人的使用体验,提出合理的技术建议。

在老年服务领域,各专业人员都应站在老年人的角度感受他们的需求和困难。医护人员要理解老年人对健康的担忧和对医疗服务的期望,提供更加贴心的护理。社会工作者要体会老年人的孤独感和社交需求,组织丰富多彩的活动。营养师要考虑老年人的口味偏好和消化能力,制定营养均衡的饮食计划。通过换位思考,跨专业团队成员可以更好地为老年人服务,提高老年服务的质量。

5. 有耐心会变通

（1）保持耐心

在跨专业团队中,保持耐心是解决沟通障碍和冲突的关键。由于不同专业的成员具有不同的思维方式和工作节奏,在沟通中可能会出现理解困难或意见分歧。这时需要保持耐心,不急躁、不抱怨,通过反复沟通和协商,逐步解决问题。

例如,在老年服务工作中,工程师和设计师在设施设备的外观设计上可能会产生分歧。工程师更注重设备的性能和稳定性,而设计师则更追求美观和创新性。在这种情况下,双方不应急于争论对错,而应该保持耐心,认真倾听对方的观点和理由。可以通过多次讨论、实地考察等方式,共同寻找既满足性能要求,又设计美观的解决方案。

同时,当面对其他专业成员的疑问和不理解时,也应耐心解答。比如,医护人员可能对工程技术方面的问题不太了解,工程师应耐心地解释设备的工作原理和使用方法,帮助医护人员更好地使用和维护设备。

（2）学会变通

在跨专业团队中,学会变通是打破沟通障碍和实现合作的重要策略。不同专业的成员往往有固定的思维模式和工作方法,当遇到冲突时,不能固执己见,要学会从其他专业的角度思考问题,灵活调整自己的观点和方法。

例如,在产品设计过程中,设计师与工程师在产品外观和功能实现上产生矛盾。设计师可能坚持自己的设计方案,认为外观是产品的重要卖点。而工程师则认为设计过于复杂,难以实现技术要求。在这种情况下,双方可以共同探讨折中的方案,既满足设计美感又确保技术可行。比如,可以简化设计细节,或者采用新的技术手段来实现设计效果。

在老年服务等复杂领域的跨专业团队中,有耐心、会变通的技巧尤为重要。各专业背景的人只有通过耐心沟通和灵活变通,才能更好地协同工作,为老年人提供更优质的服务。

知识点四：跨专业团队沟通的注意事项

1. 避免专业傲慢

每个专业都有其独特的价值和重要性,但在跨专业团队中,不能因为自己的专业而表现出傲慢的态度。一些专业人士可能会认为自己的领域更为复杂或重要,从而轻视其他专业的贡献。例如:工程师可能觉得自己的技术知识高深,而对市场营销人员的工作不屑一顾;医生可能认为自己的医学专业权威性高,对护理人员的建议不予重视。这种专业傲慢会破坏团队的和谐氛围,引发其他成员的反感,导致沟通障碍。

2. 忌用专业术语"轰炸"

不同专业有其特定的术语和行话,但在跨专业沟通中,过度使用专业术语会让其他成员感到困惑和疏离。比如,计算机程序员在与设计师沟通时,如果频繁使用编程术语,设计师可能完全不明白其含义,从而影响沟通效果。团队成员应该尽量使用通俗易懂的语言,避免专业术语的过度堆砌,以便让不同专业背景的人都能理解。

3. 不要固执己见

跨专业团队的优势在于能够集合不同专业的视角和思维方式,共同解决问题。然而,如果成员过于固执已见,不愿意听取其他专业的意见,就会阻碍团队的进步。例如,在产品设计过程中,工程师可能坚持某种技术方案是最优的,而忽略了设计师对用户体验的考虑和市场人员对市场需求的分析。这种固执会导致团队无法达成共识,浪费时间和资源。

4. 避免情绪化沟通

在跨专业团队中,由于观点不同或工作压力等原因,可能会出现冲突和争论。但在沟通中,一定要避免情绪化的表达。情绪化的沟通会使问题变得更加复杂,破坏团队的合作关系。比如,当团队成员对某个方案产生分歧时,如果一方情绪激动,大声指责对方,就会引发对方的反感和抵触,使讨论无法继续进行。应该保持冷静和理性,以客观的态度分析问题,寻求解决方案。

5. 杜绝信息隐瞒

跨专业团队的成功依赖于信息的共享和透明。如果成员隐瞒重要信息,会导致其他成员做出错误的决策,影响团队的整体效果。例如,在项目执行过程中,某个成员发现了一个潜在的风险,但因为担心承担责任而没有及时告知团队,可能会在后期给项目带来严重的后果。团队成员应该秉持诚实和负责的态度,及时分享信息,共同应对问题。

跨专业团队沟通如何避免情绪化

一、理论测试

请扫描二维码,完成知识测试。

二、案例分析

某养老机构为了更好地帮助老年人建立老有所乐、老有所为的居住环境和氛围,成立了一个老年大学。在老年大学里,很多教师都是社会招募的志愿者,机构聘请王浅作为老年大学志愿者管理小组的负责人。王浅主要负责组建志愿者小组,进行志愿者小组内的角色分工,协调志愿者小组服务安排及服务反馈等工作。在志愿者团队工作的过程中,有一位志愿者在团队沟通分享会上提出要给英语班的老年人每人捐赠一台"念佛机",这个建议遭到部分志愿者的反对,分享会上发生了激烈的辩论。

请问,王浅作为团队管理负责人,应该如何应对这种突发的状况,并促使团队成员的意见达成一致?

三、能力训练

1. 角色扮演

场景:一个养老社区正在规划新的服务项目,成员包括医生、养老照护师、康复师、社会工作者和志愿者。

角色分配:

(1)医生:强调医疗服务的重要性,如定期体检和疾病治疗。

(2)养老照护师:关注日常护理和病情观察。

(3)康复师:重视老年人的康复训练和功能恢复。

(4)社会工作者:考虑老年人的心理需求和社交活动。

(5)志愿者:提供陪伴和生活帮助。

任务:进行一场团队讨论,模拟在项目中如何沟通和协调各方意见,为老年人制定一个全面的服务计划。

2. 沟通技巧训练

（1）给出一段老年服务跨专业团队沟通的场景描述，其中存在沟通不畅的问题。让团队成员分析问题所在，并提出改进的沟通方法。

（2）进行沟通模拟练习，团队成员分成不同专业小组，模拟向其他专业小组介绍自己的工作内容和对老年服务的贡献。观察沟通效果，总结经验教训，提高沟通能力。

项目七

老年服务从业人员与老年人及其家属的沟通

项目导学图

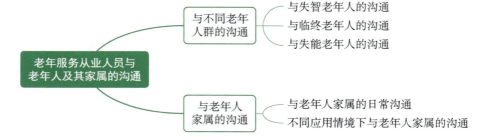

任务1 与不同老年人群的沟通

情境案例

郭爷爷,65岁,退休教师,两年前老伴去世后同儿子一起居住,平素喜欢看书读报。近年来感觉视力和听力下降明显,看东西很模糊,听不清别人说话,活动时经常出现磕碰的情况。而儿子因工作繁忙、无暇照顾,将郭爷爷送到养老院。进入养老院后,郭爷爷情绪消极,郁郁寡欢,常听不清其他老年人的聊天内容,也插不上话,平时常独来独往,对周围环境很不适应。儿子每周打电话来问候,郭爷爷说两句话便挂掉电话。近日来,郭爷爷整天待在房间里,情绪非常低落,经常莫名发脾气。

思考:郭爷爷存在哪些沟通问题?照护人员应如何与郭爷爷进行有效沟通?

学习目标

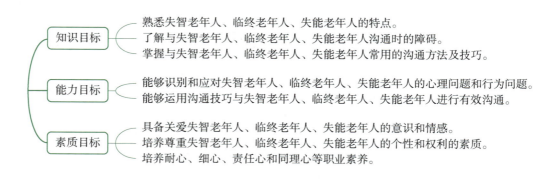

知识储备

知识点一：失智症与失智老年人的特点

失智症是一种以脑萎缩、变性为主的脑部广泛退行性病变,表现为以认知功能障碍为主要特点的一系列症候群。其特征常表现为人格和行为改变,并伴随视空间机能损害、语言不利、记忆减退等功能性障碍。失智症以老年失智症最常见,发病人群以 65 岁以上的老年人为主。失智症是个不特定的概括名词,也称认知障碍等。

失智老年人的分期

1. 认知功能障碍

认知是人脑接受外界信息,经过加工处理,转换成内在的心理活动,从而获取知识或应用知识的过程（包括记忆、语言、视空间、执行、计算和理解判断等方面）。认知功能障碍是指上述几项认知功能中的一项或多项受损,并影响个体的日常生活或社会工作能力。失智老年人常见的认知障碍主要包括以下几个方面：

（1）感知障碍

感知发生异常变化或明显失常时,统称为感知障碍。老年人随着年龄的增长,身体各项功能也随之衰退,加之各种慢性疾病对身体所造成的伤害,出现明显感知错误并不奇怪。但一般说来,感觉障碍减退、消失或感觉过敏,常是一些疾病的症状,尤以神经系统疾病多见。知觉障碍主要为错觉、幻觉和知觉综合障碍,是常见的心理现象。这类知觉障碍对老年人的情绪和行为有很大影响,可引起惊恐、拒食、出走、自杀或攻击行为。

（2）记忆障碍

记忆障碍是失智症的核心症状,开始时往往很轻微,在相当一段时间内不被人注意。开始时是对新近发生的事情的记忆（近事记忆）减退,而对以前发生的事情的记忆（远事记忆）则记忆较为清晰。表现为东西常常放错或丢失、购物忘记付款、交谈一会儿就忘了开头说了什么,因此难以进行语言交流。随着病程进展,远事记忆也逐渐受累,并随时间的推移而逐渐加重,记不住自己的出生年月、家庭住址和结婚时间、参加工作时间等生活经历,严重时连家里有几口人,他们的姓名、年龄都不能准确回答,日常生活和工作能力全面下降,不能适应周围环境。

（3）思维障碍

多为非系统的思维内容障碍,可出现妄想症状,如被窃妄想、被害妄想、贫穷妄想,以及嫉妒妄想。其中,由于失智老年人容易忘记物品的放置位置,因此认为物品被窃是最常见的妄想,严重时确信有人入室偷窃。失智老年人的妄想往往不系统、结构不严密,时有时无,变化多端。

2. 人格和行为改变

随着病情进展,失智老年人出现复杂的人格改变和社会行为衰退,如冷漠、自私、好斗、不再谦虚、礼貌行为减少,人格障碍更为突出,如忽视个人卫生、随地大小便、不注重仪表,甚至赤身漫步等。有的失智老年人饮食模式发生改变,饮食过度无节制,喜食甜食,将不可食的东西放入口中品尝,如吞食肥皂等。日常生活的灵活性逐渐丧失,变得刻板,如过分守时,说话不许他人打断等。部分失智老年人出现说话减少,不主动讲话,对问话回答简短。

3. 社会生活功能减退

失智老年人由于记忆、判断、思维等能力的衰退而造成日常生活能力明显下降,逐渐需要他人照顾,对他人的依赖性不断增强。早期由于近事记忆受损,老年人学习新知识、掌握新技能的能力下降,遇到不熟悉的工作时容易疲乏、沮丧与激怒。此时受到损害的主要是职业活动和社交活动。老年人失智程度进一步发展,工具性日常生活能力受到损害,不能独自打电话、乘车外出、按时按量服药等,买东西时搞不清价格,做不好饭菜,洗不干净衣物,只能做些扫扫地、拣拣菜等简单的家务。此时失智老年人虽然已不能独立生活,但基本生活尚能自理。到了中晚期,基本生活自理能力逐步受损直至丧失,穿衣、梳洗、行走、洗澡、上厕所等都发生困难,生活需要人照顾。

知识点二:与失智老年人的沟通

由于失智老年人记忆力减退、理解与表达能力下降等,其经常会感到失落、沮丧与苦恼,并且易受忧郁、悲伤、愤怒等不良情绪的影响。因此,身为照护者,应通过有效的沟通,为失智老年人营造一个充满关爱与亲情的环境,以此来提高失智老年人的晚年生活质量。

1. 与失智老年人沟通的基本原则

(1) 尊重失智老年人的感受

与失智老年人沟通时,尊重他们的感受至关重要。失智老年人虽然认知能力有所下降,但他们的情感依旧敏锐。要耐心地倾听他们磕磕绊绊的话语,即使表达不清也不要轻易打断,让他们尽情倾诉。用温和的语气和他们交流,避免大声呵斥或表现出不耐烦,以免让他们感到不安。尊重他们的选择和决定,哪怕是很小的事情,这能让他们体会到自身的价值。理解他们可能出现的情绪波动,给安慰和鼓励。通过尊重他们的感受,可以让失智老年人感受到关爱和温暖,有助于建立良好的沟通关系,提升他们的生活质量,让他们在人生的特殊阶段也能拥有尊严。

(2) 给失智老年人表达的机会

与失智老年人沟通时,一定要给他们表达的机会。失智老年人常常在记忆和认知方面面临困境,但他们依然有表达自己的渴望。耐心地等待他们组织语言,不要急于替他们说出想法。即使他们的表达不清晰或不准确,也要认真倾听,通过眼神交流和点头等方式给予回应。鼓励他们分享自己的感受、回忆或日常琐事,这不仅能让他们感受到被尊重和关注,还能帮助他们维持一定的语言能力和思维活跃度。给失智老年人表达的机会,能让他们在沟通中找到存在感,增强他们的自信心,为他们的生活增添更多温暖和色彩。

(3) 接受而不是改变

对待失智老年人,应该接受而不是改变。失智老年人在认知和行为上的变化是疾病所致,并非他们刻意为之。要接受他们记忆力减退、情绪波动、行为异常等情况,不要试图强行改变他们。接受意味着理解他们的困境,以包容的心态去陪伴他们。当他们忘记事情时,不要责怪,而是耐心提醒;当他们情绪不好时,给予安抚。接受他们的现状,能让老人感受到温暖和安全,减少他们的不安和焦虑。用爱去接纳失智老年人,在他们逐渐失去记忆的世界里,成为他们可以依靠的港湾。

(4) 保持同理心

失智老年人生活在一个逐渐模糊的世界里,他们可能忘记了很多事情,也可能在行为和情绪上出现各种问题。应该设身处地去理解他们的感受,想象自己处于他们的境地会有怎样的困惑和无助。当他们重复询问同一个问题时,不要厌烦,而是要像第一次听到那样耐心回答。当他们感到恐惧或焦虑时,给予温暖的拥抱和安慰。保持同理心能让我们更好地照顾失智老年人,用真心去关爱他们,让他们在艰难的时光里感受到人性的温暖和关怀。

(5) 不要随意哄骗失智老年人

与失智老年人沟通时,不要随意哄骗他们。失智老年人虽然认知能力下降,但他们依然能感受到真诚与欺骗。随意哄骗可能会让他们在当下暂时平静,但一旦发现被欺骗,会产生不安和不信任感。应始终以诚实和尊重的态度与他们交流,即使事实可能让他们一时难以接受,也可以用温和的方式慢慢解释。比如,当他们询问已经去世的亲人时,可以与他们回忆过去的美好时光,而不是编造谎言。这样才能建立起良好的沟通关系,让失智老年人感受到被尊重和关爱,有助于他们在相对稳定的情绪中度过这段特殊的时光。

(6) 耐心陪伴与爱护失智老年人

失智老年人的世界充满了困惑与迷茫，他们可能不断重复话语或行为，此时需要我们给予无尽的耐心。陪伴在他们身边，认真倾听每一个字，用温暖的笑容和轻柔的话语回应。爱护他们如同爱护珍贵的宝物，关注他们的每一个需求。当他们感到害怕时，紧紧握住他们的手给予安全感；当他们疲惫时，为他们创造舒适的休息环境。耐心的陪伴与爱护能让失智老年人感受到生活的美好与温暖，让他们在疾病的困扰下依然能体会到人间的真情，为他们的晚年增添一抹温馨的色彩。

2. 与失智老年人的沟通策略

（1）为失智老年人打造安静舒适、私密祥和的沟通环境

与失智老年人沟通前首先要注意减少环境干扰。嘈杂的声音会影响失智老年人在交流时的注意力，导致老年人很难说出内心的真实想法，不便于照护者及家属了解老年人真实的内心世界。因此，一个安静舒适、私密祥和的沟通环境，在与失智老年人沟通时十分重要。

（2）对失智老年人怀有共情的沟通心态

共情疗法是对失智老年人进行康复与治疗时常用的方式。同样，在与失智老年人沟通时，也可以利用共情的技巧将自己放在老年人的位置上，去领悟他可能的想法和感受。用直觉去思考他在说什么或感觉怎样，再询问老年人是否同意你的理解。对于失智老年人目前的感知觉障碍，处理应委婉妥当，老年人坚信错的或不存在的事情时，不要与之争论。例如，当一位丧子的老年人说，他盼望着儿子不久能回家，照护者恰当的回应为："您一定很疼爱您儿子，有时甚至觉得他仍在这里。如果是我的话，也会有跟您同样的想法。"如果照护者明白或含蓄地表示同意他儿子会"回家"，则会增强老年人错误的期待或导致老年人更多的失望，但若断然地告诉她"您儿子已经不在了"，则可能增加老年人的焦虑痛苦。

（3）及时给予失智老年人认同并适时赞美

给予失智老年人认同并适时赞美，能为他们的生活带来温暖与希望。失智老年人常常对自己的能力产生怀疑，此时一句认同的话语如同一束光，照亮他们的内心。当他们努力完成一项简单的任务时，比如，自己穿衣、吃饭，及时给予赞美，让他们感受到自己的价值。认同他们的感受和经历，即使他们的记忆出现偏差，也不要否定，而是耐心倾听并表示理解。"您做得真棒！""您今天看起来很精神！"这些赞美之词能让老年人心情愉悦，增强他们的自信心。在与失智老年人相处的过程中，不要吝啬认同与赞美，要用积极的语言为他们营造一个充满爱和鼓励的环境，让他们在疾病的困扰下也能拥有美好的时光。

（4）把握失智老年人重复语言的交流契机

与失智老年人沟通时，要把握他们重复语言的交流契机。失智老年人常常重复话语，这并非无意义的行为，而是他们试图表达内心需求或回忆的方式。当他们重复时，不要厌烦或打断，而是耐心倾听。这可能是他们在寻求关注、确认某些信息或者重温过去的记忆。通过回应他们的重复语言，可以开启更深层次的交流。例如，老年人反复说"我要找妈妈"，照护人员可以顺着话题聊聊其童年或与家人的故事。把握这个交流契机，能让老年人感受到被理解和关心，也有助于更好地了解他们的内心世界，为他们提供更贴心的陪伴和照顾。

（5）利用怀旧等技巧唤醒记忆

相对于长期记忆，失智老年人的短期记忆更易受到影响。相对于刚刚发生的事情，失智老年人可能更容易记住很久之前发生的事情。例如，他们能够回忆起童年时的一首歌曲，却难以记起刚刚午饭吃了什么。照护者可以以老照片、职业、喜好及生活中的重要事件为提示，让失智老年人谈谈过去的事情，更好地激起老年人对过往的回忆，也能让失智老年人感受到照护者对其的关注，营造良好的沟通氛围。

（6）观察失智老年人神态、动作，理解其意义

失智老年人因为记忆力下降及各项感知觉障碍，往往会对照护者产生较强的防备心理或不能准确表达自己心中所想，从而导致沟通信息的准确率下降，甚至对自己产生否定的情绪。在这种情况下，照护者便要留心观察老年人的表情、音调及动作，以便作出适当反应及提示。老年人回答时，给予适时鼓励，如

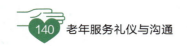

微笑、点头、口头赞赏等。要表现出对老年人的话语很感兴趣,并鼓励其继续说下去。

(7) 让失智老年人做力所能及的事情

虽然失智老年人存在认知障碍,但他们仍然具备一定的生活能力。俗话说"用进废退",让失智老年人继续尽可能多地做能力范围内的事情,可以让他们保持活跃,甚至能够帮助他们延长保持能力的时间。因此,照护者在做好各项专业的能力评估后,应鼓励失智老年人去做其还能够完成的事情,耐心陪伴,并在必要时提供支持。

3. 与失智老年人的沟通技巧

与失智老年人进行沟通不仅需要遵守以上基本要求,同时也需要具备一定的沟通技巧。

(1) 保持正确的沟通态度

照护人员应以正向、积极、热情的态度与老年人沟通,保持微笑、友好,细心周到,善于倾听,温暖且有耐心地对待老年人,能够与老年人共情,领悟其想法和感受。

(2) 耐心倾听

与失智老年人沟通时,耐心倾听是非常重要的技巧。失智老年人在表达上往往会出现迟缓、重复或者不清晰的情况。这时候,照护人员要有足够的耐心,给予他们充分的时间去组织语言和表达自己的想法。不要因为他们说话慢就急于打断,或者表现出不耐烦,因为这样会让老年人感到沮丧和不被尊重。当老年人在讲述时,可以用专注的神情看着他们,适当地给予点头、微笑等肢体语言回应,让他们知道照护者在认真听。耐心倾听不仅能让老年人感受到被关注和尊重,还能帮助照护人员更好地了解他们的需求和内心世界,从而更好地与他们沟通和交流。

(3) 使用简单清晰的语言

使用简单、直接的语句与失智老年人沟通能极大地提高交流效果。避免使用复杂的语法结构和生僻词汇,因为老年人可能难以理解。说话的语速要慢一些,让他们有足够的时间去接收和处理信息。音量也要适中,既不能太大让老年人感到不适,也不能太小导致他们听不清。例如,可以说"我们去吃饭吧",而不是"现在是用餐时间了,我们一起前往餐厅进行进食活动吧"。用简洁明了的语言能让老年人更容易理解照护人员的意思,减少沟通障碍。同时,还可以根据老年人的反应调整语言表达方式,确保他们能够听懂。

(4) 重复和确认

对于重要的信息,重复几遍可以帮助失智老年人更好地记住和理解。比如,当照护人员告诉老年人要按时吃药时,可以重复说"记得吃药哦,中午吃完饭要吃一次药,晚上睡觉前也要吃一次药"。同时,不时的确认老年人是否听懂了照护者的话也很重要。可以通过提问的方式,如"我说的您明白了吗?"或者让老年人重复一遍来确认他们的理解程度。如果老年人没有理解,则可以换一种方式再次解释,直到他们明白为止。重复和确认可以避免误解,确保老年人能够正确地执行指令或者了解传达的信息。

(5) 利用非语言沟通

非语言沟通在与失智老年人的交流中起着重要的作用。温柔的触摸、温暖的微笑、亲切的眼神交流都能传达关爱和支持。握住老年人的手可以让他们感到安心和被关心;轻拍他们的肩膀则可以给予他们鼓励。此外,还可以通过肢体动作来辅助语言表达,比如,用手指向某个物品或者做出一个动作来示意老年人。非语言沟通不受语言障碍的影响,即使老年人无法理解语言,也能通过肢体语言感受到照护者的情感和意图。在与失智老年人相处时,要多运用非语言沟通方式,让他们感受到照护人员的关爱和陪伴。

(6) 把握话题

如果失智老年人陷入重复的话题,可以巧妙地引导话题转向他们感兴趣的其他方面。这需要照护人员观察老年人的喜好和兴趣点。比如,如果老年人喜欢回忆过去,可以引导他们谈论过去的美好经历,说:"您年轻的时候最喜欢做什么呀?"如果老年人对美食感兴趣,可以谈论他们喜欢的食物,说:"您最喜欢吃什么菜呢?"通过把握话题,让老年人的交流更加丰富和有意义,避免陷入单调的重复中。同时,也能

文档

沟通案例:
想回家的
李奶奶

让老年人感受到照护者对他们的关注和关心。

4. 与失智老年人沟通的禁忌

与失智老年人沟通时，有一些禁忌需特别注意，以免伤害他们的感情，破坏沟通氛围。

（1）忌急躁和不耐烦

失智老年人思维与反应速度往往很慢，他们可能需很长时间才能理解话语，或反复询问同一个问题。此时，绝不能表现出急躁与不耐烦，否则会让老年人感到不安与被嫌弃。应保持耐心，用温和语气与之交流，给予他们充足时间回应。

（2）忌批评和指责

失智老年人可能做出不当行为，如忘记事情、弄脏衣服等。不可批评指责他们，因为这并非他们故意为之，而是疾病所致。要理解他们的处境，给予关爱与支持，帮助他们解决问题。

（3）忌使用复杂语言和专业术语

失智老年人认知能力下降，无法理解复杂语言和专业术语。应使用简单、易懂的语言交流，避免用生僻词汇和长句子。同时，注意语速不可太快，让老年人有足够时间理解话语。

（4）忌强行纠正老人的错误

失智老年人可能出现记忆错误或认知偏差，他们或许会坚持自己的错误观点。这时，不能强行纠正，否则会让老年人感到沮丧和失落。可用温和方式引导，让他们自己发现错误，或暂时顺应他们的观点，避免引起冲突。

（5）忌忽视老人的情感需求

失智老人虽认知能力下降，但情感需求依然存在。他们可能感到孤独、恐惧、无助等。应关注老年人的情感变化，给予足够关爱和陪伴，让他们感受到温暖和安全。

（6）忌虚假承诺

不能为了暂时安抚失智老年人而随意作出无法兑现的承诺。一旦承诺无法实现，会让老年人感到失望和被欺骗，进而失去对他人的信任。

总之，与失智老年人沟通需有足够耐心、爱心和细心，避免犯上述禁忌，才能建立良好沟通关系，让老人感受到尊重和关爱。

知识三：临终老年人及其特点

临终老年人由于备受疾病折磨，强烈的求生欲望和对死亡的恐惧会产生一系列复杂的心理变化，甚至出现反常行为和显著的性情变化。临终老年人一般会经历否认、愤怒、妥协、抑郁和接受五个心理变化阶段，在每个阶段都有着不同的心理反应，掌握不同心理阶段的沟通技巧，有助于临终老年人安详地走完人生旅途，使老年人达到"优逝"的目的。

安宁疗护

1. 否认阶段

当老年人得知自己患了难以治愈的严重疾病，即将走到生命终点时，常常没有思想准备，其典型的反应是震惊和否认，如："不可能是我，你们弄错了！"否认是人们遭遇重大不幸事件时产生的心理防御措施，一定程度上能缓冲该事件对老年人造成的伤害，而老年人并没有因为年龄的增长就减弱了对生的渴望，这时期的老年人往往会到各大医院重复检查，在条件允许的情况下找最好的医生，对诊断结果抱有侥幸心理，期待奇迹出现。

2. 愤怒阶段

当老年人认识到自己患病是不争的事实，残酷的现实打破了保护性的否认，往往会表现出愤怒情绪如："为什么是我！""这不公平！"这些想法会使得老年人与他身边的人群形成矛盾："我是将死之人，你们是快乐的健康人。"这种瞬时的心态失衡使得老年人常常迁怒医护人员和家人，以此来发泄心中的恐惧和不满情绪。

3. 妥协阶段

此期的老年人已经不得不接受面对即将死亡的事实,但求生的欲望使他们愿意配合治疗,试图与医生磋商,请求医生想尽一切办法去治疗疾病,以求延长生命。老年人的心情逐渐平静,不再抱怨和愤怒,开始理智地考虑一些现实问题,这时候,他们可能会对医护人员说:"如果我配合治疗,能否有希望治愈?""只要让我好起来,我一定把存款捐给你们医院。"此期的老年人对治疗积极,非常合作和顺从。

4. 抑郁阶段

当积极配合治疗无果,老年人面对日益恶化的身体状况和越来越明显的症状,意识到无法阻止死亡来临时,老年人开始产生强烈的失落感和绝望心理,出现退缩、悲伤、沉默寡言、哭泣、忧郁、消沉等反应,甚至产生轻生的念头。有的老年人开始交代后事或者想要会见亲友。

5. 接受阶段

这是临终老年人的最后阶段,这时大多数临终老年人都抱着"既然轮到我,那就好好去面对吧"的心态来接纳死亡。他们恐惧、焦虑和痛苦的情绪逐渐消失,情绪变得平静、安详,能够以平和的心态来面对即将死亡的事实,此时的他们喜欢独处,对外界反应淡漠,情感减退。有的老年人进入嗜睡状态,静待死亡的到来。

临终老年人心理发展的个体差异很大,部分临终老年人只存在某一种或几种心理反应,即使五种心理表现都存在,其表现顺序也有可能颠倒或反复,因此正确认识临终老年人各阶段的心理反应并灵活地加以应对,对于沟通而言尤为重要。

知识点四:与临终老年人的沟通技巧

在学习沟通的技巧前,必须牢记与临终老年人沟通最重要的原则:爱与陪伴。照护人员要用爱去接纳临终老年人所有的情绪状态,不分析、不评判、不下定义,坚定地用爱陪伴他们。

1. 与临终老年人沟通的基本原则

(1) 有效倾听

照护者与临终老年人沟通时要采取合适的距离,靠近老年人,目光真诚且柔和,可以通过手牵手交流来增加彼此的信任。照护者在倾听临终老年人讲话时,不要用自己的判断和理解去随意打断老年人,应当鼓励老年人深入话题,专心倾听,微微点头,轻声应和:"哦,是这样的,您接着说……"切忌东张西望、不耐烦,否则会使得沟通困难。

(2) 尊重原则

热情、理解、无条件接纳临终老年人,不强求他们做任何自己不愿意做的事情。尊重临终老年人的性格、生活习惯、宗教信仰、未完成的心愿或遗言等。照护工作中,还要注意保护老年人的隐私,即使在老年人意识丧失的状态下,也切忌在他们面前谈论影响自尊的话题。

(3) 共情原则

共情是指体验别人内心世界的能力。合理的共情能使照护者设身处地地理解临终老年人,从而更准确地把握老年人的心理状态。合理使用沟通技巧,将自己的共情传达给老年人,老年人会感到自身被理解,从而获得归属感和安全感。若照护者过多地立足于自身,没有进入临终老年人的角色情景,反而难以真正理解老年人的问题,可能会出现不耐烦、反感甚至是批评,这会使老年人感到失望,从而减少甚至停止自我的表达。

(4) 积极关注原则

照护者对临终老年人情绪要进行密切的关注,用积极的态度看待临终老年人,发现老年人身上乐观的一面,同时将所发现的这些正面信息告诉老年人,这样会促使老年人转向积极,减少消极情绪的产生。

(5) 灵活性原则

灵活性原则要求在和临终老年人沟通时不要死板教条，应根据具体情况随机应变，采取灵活多样的处理方式。根本目的就是让老年人开心、舒服、不留遗憾地走完生命的旅程。例如，一般情况下照护者要与老年人诚实沟通，但对于临终老年人，"善意的谎言"可以让老年人带着灿烂的微笑离开人间。

2. 与临终各心理变化阶段老年人沟通的技巧

(1) 与处于否认阶段的临终老年人沟通的技巧

照护者应具有坦诚、真实的沟通态度，不可欺瞒老年人病情，但也不要轻易揭穿老年人的防卫机制，注意保持与医护人员对老年人病情表述的一致性。坦诚温和地回答老年人对病情的询问，但不建议将病情和生存期限立即全部告诉老年人，而是结合老年人的性格、人生观来决定对其保密，还是告知真实情况。可先通过和老年人的试探性谈话，基于对其心理承受力的评估，然后有选择、逐步地告诉病情，以保存临终老年人心中一点希望。或者找机会用暗示方法逐步渗透，在交谈中因势利导，循循善诱，使老年人逐渐接受现实。这一阶段可以陪伴在老年人身旁，仔细倾听老年人的诉说，给予关心和支持，使他们感受到照护者的关怀。

(2) 与处于愤怒阶段的临终老年人沟通的技巧

照护者应认识到老年人的发怒是一种健康的适应性反应，应认真倾听老年人的心理感受，适当允许老年人以发怒、抱怨、不合作行为来宣泄内心的不满，但是需要注意预防意外事件的发生。可以提供适当的时间和空间，让临终老年人自由表达或发泄内心的痛苦和不满，照护人员持有宽容、理解的态度，做一个默默的守护者和倾听者。可以调节室内温湿度，播放宁静舒适的音乐，来转移老年人注意力，舒缓老年人的情绪。

(3) 与处于妥协阶段的临终老年人沟通的技巧

照护者应配合医务人员做出积极治疗与照护的姿态，主动地关心和指导老年人，加强照护，尽量满足老年人的需要，使老年人更好地配合治疗，以减轻痛苦，控制症状。照护者应鼓励临终老年人说出内心的感受，尊重老年人的信仰，积极教育和引导老年人，在交流沟通中渗透有关生老病死的教育，减轻他们的压力。

(4) 与处于抑郁阶段的临终老年人沟通的技巧

照护者应多给予老年人同情和照顾、鼓励和支持，经常陪伴老年人，积极引导老年人宣泄情感，减轻压力，允许其以不同的方式发泄情感，如忧伤、哭泣等。给予精神支持，尽量满足他们的合理要求，安排亲朋好友见面，并尽量让家属多陪伴在其身旁。应关注老年人的每一个细微变化，注意心理疏导和合理的死亡教育，预防老年人的自杀倾向。若老年人因心情忧郁忽视个人清洁卫生，照护者应协助和鼓励老年人保持身体的清洁与舒适。

(5) 与处于接受阶段的临终老年人沟通的技巧

针对这一阶段的老年人，应引导家属尊重老年人的意愿，不强迫与其交谈，家属可陪伴在老年人身边，在老年人弥留之际握着老年人的手。给予临终老年人安静、舒适的环境，减少外界干扰。积极主动地帮助病人了却未完成的心愿，继续给予关心和支持，认真、细致做好临终照护，让老年人在满足和开心中安详放心地离开人间。

3. 与临终老年人的沟通的注意事项

(1) 避免虚假安慰

不要为了让老年人暂时安心而给出不切实际的承诺或虚假的安慰。临终老年人往往更加敏感，一旦他们发现被欺骗，会感到极度的失望和痛苦，也会对身边的人失去信任。

(2) 忌表现出恐惧或厌恶

不能在老年人面前表现出对死亡的恐惧或者对他们身体状况的厌恶。这会让老年人觉得自己是一种负担，加重他们的心理压力。要保持镇定和平静，传递出积极的情绪。

（3）忌强行改变话题

当老年人在谈论一些沉重的话题，如对死亡的恐惧、对家人的牵挂等，不要强行把话题转移到轻松的方面。这会让老年人觉得自己的感受不被重视，阻碍他们抒发内心的情感。

（4）忌过度悲伤

虽然面对临终老年人很难不悲伤，但过度的悲伤会让其更加难过和不安。要尽量控制自己的情绪，给临终老年人传递一种坚强和乐观的态度。

（5）忌忽视临终老年人的意愿

不能忽视临终老年人对于治疗、后事安排等方面的意愿。要认真倾听他们的想法，并尽可能地满足他们的要求，让他们在最后时刻能按照自己的意愿度过。

知识点五：与失能（视力障碍）老年人的沟通

1. 视力障碍老年人的特点

老年人视力障碍主要指由于年龄增长而引起的视力异常，或患有眼疾，如青光眼、白内障、老年黄斑病变、失明等，主要表现为视力下降、失明、视物模糊、高度远视或近视、色盲等。视力障碍问题是老年人群最常见的问题之一，由于视力下降、视物模糊，老年人对外界环境的适应能力发生改变，如日常生活受到影响、读书看报困难、经常发生磕磕碰碰等，给生活带来诸多不便。他们很容易产生心理问题，表现出急躁、焦虑、郁闷、悲观、自我否定、孤独及寂寞、易怒，产生被嫌弃感等负面情绪。照护人员需要与视力障碍老年人进行良好的沟通，以减少视力障碍给老年人带来的各种不便，帮助其尽快适应生活，提高生活质量。

沟通案例：以兴趣为导向的有声陪伴

2. 与视力障碍老年人的沟通技巧

（1）提前告知

在与视力障碍老年人沟通时，提前告知是非常重要的一步。因为视力障碍老年人无法通过视觉来察觉周围环境的变化，突然的接近可能会让他们感到惊慌。在接近他们时，先发出声音让他们知道有人靠近，比如，轻声说"您好，我是某某"。这样老年人就会有心理准备，知道有人来了，从而减少不安感。当进入房间时，也可以先打招呼，如"爷爷/奶奶，我进来了"，让老年人清楚自己所处的环境中有其他人出现。提前告知不仅能让老年人感到安心，也为后续的沟通奠定了良好的基础，让他们能够更加放松地与他人交流。

（2）清晰表达

说话时语速稍慢、吐字清晰、音量适中对于与视力障碍老年人沟通至关重要。由于老年人视力受损，他们更多地依赖听觉来获取信息。如果语速过快，老年人可能难以听清和理解。所以说话时要放慢语速，每个字都清晰地发音，让老年人能够准确地接收信息。同时，音量要适中，既不能太大让老年人感到不适，也不能太小导致他们听不清。另外，使用简单明了的语句也很关键，避免复杂的长句子和生僻词汇。用通俗易懂的语言表达自己的意思，让老年人能够轻松理解。这样可以有效地提高沟通的效率，避免误解和困惑。

（3）描述具体

当与视力障碍老年人交流时，尽可能详细地描述周围的环境或事物，能极大地帮助他们更好地了解世界。比如，可以说："现在我们在客厅，沙发在您的左手边，茶几上有一杯水。"通过这样具体的描述，老年人可以在脑海中构建出周围的场景，增加他们的安全感和对环境的掌控感。在描述人物时，也可以详细地说明其特征，如："今天来的客人是一位穿着蓝色衬衫、戴着眼镜的叔叔。"这样老年人就能对周围的人和事物有更清晰的认识。描述具体不仅有助于沟通，还能让老年人感受到他人的关心和体贴。

（4）耐心倾听

给予视力障碍老年人足够的时间表达自己的想法和感受是尊重他们的重要体现。视力障碍可能会让老年人在表达上更加谨慎和缓慢,所以与他们沟通要有耐心,不打断他们。用专注的神情和适当的回应,如点头、轻声附和等,让老年人知道自己被认真倾听。耐心倾听能让老年人感受到被尊重和理解,从而更加愿意与他人交流。同时,通过倾听老人的话语,也能更好地了解他们的需求和内心世界,为他们提供更贴心的帮助和支持。

(5)触摸沟通

在适当的时候,轻轻触摸视力障碍老年人的手臂或肩膀,可以传达关心和支持。比如,当老年人感到不安时,轻轻握住他们的手,可以给予他们安慰。但在触摸时要注意力度和方式,避免让老年人感到不舒服。触摸沟通是一种非语言的交流方式,它可以在言语无法完全表达情感的时候发挥重要作用。同时,触摸也可以帮助老年人确定他人的位置,增强他们的安全感。但要注意尊重老年人的个人空间和感受,在合适的时候和方式下进行触摸沟通。

(6)尊重独立性

鼓励视力障碍老年人尽可能地独立完成一些事情,同时在他们需要帮助时及时提供协助,这对于维护他们的尊严和自信心非常重要。不要过度保护老年人,让他们有机会发挥自己的能力。比如,在老年人自己摸索着找东西时,可以在旁边观察,只有在他们确实找不到时再给予帮助。同时,要尊重老年人的选择和决定,让他们感受到自己的价值和自主性。尊重其独立性,不仅能让老年人保持积极的生活态度,也有助于他们更好地适应视力障碍带来的挑战。

知识点六:与失能(听力障碍)老年人的沟通

老年人出现听力障碍最普遍的原因是听神经的生理性退化,主要表现为言语分辨率明显下降,特别是在嘈杂环境中尤为明显,多数有听觉重振现象,即"小声音听不到,但大声音又觉得太吵"。听力障碍不仅直接导致老年人沟通交流障碍,还会引发各种心理问题,严重损害老年人的生活质量和家庭关系。

1. 听力障碍老年人的特点

听力的衰退会导致老年人在交流过程中常听不清楚对方在说什么,出现答非所问或理解错误的情况,给正常语言交流带来障碍,这一情况会导致老年人产生畏缩心理,内心深处受到打击,不愿意甚至害怕与人交流,久而久之出现了孤独失落感、自卑消极、沮丧、自责、愤怒、逃避现实、缺乏安全感、多疑等心理问题。

老年人如何预防耳聋

2. 与听力障碍老年人的沟通技巧

(1)面对面交流

与听力障碍老年人沟通时,尽量选择面对面的方式。当老年人能够看到照护人员的面部表情和口型时,他们可以结合视觉信息来更好地理解。同时,保持良好的光线十分重要,在明亮的环境下,老年人能更清楚地看到照护人员的面部,从而能够更准确地捕捉照护人员的表情变化和口型动作。面对面交流还能让老年人感受到照护人员的专注和真诚,增强他们的沟通信心。另外,保持适当的距离也很关键,既不能太近让老年人感到压迫,也不能太远让他们难以看清。通过面对面的沟通方式,能有效提高与听力障碍老年人的交流效果。

(2)清晰表达

说话时语速放慢对于听力障碍老年人来说至关重要。他们可能需要更多的时间来处理听到的声音,如果语速过快,他们很容易错过关键信息。同时发音要清晰,避免含糊不清,每个字都要准确地发出声音,让老年人能够分辨清楚。另外,使用简单的词汇和短句,减少复杂的语法结构,这样老年人更容易理解。例如,不要说"鉴于目前的情况,我们需要采取一系列的措施来解决这个问题",可以改为"现在情况这样,我们要做一些事来解决问题"。沟通时,应适当提高音量,但要注意不要过于大声,以免让老年人感到不舒服或惊吓到他们。可以先以正常音量说话,如果老年人表示听不清,再逐渐提高音量,直到老年人能够听到为止。通过清晰的表达,能让听力障碍老年人更好地接收信息。

（3）重复和确认

如果听力障碍老年人没有听清，要有耐心地重复。重复时可以尝试换一种表达方式，用不同的词汇或句式来传达同样的意思，这样可能会让老年人更容易理解。比如，老年人没听清"我们去公园散步吧"，可以换为"一起去公园走走怎么样"。在传达重要信息后，一定要确认老年人是否听懂了。可以通过提问的方式，如："您明白了吗?"或者让老年人重复照护人员说的关键内容。如果老年人没有理解正确，要再次耐心地解释，直到完全明白为止。重复和确认的过程可以确保信息准确传达，避免误解和麻烦。

（4）借助肢体语言

丰富的肢体语言在与听力障碍老年人沟通中能发挥很大的辅助作用。用手势可以强调重点内容，比如，用手指向某个物品或者做出一个动作来表示某个意思。例如，当说到"杯子在桌子上"时，可以用手指向桌子上的杯子。点头、摇头可以表示肯定或否定，微笑可以表达友好和鼓励。通过肢体语言，老年人可以更直观地理解照护人员的意思，即使他们没有完全听清话语，也能从肢体语言中获取一定的信息。同时，肢体语言还能增强沟通的趣味性和互动性，让老年人更加投入到交流中。

（5）使用辅助工具

有条件的，可以使用一些辅助工具来帮助与听力障碍老年人沟通。助听器是一种常见的辅助工具，可以帮助老年人提高听力。确保助听器的正确佩戴和调试，以便发挥最佳效果。写字板也是一个很实用的工具，当沟通困难时，可以用来书写交流。把重要的信息写下来，让老年人能够清楚地看到，确保信息准确传达。此外，还可以使用图片、卡片等辅助工具来表达意思。比如，当谈论一种水果时，可以拿出水果的图片让老年人看。使用辅助工具，可以弥补听力上的不足，提高沟通的效率和质量。

（6）耐心和理解

与听力障碍老年人沟通时，要有足够的耐心。不要因为老年人听不清而急躁或不耐烦，这会让老年人感到紧张和不安。要理解老年人的困难，他们可能因为听力问题而感到自卑或无助，应给予他们更多的时间和关注。在交流过程中，应始终保持温和的态度，用微笑和鼓励的眼神让老年人感受到尊重和关爱。耐心和理解是与听力障碍老年人有效沟通的基础，只有这样，老年人才会更愿意交流，分享他们的想法和感受。

一、理论测试

请扫描二维码，完成知识测试。

二、案例分析

刘爷爷，75岁，2年前被诊断为认知障碍，在养老院住了6个月。刘爷爷在日常生活中常有幻觉产生，他认为他的房间里有"小人"，总是偷他的东西。他还经常很担心他的女儿，说他必须去学校接她，这样女儿就不用独自回家了。而事实上，他的女儿已经46岁了，早就有了自己的孩子。刘爷爷退休前一直在图书馆从事图书管理工作，喜欢看书，并热衷于历史类书籍。

思考：

（1）根据材料，分析刘爷爷现阶段所表现的失智行为与问题。

（2）根据材料，简述如何与刘爷爷进行有效沟通。

三、能力训练

情境：照护人员陪同视力障碍的老年人去超市购物。

角色：照护人员和视力障碍的老年人。

训练要求：照护人员要详细地描述商品的位置、特点和价格等信息,耐心地回答老年人的问题,帮助老年人做出购物决策。

训练评估标准：

(1) 语言表达：是否清晰、准确、恰当,是否考虑到老年人的视力障碍情况。

(2) 情感表达：是否真诚、温暖,让老年人感受到关心和尊重。

(3) 耐心程度：是否给予老年人足够的时间表达自己的想法和感受。

(4) 引导能力：是否能够巧妙地引导话题,让交流持续进行。

(5) 问题解决能力：在遇到问题时,是否能够及时、有效地解决,让老年人感到安心。

任务 2　与老年人家属的沟通

情境案例

李爷爷,76岁,患有慢性阻塞性肺疾病、糖尿病15年,半年前入住养老机构;平素体健,日常生活能够自理,不需要他人协助。今晨发现李爷爷体温升高,伴有咳嗽、喘息加重,医生对李爷爷进行了诊断,并开具药物。李爷爷为退休园艺师,早年丧偶,日常生活由女儿照顾。因女儿已经成家,且工作较为繁忙,将李爷爷送到养老机构,希望机构为李爷爷提供生活照护和精神陪伴。平时女儿每周定期打电话给李爷爷,关心其身体情况,今晨接到李爷爷生病的消息,语气中颇有不满。

思考：请分析李爷爷的女儿不满的原因,并提出与李爷爷的女儿有效沟通的措施。

学习目标

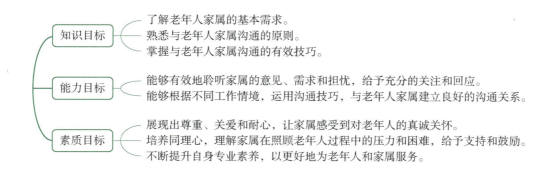

知识储备

知识点一：与老年人家属日常沟通的重要性

在老年人的照护工作中,与老年人家属建立良好的沟通和合作关系至关重要。首先,家属最了解老年人的生活习惯和喜好,通过沟通能获取关键信息,为更好地照顾老年人提供依据。其次,家属在老年人的情感支持中扮演关键角色,与他们沟通可协同给予老年人更全面的关爱。再者,能及时向家属反馈老年人的健康状况和日常表现,共同应对可能出现的问题。最后,良好的沟通有助于建立信任关系,形成照顾老年人的合力,提升老年人的生活质量和幸福感。因此,老年服务从业人员应采取"全方位照护"的原则,在服务老年人的同时,也应及时关注其家属的心理需求,做好与老年人家属的沟通。

知识点二:了解老年人家属的心理需求

1. 安全感需求

家属会非常担心老年人的身体状况突然恶化,尤其是患有慢性疾病或处于康复期的老年人,并渴望从医护人员或老年服务人员那里得到专业的建议和保证,以缓解内心的不安。他们希望了解老年人的病情发展趋势、治疗方案的有效性等,以便提前做好心理准备和应对措施。

2. 尊重感需求

在照顾老年人的过程中,家属付出了大量的时间、精力和情感。他们希望自己的努力和付出能够得到认可,无论是来自老年人本身还是外界。同时,他们也希望在与专业人员沟通时,自己的意见和决策能够被尊重,共同为老年人的福祉出谋划策。

3. 理解和支持需求

照顾老年人是一项长期而艰巨的任务,家属可能会面临身体和心理上的双重压力。他们需要有人能够理解他们的困境,给予情感上的支持和鼓励。无论是一句温暖的话语,还是实际的帮助,都能让家属感受到自己不是独自在战斗。

4. 掌控感需求

家属还希望有一定的掌控感。他们希望了解老年人的生活安排、治疗进程等,以便更好地参与到老年人的照顾中。同时,他们也希望在面对重大决策时,能够有足够的信息和选择权,为老年人作出最适合的决定。

知识点三:与老年人家属沟通的基本原则

与老年人家属积极地进行有效沟通,既能使家属有受尊重感,又能使家属更好地照顾老年人,支持老年服务从业人员的工作。老年人家属作为老年人的主要支持者,对老年人心理及生理的照护起着重要作用。老年人家属对老年人体贴、安慰,可帮助老年人在最佳的生理和心理状态下接受照护。老年服务从业人员与老年人家属沟通时,应掌握以下原则。

1. 尊重与理解

尊重老年人家属的文化、信仰和价值观,理解他们的感受和需求。每个人都有自己的观念和看法,照护人员应该尊重这些差异,以便更好地与老年人家属沟通。

2. 开放与诚实

诚实是建立信任的基础,只有建立了信任,老年人家属才会更愿意与照护人员合作,共同为老年人的健康努力。照护人员应保持开放的态度,提供关于老年人状况的准确信息,对老年人家属的问题和疑虑给予诚实的回答。

3. 耐心与聆听

聆听是沟通的基础。耐心地聆听老年人及其家属所表达的信息,了解其需求和期望,协助其解析潜在的担心与焦虑,更好地理解其立场,从而提供更符合他们需求的照护服务。一方面,给予足够的时间让其充分表达和倾诉自己的感受;另一方面,在聆听过程中要反馈性地给予回应,适时地对其观点进行重申,以表明自己正在仔细聆听并能够理解,使其感受到照护人员的尊重。

4. 合作与支持

合作和支持是提升老年人照护质量的重要组成部分。工作人员应鼓励家属共同参与制定照护计划，鼓励家属参与到养老照护决策中，向家属提供必要的养老知识和技能培训，支持他们在老年服务过程中的角色履行。同时，及时提供心理支持，帮助家属应对照护压力和情绪问题。

5. 专业与规范

在与家属沟通时，工作人员展示出的专业知识和技能，能够让家属更加相信他们的亲人能够受到专业的照顾。保护老年人的隐私，也是工作人员的职业素养要求，未经老年人和家属同意，不可以泄露其个人信息，在公共场合不可大声谈论老年人状况。

知识点四：与老年人家属沟通的技巧方法

1. 聆听与理解

认真聆听家属的讲述至关重要。当家属来到养老机构，他们往往带着对老年人的担忧、期望以及照顾过程中的种种困惑。此时，要给予充分的关注，用专注的眼神与他们交流，并不时点头表示在认真聆听。比如，家属诉说老年人最近身体状况不佳，睡眠不好，情绪也有些低落。工作人员耐心听完后，可以这样回应："我能理解您现在的担心，老人身体出现变化确实让人揪心。睡眠不好会影响老人的精神状态，情绪也会受到影响。您能跟我多说说老人最近的生活习惯有什么变化吗？这样我们可以一起分析一下原因，看看有什么办法可以改善老人的情况。"通过这样的方式，能让家属感受到工作人员真正关心老年人的状况，也为后续的沟通打下良好的基础。

2. 表达共情

设身处地为家属着想，能迅速拉近与他们的距离。可以分享一些类似的经历或者感受，让家属知道他们不是独自面对这些问题。例如，一位家属抱怨照顾老年人的压力太大，自己工作又忙，感到心力交瘁。工作人员可以这样说："照顾老人确实不容易，尤其是还要兼顾工作，这种辛苦我非常能体会。我见过很多家属都面临着同样的情况，大家都在努力寻找平衡。我们在这里也会尽最大的努力照顾好老人，让您能稍微轻松一些。您也别给自己太大压力，有什么困难随时跟我们说，我们一起想办法解决。"表达共情，能让家属感受到温暖和支持，增强他们对工作人员的信任。

3. 提供专业信息

以清晰、易懂的方式向家属介绍老年人在养老机构的生活情况、健康状况和照护计划是工作人员的重要职责。在介绍时，要避免使用专业术语，用简单的语言让家属能够轻松理解。比如，向家属介绍老年人的健康状况时，可以这样说："叔叔最近的血压偏高，我们已经调整了他的饮食，减少了盐分的摄入，并且增加了一些有助于降血压的食物，比如芹菜、洋葱等。同时，我们也会密切关注他的血压变化，如果有需要，会及时请医生来进行诊断和治疗。在照护方面，我们会按时提醒叔叔吃药，帮助他进行适量的运动，以保持身体的活力。关于叔叔的生活情况，他在机构里参加了一些手工活动，和其他老年人一起交流互动，心情很不错。我们也会根据他的兴趣爱好，安排更多适合他的活动，让他的生活更加丰富多彩。"通过详细的介绍，让家属了解老年人的具体情况，放心地将老年人托付给机构。

4. 积极反馈

及时向家属反馈老年人的进步和积极变化，能让他们感到欣慰和放心。比如，老年人在参加了一段时间的康复训练后，行动能力有所提高。可以马上联系家属，告诉他们："阿姨，叔叔最近在康复训练中表现得非常棒！他的行动能力有了明显的改善，现在可以自己走一段路了。我们都为他感到高兴，这也离不开您的支持和鼓励。继续坚持下去，叔叔的身体会越来越好的。"同时，对于家属提出的建议和意见，要给予积极的回应和改进。如果家属建议多组织一些户外活动，可以说："您的建议非常好，我们会尽快安排一些适合老人的户外活动，让他们感受大自然的美好，同时也能锻炼身体。感谢您对我们工作的关心和支持。"积极反馈能让家属感受到工作人员对老年人的用心，也能促进机构不断提高服务质量。

5. 保持沟通渠道畅通

应主动提供多种沟通方式,如电话、微信、面谈等,方便家属随时了解老年人的情况。可以在老年人入住时,就将机构的联系方式告知家属,并说明不同沟通方式的使用场景。例如:"您可以随时拨打我们的电话了解老人的情况,如果您不方便打电话,也可以通过微信给我们留言,我们会及时回复。如果您有时间,也欢迎来机构面谈,这样可以更直观地看到老人的生活状态。"定期与家属沟通也非常重要,不要让他们感到被忽视。可以制定一个沟通计划,每周或每月定期向家属汇报老年人的情况,询问他们的意见和建议。比如:"阿姨,这周叔叔的身体状况很稳定,心情也不错。我们给他安排了一些新的活动,他很感兴趣。您最近有没有什么特别的要求或者建议呢?我们会根据您的意见不断改进我们的服务。"保持沟通渠道畅通,能让家属随时掌握老年人的动态,增强他们对照护人员的信任。

6. 尊重家属的决定

在涉及老年人的照护和决策时,应充分尊重家属的意见和选择。即使有不同看法,也要以平和的方式进行沟通和协商,共同为老年人的利益着想。比如,在讨论老年人的治疗方案时,家属可能有自己的想法和考虑。可以这样说:"关于老人的治疗方案,我们非常重视您的意见。您对老人的情况最了解,您的想法对我们很重要。我们可以一起商量,看看哪种方案最适合老人。如果您有任何疑问或者担忧,我们也可以请医生来为您详细解释,让您做出更明智的决策。"尊重家属的决定,能让他们感受到自己在老年人的照顾中扮演着重要的角色,也能促进机构与家属之间的良好合作。

知识点五:入院咨询情境下与老年人家属的沟通

1. 咨询时

老年人在正式入住养老机构前,其家属(或和老年人一起)一般都会先到养老机构实地察看——了解硬件设施条件,如院区绿化环境、居住楼房设施、安全防护设施、医疗保障设施等;观察老年服务从业人员精神风貌,如服装是否整洁、有无挂牌服务、仪容仪表、微笑服务等;观察已入住的老年人的情况,如老年人的面容、仪表、饮食等;甚至询问已入住的老年人及其家属,从侧面来了解养老机构的服务水平。接待人员需要通过详细的引导,介绍养老机构的服务项目,通过良好的个人形象和素养体现本机构的服务水平,赢得老年人和家属的信任。面对这种沟通情境,接待人员需要注意:

(1)做好自身准备

在接待老年人家属前,要提前做足功课。一方面是知识准备,要对老年人和家属需要了解的内容非常熟悉,包括机构的总体情况、服务优势、特色及短板都了如指掌,能够对老年人和家属的咨询对答如流。另一方面是个人形象素质准备,要规范自己的仪表仪容、言行举止,展现热情、亲切、训练有素的精神面貌,例如,礼貌询问尊称,主动搀扶老年人坐下休息,给老年人和家属接一杯温水等。此外,注意初次见面不要表现得过分热情,可能会导致老年人和家属的反感。

(2)充分理解老年人和家属的需求

接待咨询时,不要急于介绍,先请家属将老年人的基本状况和服务需要进行说明,聆听和充分理解老年人及其家属的想法。如老年人和家属表达模糊,可以通过引导性的提问,明确理解他们有哪些需求、有哪些服务期待。注意谈话时面带微笑、真挚诚恳,用温情打动老年人及其家属。接待人员要保持情绪稳定和自我控制,无论遇到什么样的人或者突发事件,都能够控制住自己的情绪,不可与老年人和家属发生冲突。

(3)条理清晰介绍情况

接待人员应条理清晰、层次分明地进行介绍。可以首先介绍机构的总体情况,包括设备设施配置、老年服务项目、后勤保障、照护登记收费标准;其次根据老年人和家属的需求针对性地介绍机构情况,突出机构在哪些方面符合其要求;最后主动带领老年人和家属实地参观,通过边看边介绍,让老年人和家属有全面、直观的了解。注意在向老年人和家属推荐服务项目时,应保持商量的口吻,避免使用命令的语气;

介绍时不要滔滔不绝,应有技巧地使用停顿和重复,便于老年人及其家属的回顾和思考。

2. 入院沟通

(1)提供老年人的基本信息

如果家属明确表示入住,需提供老年人基本信息和入住相关资料,如老年人身份证和担保人身份证复印件、老年人近期2寸照、填写入住申请、签订入住协议书。基本信息包括:老年人的一般状况,如年龄、受教育程度、曾经的工作、性格爱好;身体情况,如患疾病种类及治疗和服药情况等。对家属表示疑惑的地方,工作人员应及时进行解释。

(2)体检

养老机构生活是一种集体生活,且因老年人群体特殊性,防病治病工作极为重要,尤其要防止如肺结核、肝炎等传染性疾病。与家属沟通时要作以下重点解释:入住前的健康体检是必需的,初心是对老年人负责。一方面防止传染性疾病的传入,对全体入住老年人及家属负责;另一方面能够让机构医护人员对即将入住的老年人身体状况有一定了解,为入住后的生活照料、护理等工作提供依据。

(3)评定照护等级

老年人入住生活照护区前,必须留观至少2周时间,机构工作人员密切观察老年人身体自理能力、性格脾气、兴趣爱好、生活习惯,以此来进一步明确老年人的照护等级。按照评定的照护等级提供照护服务,也据此收取相关照护费用,与家属沟通时做到有理有据。

知识点六：日常沟通情境下与老年人家属的沟通

1. 与老年人家属日常沟通的技巧

(1)保持定期沟通的习惯　可以每周或每两周通过电话、微信等方式,向家属汇报老年人的近况,包括身体状况、饮食情况、参与活动的表现等。例如:"您好,这周叔叔的身体状态很不错,食欲也挺好。参加了我们组织的书法活动,特别积极,还和其他老人交流得很愉快。"

(2)认真倾听家属的反馈和建议　沟通中,老年人家属可能会分享一些老年人在家时的习惯或特殊需求,要仔细记录并在日常服务中加以考虑。比如,家属提到老年人晚上睡眠不好,可以回应:"非常感谢您告诉我们这个情况,我们会更加关注叔叔晚上的状态,看看是不是可以通过调整作息时间,或者提供一些助眠的方法来改善。"

(3)特殊情况及时沟通　当老年人出现特殊情况时,要及时与家属沟通。比如,老年人生病、情绪低落或者发生了小意外等。用清晰、客观的语言描述情况,并说明已经采取的措施和下一步的计划。例如:"阿姨,今天叔叔有点咳嗽,我们已经请医生来检查过了,初步判断是有点着凉。医生给开了一些药,我们也会密切观察叔叔的病情变化,有情况随时跟您联系。"

(4)分享温馨瞬间和进步表现　与家属沟通时,分享一些老年人的温馨瞬间和进步表现,会让家属感到欣慰。比如:"您知道吗?今天叔叔主动帮助其他老人拿东西,大家都夸他很热心呢。看到叔叔这么有爱心,我们也很感动。"

(5)特殊节日提前沟通　在重要节日或者老人的生日等特殊日子,可以提前与家属沟通,共同为老年人策划一些庆祝活动,增强老年人的幸福感和归属感。比如:"下周是阿姨的生日,我们想和您一起给她一个惊喜,您有什么好的想法吗?"

文档

沟通案例:与老年人家属的正常合作式沟通

2. 与老年人家属日常沟通的注意事项

第一,在家属探视前,了解其家庭背景情况,包括主要家庭成员情况和人际关系,特别是曾经有矛盾或者遗憾的事件的大体情况。注意点到为止,不可打听隐私,注意客观了解,不对是非对错进行评论。

第二,要实事求是,切忌夸大事实,避免走入两个极端。一是将老年人说得一无是处,例如,身体状态变差,和他人关系不好等,尤其是在与老年人家属刚会面,就把老年人的问题罗列出来,只会引起家属及老年人的反感。二是只报喜不报忧,一味讨好家属,这会让家属错误估计老年人的身体状态,对未来发展

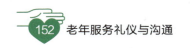

没有做好充分的思想准备，当老年人情况变化时容易与机构产生矛盾。

第三，要充分尊重家属的知情权，及时、真实地与家属沟通，切忌推卸责任，避重就轻。

第四，鼓励家属给予老年人陪伴与照顾，满足老年人精神养老的需求。例如，有些刚入住养老机构的老年人不能很好地适应集体生活，工作人员可以与老年人家属沟通交流，提出增加探望计划频次等具体建议，以便老年人能更好地适应养老机构生活。

第五，如家属探视不定期或不频繁，工作人员也需要定期通过电话沟通或信息沟通等方式，主动交流汇报老年人近期的情况和工作进展。

知识点七：提高照护级别情境下与老年人家属的沟通

当需要提高老年人照护级别时，与老年人家属的沟通需要格外谨慎和细致。

1. 要选择合适的沟通时机和地点

可以提前预约家属，选择一个安静、舒适的环境进行面谈，确保双方都有足够的时间和精力来交流。例如："您好，我们想找个时间和您谈谈关于叔叔的照护问题，您看什么时候方便呢？我们可以在机构的会议室，或者您觉得合适的地方进行交流。"

在沟通开始时，要以温和、诚恳的态度表达对老年人的关心。比如："我们一直非常关注叔叔的情况，最近我们发现叔叔的身体状况或者需求有了一些变化，所以想和您一起商量一下更好的照护方案。"

2. 详细说明提高照护级别的原因

说明原因时，可以从老年人的身体状况、日常行为表现、医疗需求等方面进行分析，用具体的事例和数据来支持观点。例如："最近叔叔的行动能力有所下降，走路的时候需要更多的搀扶。而且他的饮食也变得比较挑剔，需要更加精心的照顾。我们的照护人员在日常观察中发现了这些变化，经过评估，我们认为提高照护级别可以更好地满足叔叔的需求。"

3. 介绍提高照护级别后的具体服务内容和优势

介绍的内容可以包括增加的照护人员、更频繁的健康监测、个性化的饮食安排等。要让家属清楚地了解提高照护级别后老年人将得到哪些更好的照顾。比如："提高照护级别后，我们会安排专门的照护人员全天候关注叔叔的情况，定期为他进行身体检查和康复训练。饮食方面，我们会根据叔叔的口味和健康需求制定个性化的菜单，确保他吃得营养又可口。"

4. 要耐心解答家属的疑问和担忧

家属可能会担心费用增加、老年人的适应问题等。要坦诚地回答问题，提供合理的解决方案。例如："关于费用问题，我们会根据提高后的服务内容进行合理的调整，同时也会向您详细说明费用的构成。至于叔叔的适应问题，我们会有一个过渡阶段，让照护人员逐步引导叔叔适应新的照护级别，确保他的生活不受太大影响。"

5. 尊重家属的决定

给家属一定的时间来考虑和商量，不要急于求成。可以这样说："我们理解这是一个重要的决定，您可以和家人商量一下，我们随时等待您的回复。无论您作出什么决定，我们都会一如既往地关心和照顾叔叔。"

总之，在需要提高老年人照护级别时，与家属的沟通要充分体现专业、关爱和尊重，体现出共同为老年人的幸福晚年努力的意愿。

知识点八：老年人患病情境下与老年人家属的沟通

当老年人患病时，与家属的沟通至关重要，可采取如下沟通方法进行沟通。

1. 及时通知家属

一旦发现老年人身体不适或确诊患病，应尽快通过电话、微信等方式联系家属，告知他们老年人的病情。例如："您好，我们发现叔叔今天身体有些不舒服，经过医生初步检查，怀疑是支气管炎（具体病症）。

我们已经采取了一些紧急措施,现在想跟您详细沟通一下情况。"

2. 清晰阐述病情

在沟通中,要清晰地阐述病情。用通俗易懂的语言向家属说明老年人的症状、可能的病因,以及目前的病情严重程度。可以这样说:"叔叔主要的症状是不停地咳嗽,痰多(具体症状表现),医生根据这些症状和检查结果,初步判断可能是由于天气变化(可能的病因)引起的。目前病情处于起始阶段(具体阶段),但还需要进一步观察和检查才能确定具体的治疗方案。"

3. 介绍采取的措施

清晰阐述病情的同时,要介绍采取的治疗措施,包括给予的药物治疗、照护措施,以及后续的检查安排等,让家属了解机构正在积极为老年人治疗。比如:"我们已经给叔叔用了一些缓解症状的药物,照护人员也在密切关注他的身体变化。接下来,我们会安排一些进一步的检查,如血常规检查(具体检查项目),以确定更准确的诊断和治疗方案。"

4. 解答家属的疑问和担忧

家属可能会对病情的发展、治疗效果、康复时间等问题感到焦虑。要耐心地回答他们的问题,给予他们信心和安慰。例如:"您别太担心,我们会密切关注叔叔的病情变化,根据病情调整治疗方案。虽然目前不能确定康复时间,但我们会尽最大的努力让叔叔尽快恢复健康。"

如果需要家属配合,要明确提出要求。比如,提供老年人的病史资料、协助办理转诊手续等。例如:"为了更好地治疗叔叔的病,我们需要了解他的过往病史,麻烦您把叔叔以前的病历资料带给我们。如果病情严重,需要转诊,也希望您能积极配合我们办理相关手续。"

5. 要保持沟通的持续性

要定期向家属汇报老年人的病情进展和治疗效果,让家属随时了解老年人的情况。可以说:"我们会定期跟您沟通叔叔的病情,您有任何问题也随时联系我们。让我们一起为叔叔的健康努力。"

知识点九:老年人发生意外情境下与家属的沟通

当老年人发生意外时,与家属的沟通需要迅速、准确且充满关怀。

1. 及时通知家属

要以最直接的方式(如电话)联系,语气要沉稳但急切地告知家属:"您好,这里是暖阳敬老院(养老机构名称),很抱歉要告诉您一个紧急情况,赵有福老人发生了意外。"然后简要说明意外的性质,比如"不小心摔倒了"或者"突然感到身体不适"。

2. 详细描述意外发生的经过

沟通时要向家属详细描述意外发生的经过,包括时间、地点、当时的具体情况等。例如:"意外发生在今天上午十点左右,老人在走廊上行走时,不知为何突然身体一歪就摔倒了。我们的工作人员马上赶到现场,并进行了初步的检查和处理。"同时,说明机构已经采取的紧急措施,如呼叫急救、进行初步的医疗处理等。"我们立刻通知了医护人员,对老人进行了身体检查,并采取了止血、固定等相应的急救措施。目前老人的情况比较稳定,但我们还是希望您能尽快赶到。"

在沟通中,要表达对老年人的关心和对家属的理解。"我们非常担心老人的情况,也能理解您此刻的心情。请您不要太着急,我们会尽最大的努力照顾好老人。"

3. 向家属介绍后续的处理计划

如果需要转院治疗,要说明转院的原因和安排。比如:"根据老人目前的情况,我们建议转院进行进一步的检查和治疗。我们已经联系了附近的医院,并且会安排专人陪同老人前往。您可以直接去市第一人民医院(医院名称)。"如果老年人在机构内接受治疗,要说明治疗的进展(如:"老人目前在我们机构内接受治疗,医生正在制定详细的治疗方案。我们会密切关注老人的病情变化,随时向您汇报")、方案和预期的效果。

4. 解答家属的疑问和担忧

家属可能会对老人的伤势、治疗费用、康复时间等问题感到焦虑。要耐心地回答他们的问题,给予他们信心和安慰。例如:"老人的伤势目前看起来不是很严重,但具体情况还需要进一步的检查才能确定。治疗费用方面,我们会按照规定进行结算,您不用担心。至于康复时间,这要根据老人的身体状况和治疗效果来决定,但我们会全力配合医生,帮助老人尽快康复。"

5. 保持沟通的畅通

在老年人治疗和康复的过程中,定期向家属汇报老年人的情况,让家属随时了解老年人的进展。可以说:"我们会随时与您保持联系,您有任何问题也随时联系我们。让我们一起为老人的健康祈祷,希望他能尽快康复。"

知识点十:老年人离开养老机构情境下与家属的沟通

当老年人离开养老机构时,与家属的沟通应做到细致、周到且充满温情。

1. 提前与家属确定离开的时间和具体安排

在老年人离开机构前,可以通过电话或面谈的方式告知家属:"您好,赵有福老人计划于 2 月 14 日离开我们院,我们想和您一起确定一下具体的时间和交接事宜。"在确定时间的过程中,要考虑到家属的方便以及老年人的身体状况和需求。

2. 详细向家属介绍老年人在机构期间的情况

与家属沟通时,要详细向家属介绍老年人在机构期间的情况,包括身体状况的变化、参与的活动、人际关系等方面。例如:"在老人入住期间,我们一直密切关注他的身体状况。经过这段时间的照顾,老人的高血糖问题有了一定的改善。他还积极参加了我们组织的掼蛋活动,和其他老人建立了良好的关系。"这样可以让家属对老年人在机构的生活有一个全面的了解。

3. 提供老年人离开时的注意事项

根据老年人的身体情况,给予家属一些关于饮食、休息、康复训练等方面的建议。比如:"老人回家后,在饮食上要注意营养均衡,避免食用过于油腻或有刺激性的食物。要保证充足的休息时间,如果老人需要进行康复训练,一定要按照医生的建议进行,不要过度劳累。"

4. 做好交接,表达感谢

在交接过程中,要认真与家属核对老年人的物品。确保老年人的衣物、个人用品等都完整无缺地交还给家属。可以说:"我们已经整理好了老人的物品,请您核对一下,看看有没有遗漏的东西。如果有任何问题,随时告诉我们。"

表达对老年人的祝福和对家属的感谢。"我们衷心祝愿老人在回家后生活愉快,身体健康。也非常感谢您对我们工作的支持和信任。如果以后有需要,随时欢迎老人回来。"

5. 留下联系方式

最后,留下联系方式,以便家属在后续有问题时可以及时联系。"这是我们的联系方式,如果老人回家后有任何问题,或者您有任何需要咨询的地方,随时联系我们。我们会一直关注老人的情况。"通过这样的沟通,可以让老年人的离开更加顺利和温馨,也为家属提供了必要的支持和帮助。

知识点十一:与临终老年人家属的沟通

与临终老年人家属的沟通需要格外谨慎、温柔且充满同理心。

1. 以真诚的态度表达对家属的关心

可以轻声说:"非常理解您现在的心情,这段时间您一定很辛苦,也很煎熬。我们会一直陪伴着您和老人。"

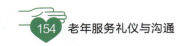

文档

临终老年人家属的心理变化

2. 坦诚地告知家属老年人的病情现状

用清晰但委婉的语言解释老年人的身体状况，以及目前所处的阶段。例如："目前老人的身体状况比较虚弱，各项生命体征也在逐渐减弱。我们知道这对您来说很难接受，但我们会尽最大的努力让老人在最后的时光里尽可能舒适。"

3. 耐心倾听家属的感受和需求

家属可能会有悲伤、恐惧、愤怒等复杂的情绪，要给予他们充分的时间倾诉。在倾听过程中，可以适时地给予回应，如点头、轻声附和等。"我能感受到您的痛苦，您有什么想法或者需求都可以随时跟我们说，我们一起想办法。"

4. 介绍可提供的临终关怀服务

沟通时可向家属介绍可以为老年人提供的临终关怀服务，包括疼痛管理、心理支持、舒适护理等方面。"我们会密切关注老人的疼痛情况，及时给予药物缓解。也会有专业的心理辅导人员为老人和您提供心理支持，让老人在最后的日子里感受到温暖和关爱。同时，我们会做好舒适护理，让老人的身体保持清洁、干爽。"

5. 解答家属的疑问

家属可能会对临终过程、后事安排等方面有很多疑问，要尽可能详细地回答他们的问题。比如："关于老人的后事安排，我们可以给您一些建议和指导，但最终的决定还是由您来做。如果您有任何不清楚的地方，随时问我们。"

6. 给予家属情感上的支持和鼓励

在这个艰难的时刻，家属需要很多的力量和勇气。可以说："您已经做得非常好了，您的陪伴和爱对老人来说是最珍贵的。我们一起陪着老人度过这最后的时光，让他走得安详。"

7. 保持沟通的畅通

在老年人临终的过程中，随时与家属沟通老年人的情况，让家属心里有底。"我们会一直和您保持联系，有任何变化都会第一时间告诉您。您也不要一个人扛着，有我们一起陪着您。"

知识点十二：与丧亲者的沟通

丧亲者，指去世老年人的家属。丧亲者在居丧期的痛苦是巨大的，其痛苦在老年人去世后的相当长的一段时间都会持续存在，这种悲伤会直接影响丧亲者的身心健康。与去世老年人家属的沟通需要格外谨慎、体贴且富有同理心。

悲伤抚慰

1. 第一时间向家属表达深切的慰问

可以轻声说："非常抱歉听到这个悲痛的消息，请您一定要节哀顺变。我们和您一样，对老人的离去感到无比痛心。"

2. 回顾老年人在养老机构的时光

沟通时可以用温和的语气回顾老年人在养老机构的时光。提及老年人的一些温暖瞬间、优点或者特别的经历，让家属感受到老年人在这里度过的日子是有意义的。例如："老人在我们这里的时候，总是那么和蔼可亲。他很喜欢和大家一起聊天，给我们留下了很多美好的回忆。"

3. 耐心倾听家属的悲痛与倾诉

给家属足够的时间去表达他们的情感，不要急于打断或给予过多建议。只是静静地陪伴，适时地递上纸巾，或者给予一个温暖的眼神。"我知道您现在心里很难过，想哭就哭出来吧，把心里的痛苦都释放出来。"

4. 向家属介绍后续的事宜安排

沟通时应向家属介绍后续的事宜安排，包括办理死亡证明、遗体处理等方面的流程和注意事项。但要注意说话的方式和语气，不要让家属感到压力。"关于后续的事情，我们会尽力协助您。办理死亡证明需要一些材料,我们可以一起准备。遗体的处理方式也有多种选择,您可以根据自己的意愿来决定。"

5. 提供情感上的支持和资源

可以告知家属一些可以获得心理支持的途径,比如心理咨询热线,或者社区的支持小组。"这段时间对您来说会很艰难,您可以考虑寻求专业的心理帮助。我们也会一直关心您,如果您需要任何支持,随时找我们。"

6. 表达对家属的慰问和对老年人的怀念

最后要向家属表达慰问和对老年人的怀念,可以说:"老人虽然离开了,但他的音容笑貌会永远留在我们心中。我们会一直怀念他,也希望您能慢慢走出悲痛,坚强地面对生活。"

一、理论测试

请扫描二维码,完成知识测试。

二、案例分析

在一家养老机构中,一位75岁的老年人李爷爷最近情绪低落,食欲也明显下降。养老机构的工作人员小王注意到了这个情况,经过与李爷爷交流,了解到李爷爷是因为想念家人,尤其是他的孙子,而情绪低落。小王决定与李爷爷的家属沟通这个情况。

李爷爷的儿子李先生平时工作很忙,接到小王的电话后,李先生表示自己确实很久没去看望父亲了,但工作实在太忙,抽不开身。他询问小王能否有其他办法让父亲心情好起来。

思考:

(1)小王应该如何与李先生沟通,以解决李爷爷目前的问题?

(2)从这个案例中可以总结出哪些与老年人家属沟通的要点?

三、能力训练

假设你需要与一位长期在外地工作的老年人家属沟通老年人近期的身体状况和生活情况。请模拟这个沟通场景,包括开场白、中间的交流和结束语。

项目八

特殊情况沟通技巧

项目导学图

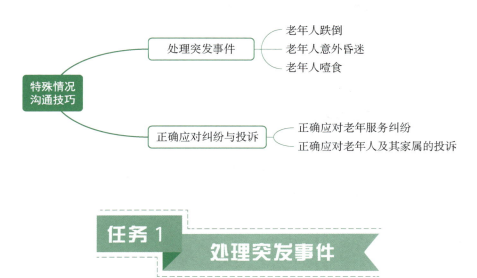

任务 1　处理突发事件

情境案例

在养老机构中,王爷爷在吃饭时突然被食物噎住,开始剧烈咳嗽,脸色涨红。养老护理员小赵见状,立刻跑到王爷爷身边。小赵一边轻拍王爷爷的后背,一边说:"王爷爷,别紧张,放松点。"看到王爷爷情况没有缓解,小赵赶紧呼叫其他工作人员,并迅速拨打了急救电话。在等待救援的过程中,小赵不断安慰王爷爷:"王爷爷,急救人员马上就到,您坚持住。"同时,小赵还向周围的老年人解释情况,让大家保持冷静。

思考:

(1) 小赵在处理王爷爷噎食事件中,哪些沟通行为是恰当的?哪些可以改进?

(2) 对于老年人噎食这种突发事件,养老机构可以提前做哪些沟通方面的预案?

(3) 从这个案例可以看出,养老机构工作人员在应对老年人突发事件时,应具备哪些沟通素养?

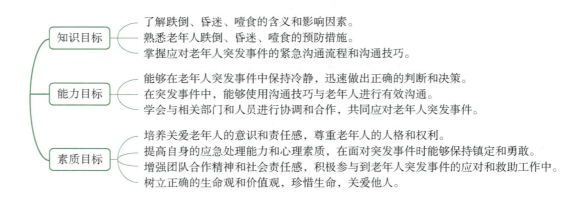

知识点一：老年人跌倒情况下的沟通

1. 老年人跌倒的定义

老年人跌倒是指老年人一种突然、意外的倒地现象，也可以理解为老年人预期之外的身体位置改变，重心失去平衡，自身不能有效反应调整平衡，导致身体跌落在地面或较低的地方。老年人跌倒不是一种意外，而是老年综合征的一种表现。

2. 老年人跌倒的影响因素

（1）年龄

随着年龄的增长，老年人身体的平衡和协调能力逐渐下降，跌倒的风险也随之增加。

（2）生理因素

人体内部的稳定性取决于感觉器官、中枢神经系统和骨骼肌功能的协调。干扰这一功能系统的原因包括疾病、慢性累积性劳损和老年性退化。髋关节、膝关节和下肢踝关节的退行性关节炎，以及腰椎的应变性降低，都可能导致步态和肌肉障碍，增加跌倒的风险。患有慢性疾病，如高血压、糖尿病、骨质疏松症等，以及行动不便、视力和听力下降等身体状况，也会增加老年人跌倒的风险。骨关节炎、中风、老年痴呆、体位性低血压和贫血都与跌倒有关。帕金森病、周围神经病变和脑水肿也是老年人跌倒的潜在原因。

老年人跌倒的应急处置

（3）药物

一些药物会影响老年人的平衡和注意力，如镇静剂、抗抑郁药等，会增加跌倒的风险。

（4）环境

环境的不安全因素也是老年人跌倒的危险因素，如光线暗、地面湿滑、家居障碍物等。

（5）行为

老年人的行为也可能增加跌倒的风险，如站立和行走时不稳、穿着不合适的鞋子等。

总之，老年人跌倒是一个复杂的问题，涉及多个方面的因素。为了降低老年人跌倒的风险，我们需要从多个角度入手，包括提高老年人的健康意识、改善环境设施、提供合适的药物和照护等。

3. 老年人跌倒后的沟通技巧

在老年人的日常生活中，跌倒是一个常见且可能带来严重后果的问题。对于照护人员和家属来说，如何有效地与跌倒后的老年人进行沟通，不仅关系到老年人的身心健康，也影响到他们后续的治疗和康复。

（1）了解老年人的特点

在与跌倒后的老年人进行沟通时，首先要了解他们的生理和心理特点。随着年龄的增长，老年人的身体机能逐渐衰退，反应能力下降，听力、视力等感官功能也可能出现障碍。同时，他们的心理也可能发生一些变化，如自尊心增强、孤独感增加等。这些特点都需要在沟通时予以充分考虑。

（2）保持冷静和耐心

当发现老年人跌倒时，首先要保持冷静，避免自己的情绪影响到老年人。同时，要有足够的耐心，因为老年人可能需要更长的时间来理解和表达自己的想法。在与他们沟通时，要给予他们足够的时间来思考和回答，不要急于打断或催促。

一是，保持冷静的开场白。"李奶奶，您好，我注意到您刚才不小心跌倒了。请您先不要慌张，医护人员会立刻来帮助您。"这样的开场白可以稳定老年人的情绪，让他们感到有人在关注他们的情况，并会提供及时的帮助。

二是，耐心询问身体状况。在询问时，语速要适中，确保老年人能够听清楚并理解。同时，给老年人足够的时间来回答，不要催促。例如："李奶奶，您现在有哪里感觉不舒服吗？比如头痛、腰痛或者关节痛？"

三是，避免指责或批评。如果老年人是因为某些原因（如走路过快、地面不平整等）而跌倒，不要指责或批评他们。例如，李奶奶跌倒后一直很自责，认为给家人和照护人员添麻烦了。工作人员可以说："李奶奶，我知道您可能觉得跌倒给大家带来了麻烦，但请您放心，我们并不觉得这是麻烦。我们更关心的是您的安全和健康。""跌倒是很常见的事情，尤其是年纪大了一些，身体机能可能会有些下降。这并不是您的错，也不代表您不够小心。""李奶奶，我们都很理解您，您不需要为此感到自责。您的安全和健康对我们来说是最重要的，我们愿意尽一切努力来帮助您。"

（3）使用简单明了的语言

由于老年人的听力和理解能力有所下降，工作人员在与他们沟通时，应使用简单明了的语言，避免使用复杂的词汇和句子，以免让他们感到困惑。同时，还可以通过肢体语言，如手势、面部表情等来辅助表达，以帮助他们更好地理解。具体如：

① 询问伤势。

口头语言："爷爷，您摔到哪里了？腿疼吗？胳膊疼吗？"

肢体语言：在询问时，可以指向对方的腿部或胳膊，帮助他们理解你是在询问关于哪个部位的伤势。

② 解释处理流程。

口头语言："奶奶，我现在要帮您叫救护车。然后我们会送您去医院，医生会帮您检查身体。"

肢体语言：在解释时，可以模拟打电话的动作，或者指向门口表示要送去医院。

③ 鼓励与安慰。

口头语言："别担心，我们会陪着您。医生很快就来了，您会没事的。"

肢体语言：在鼓励时，可以轻轻拍拍对方的肩膀，或者握住他们的手，传递出安慰和支持的情感。

这些例子展示了如何使用简单明了的语言和肢体语言与跌倒后的老年人进行沟通，以确保他们能够清晰地理解工作人员的意思，并感受到关心和支持。

（4）提供情感支持

跌倒对于老年人来说可能是一个重大的打击，他们可能会感到害怕、焦虑或沮丧。在这种情况下，需要给予他们足够的情感支持。可以通过安慰、鼓励或陪伴等方式来帮助他们缓解情绪，让他们感到被关心和被重视。例如："王爷爷，我知道这对您来说很受挫，但请您放心，我们会一直陪在您身边，为您加油打气！"同时，还需要向他们传递积极的信息，如告诉他们跌倒并不是他们的错，也不是无法避免的事情，只要采取正确的措施，就可以减少跌倒的风险。

(5) 注意非语言沟通

除了语言沟通外,非语言沟通在老年人跌倒后的照护中也起着非常重要的作用。可以通过面部表情、肢体语言、声音等非语言因素来传递信息。例如,可以用微笑来安慰老年人,用轻柔的语气来询问他们的感受,用适当的肢体动作来帮助他们保持平衡等。这些非语言因素可以让照护人员更好地与老年人建立联系,增强他们的信任感和安全感。

(6) 建立信任关系

信任是有效沟通的基础。在与跌倒后的老年人沟通时,要通过真诚的态度、专业的知识和技能来建立与他们的信任关系。可以通过关心他们的生活和健康状况、积极回应他们的需求、尊重他们的选择等方式来增强他们对工作人员的信任。当老年人产生信任感时,他们更愿意与工作人员沟通合作,从而更好地应对跌倒带来的问题。

(7) 与家属和医护人员协同工作

在老年人跌倒后的照护过程中,需要与家属和医护人员协同工作。要及时将老年人的情况告知家属和医护人员,听取他们的意见和建议。同时,也要尊重他们的选择和决定,与他们共同制定合适的照护计划。通过与家属和医护人员的协同工作,可以为老年人提供更全面、更专业的照护服务。

知识点二:老年人意外昏迷情况下的沟通

1. 老年人昏迷的定义

老年人昏迷的应急处置

老年人昏迷是指由于脑部功能发生严重障碍,老年人对周围环境和自我认知能力的完全丧失,处于对外界刺激无反应的状态。这种病理状态不仅涉及意识的改变,还包括对感觉、知觉、思维、情感等心理活动的全面抑制。

在昏迷的状态下,老年人的意识严重不清晰,无法与外界进行任何形式的交流,包括言语、肢体动作和眼神交流等。即使是对疼痛刺激等强烈刺激,昏迷的老年人也可能没有反应。

2. 老年人昏迷的影响因素

老年人昏迷的影响因素众多,包括脑部疾病、心脑血管疾病、代谢性疾病、药物中毒等。

(1) 脑部疾病　老年人昏迷的常见原因之一是脑部疾病,如脑炎、脑膜炎、脑脓肿、脑肿瘤等。这些疾病可能导致脑部功能受损,进而引发昏迷。

(2) 心脑血管疾病　心脑血管疾病也是老年人昏迷的常见原因,如高血压、动脉硬化、冠心病、脑血栓等。这些疾病可能导致脑部供血不足或出血,引发昏迷。

(3) 代谢性疾病　代谢性疾病,如糖尿病、低血糖、电解质紊乱等也可能导致老年人昏迷。例如:糖尿病老年人由于饮食不当,或药物使用不当可能引发低血糖昏迷;电解质紊乱,如低钠血症、低钾血症等也可能影响脑部功能,导致昏迷。

(4) 药物中毒　老年人由于身体机能下降,对药物的代谢和排泄能力减弱,容易发生药物中毒。某些药物,如镇静剂、安眠药等过量使用可能导致老年人昏迷。

(5) 其他因素　除了上述因素外,老年人昏迷还可能由其他因素引起,如中暑、溺水、窒息等。这些因素可能导致脑部缺氧或受损,进而引发昏迷。

3. 老年人昏迷后与家属的沟通技巧

在养老机构中,老年人昏迷是一种紧急情况,需要工作人员迅速、有效地与家属进行沟通。良好的沟通不仅能够为老年人提供及时、有效的医疗救助,还能减轻家属的焦虑与担忧,增强他们对养老机构的信任感。

(1) 及时通知与确认

一旦发现老年人昏迷,工作人员应立即启动紧急响应程序,并在第一时间通知家属。在通知过程中,要确保家属已经接收到信息,并确认他们能够及时赶到现场或了解具体情况。这一步骤至关重要,因为它能够减少家属的等待时间和焦虑感,为后续沟通奠定良好的基础。

(2) 详细说明情况

在向家属说明情况时,工作人员需要采用清晰、简洁的语言,避免使用过多的医学术语。要详细说明老年人的昏迷状况、可能的原因、已经采取的紧急措施,以及下一步的治疗计划。这些信息对于家属来说至关重要,能够帮助他们更好地了解老年人的病情,并为后续决策提供依据。在说明情况时,工作人员还需要注意三点:语气要温和、亲切,让家属感受到关怀和支持;要耐心聆听家属的询问和担忧,并尽量给予解答和安慰;要避免过度承诺或夸大事实,以免给家属带来不必要的误解和担忧。

(3) 表达关心与同情

在沟通中,工作人员应表达对老年人的关心和对家属的同情。这有助于缓解家属的紧张情绪,增强他们与机构的信任关系。工作人员可以通过以下方式表达关心与同情:使用安慰性的语言,如"请您放心,我们会尽全力救治您的亲人";询问家属是否需要帮助或支持,如提供心理支持、协助办理手续等;告诉家属随时与机构保持联系,以便了解老年人的病情和治疗进展。

(4) 保持耐心与聆听

家属在接到通知后可能会非常担忧和焦虑,他们可能会提出很多问题或表达不满。工作人员应保持耐心,认真聆听家属的诉求和意见,并尽量给予解答和安慰。在聆听过程中,要注意两点:不要打断家属的发言,尊重他们的情感和表达;要聆听家属的言语背后的含义和情绪,理解他们的需求和担忧。

(5) 提供支持和建议

在沟通中,工作人员可以提供一些实用的照护建议和支持,帮助家属更好地应对这一突发情况。例如,可以告诉家属如何协助医生进行照护、如何为老年人提供心理支持等。这些建议和支持能够减轻家属的负担和压力,让他们更加有信心地面对困难。

此外,工作人员还可以向家属介绍养老机构的资源和优势,如专业的医疗团队、先进的医疗设备、丰富的康复活动等。这些信息能够增强家属对机构的信任感,让他们更加放心地将老年人交给机构照顾。

(6) 保持信息透明

在沟通中,工作人员应定期向家属更新老年人的病情和治疗进展。这有助于减少误解和猜疑,增强家属对机构的信任感。在更新信息时,要注意:要确保信息的准确性和可靠性;要及时、主动地更新信息,避免家属产生不必要的担忧和焦虑;要注意信息的敏感性和隐私性,避免泄露老年人的个人隐私信息。

(7) 建立信任与合作关系

通过良好的沟通和交流,工作人员应努力与家属建立信任和合作关系。这有助于双方更好地协作,共同为老年人的康复和健康努力。在建立信任与合作关系时,要注意:要尊重家属的意愿和决定;要积极回应家属的诉求和意见;要提供优质的服务和关怀;要加强双方的沟通和交流,建立良好的互动关系。

(8) 后续跟进与关怀

在老年人昏迷后的一段时间内,工作人员应继续与家属保持联系,提供必要的支持和关怀。这包括了解老年人的康复情况、解答家属的疑问和担忧、提供相关的医疗和照护建议等。通过后续跟进与关怀,工作人员能够进一步巩固与家属的信任关系,为老年人提供更加全面、细致的照顾和关心。

总之,老年人昏迷后养老机构工作人员与家属的沟通是一项重要而复杂的工作。通过采用上述沟通技巧和方法,工作人员能够更好地与家属进行沟通,为老年人提供及时、有效的医疗救助和关怀。同时,这也有助于增强家属对养老机构的信任感和满意度,促进双方的和谐与合作。

4. 老年人苏醒后与家属的沟通技巧

当老年人经历昏迷并成功苏醒后,工作人员与其的沟通不仅关乎老年人对昏迷的记忆、理解,还影响着他们后续的恢复状态和心理健康。老年人昏迷苏醒后,往往伴随着一系列的心理和生理反应,如记忆模糊、情绪波动、身体虚弱等。因此,与他们的沟通需要更加细致、耐心和具有技巧性。良好的沟通有助于老年人更好地适应现状,减少焦虑和恐惧,促进康复。

(1) 了解苏醒后的心理状态

在与老年人沟通前,工作人员需要了解他们苏醒后的心理状态。这包括他们是否对昏迷期间的事情有所记忆,是否感到困惑、焦虑或不安。通过观察和询问,工作人员可以初步判断老年人的心理状态,为后续沟通做好准备。

(2) 选择适当的沟通时间和环境

时间选择:尽量选择老年人精神状态较好、情绪较稳定的时候进行沟通。避免在老年人疲劳、困倦或情绪波动较大时进行沟通,以免影响沟通效果。

环境营造:为老年人创造一个安静、舒适、温馨的沟通环境。保持室内光线柔和、温度适宜、空气流通,减少外界噪声干扰。同时,可以根据老年人的喜好布置一些装饰品或摆放一些照片,让他们感受到家的温暖和亲切。

(3) 采用温和、亲切的沟通方式

语气和态度:工作人员在与老年人沟通时,应采用温和、亲切的语气和态度。避免使用冷漠、生硬或命令式的语言,以免让老年人感到不适或反感。

聆听和反馈:在沟通过程中,工作人员需要认真聆听老年人的讲述和诉求,给予积极的反馈和回应。可以通过点头、微笑、使用鼓励性的语言等方式,表达理解和支持,让老年人感受到被关注和重视。

尊重和理解:尊重老年人的个性和意愿,理解他们的感受和想法。在沟通中避免使用歧视性、贬低性或攻击性的语言,以免伤害老年人的自尊心和自信心。

(4) 逐步引导老年人回忆和认识现状

回忆引导:在老年人状态允许的情况下,可以逐步引导他们回忆昏迷前的事情,帮助他们恢复记忆。同时,也要耐心解答他们的疑问和困惑,让他们了解昏迷期间发生的事情。

现状认识:向老年人介绍他们昏迷后的身体状况、治疗过程,以及养老机构的设施和服务等。让他们了解自己的现状和需求,以便更好地适应和配合后续的康复和治疗。

(5) 提供情绪支持和心理慰藉

情绪安抚:在老年人情绪波动较大时,工作人员应及时给予情绪安抚和支持。可以通过陪伴、聆听、安慰等方式缓解他们的焦虑和不安,帮助他们稳定情绪。

心理慰藉:针对老年人可能出现的心理问题,如恐惧、焦虑、抑郁等,工作人员应提供相应的心理慰藉和支持。可以通过心理疏导、心理咨询等方式帮助他们建立积极的心态和信心,促进康复。

(6) 鼓励老年人参与康复活动

康复介绍:向老年人介绍养老机构的康复活动和设施,如康复训练、理疗、按摩等,让他们了解这些活动对康复的积极作用和重要性。

参与鼓励:鼓励老年人积极参与康复活动,根据他们的身体状况和兴趣爱好推荐合适的活动项目。同时,也要关注他们在活动中的表现和感受,及时给予指导和帮助。

(7) 建立长期沟通机制

定期沟通:与老年人建立长期沟通机制,定期了解他们的身体状况、心理需求,以及对养老机构的意见和建议等。这有助于及时发现问题并采取相应的措施加以解决。

跟进关怀:在老年人康复期间和出院后的一段时间内,继续跟进关怀和沟通。了解他们的康复进展和生活状况,提供必要的支持和帮助。同时,也可以邀请他们参加养老机构组织的活动和聚会等,增强他们的归属感和幸福感。

与老年人昏迷苏醒后的沟通是一项重要而复杂的工作。通过采用上述技巧和方法,工作人员可以更好地与老年人进行沟通,为他们提供必要的支持和帮助。同时,也需要不断总结经验教训和改进工作方法，提高与老年人沟通的效果和质量。此外，养老机构还应加强对工作人员的培训和教育，提高他们的专业素养和服务水平，为老年人提供更加优质、贴心的服务。

知识点三：老年人噎食情况下的沟通

1. 老年人噎食的定义

老年人噎食是指老年人进食时，食物误入气管或卡在食管第一狭窄处压迫呼吸道，引起严重呼吸困难，甚至窒息。

2. 老年人噎食的影响因素

（1）生理因素

咀嚼不充分：牙齿磨损、脱落，咀嚼功能减退。

吞咽功能障碍：神经系统功能减退，吞咽协调能力下降。

食管狭窄：长期食管疾病、食管癌等病变。

口腔肌肉松弛：年龄增长导致口腔肌肉松弛。

（2）心理因素

情绪紧张：心理承受能力较差，进食时情绪紧张。

注意力分散：进食时容易分心，食物没有充分咀嚼。

（3）饮食因素

食物质地：过硬、过大或不易咀嚼的食物。

饮食习惯：吃得过快，喜欢吃过硬的食物等不健康的饮食习惯。饮酒过量导致咽喉部肌肉松弛，增加噎食风险。

（4）疾病因素

神经系统疾病：如帕金森病、脑卒中等。

药物影响：部分药物可能影响吞咽功能。

3. 老年人轻微噎食与噎食窒息的区别

轻微噎食和噎食窒息之间存在明显的区别，具体表现在以下三个方面：

第一，症状表现上。轻微噎食时，老年人通常可以说话或发出声音，可以大声咳嗽。这表明他们的呼吸道并未完全阻塞，空气仍然可以进入肺部。噎食窒息时，老年人无法呼吸、说话或发出声音，也不能咳嗽出声。他们可能表现出窒息征象，如用手抓住脖子等。

第二，危险性上。轻微噎食时，虽然老年人感到不适，但通常不会危及生命，且更容易处理。噎食窒息是一种紧急状况，可能导致老年人迅速失去意识，甚至死亡。因此，需要立即采取措施进行急救。

第三，处理方式上。轻微噎食时，对于清醒的老年人，可以鼓励他们咳嗽，尝试将食物咳出。如果担心老年人的呼吸，可以在站在旁边让老年人继续咳嗽的同时，拨打急救电话。噎食窒息时，对于意识不清的老年人，应立即拨打急救电话，并采取海姆立克急救法进行急救。这种急救方法通过快速冲击老年人的腹部，将肺部空气挤压出来，从而有助于移动或清除气道异物阻塞。

无论是轻微噎食还是噎食窒息，都需要及时采取措施进行处理。特别是对于噎食窒息的老年人，应立即进行急救，并尽快送往医院接受进一步治疗。此外，对于容易发生噎食的老年人，特别是患有食道疾病的老年人，应特别注意饮食安全，避免发生噎食窒息的风险。

4. 老年人轻微噎食的沟通技巧

在养老机构中，老年人的饮食安全是极为重要的。然而，由于年龄增长和身体状况的变化，老年人有时会发生轻微噎食的情况。当这种情况发生时，养老机构工作人员不仅需要迅速处理，还需要运用恰当的沟通技巧，以缓解老年人的紧张情绪，增强他们的安全感。养老机构工作人员在老年人发生轻微噎食后的沟通应遵循如下原则。

（1）冷静判断与安抚情绪

冷静判断：在发现老年人出现噎食症状时，工作人员首先要迅速判断其噎食的严重程度，并进行相应处理。过程中工作人员要保持冷静，避免恐慌，以免给老年人带来不必要的心理压力。

安抚情绪：工作人员要用温和的语气和态度安抚老年人的情绪，告诉他们已经得到了及时的关注和处理，让他们感受到安全和被重视。可以轻轻拍打老年人的背部，让他们感到舒适和放松。

（2）有效沟通与解释

清晰表达：工作人员要用简单易懂的语言向老年人解释老年人噎食的原因、处理方法和可能的后果。避免使用过于复杂或专业的术语，以免老年人产生误解或不安。

耐心聆听：在沟通过程中，工作人员要耐心聆听老年人的感受和疑虑，给予他们充分的关注和支持。通过聆听，工作人员可以更好地了解老年人的需求和心理状态，从而提供更加有效的帮助。

（3）情感支持与鼓励

鼓励积极面对：工作人员要鼓励老年人积极面对老年人噎食的问题，告诉他们这是一种常见的情况，只要采取及时、正确的措施就可以很快化险为夷。同时，也要鼓励老年人保持积极的心态，相信自己能够克服困难。

（4）提供必要的信息与指导

饮食指导：工作人员要向老年人提供关于饮食的指导和建议，帮助他们调整饮食结构，避免再次发生噎食的情况。可以建议老年人选择易于咀嚼和吞咽的食物，避免过快进食等。

安全提示：工作人员要向老年人强调饮食安全的重要性，提醒他们在进食时保持注意力集中，避免分心或匆忙进食。同时，也要提醒老年人注意口腔卫生和定期体检等。

老年人轻微噎食沟通示例如下：

在阳光养老院，张奶奶是一位85岁的高龄老年人，她平时喜欢与院友们一起聊天、打牌，性格开朗，但近年来因年龄增长，咀嚼和吞咽功能有所退化。一天中午，张奶奶在用餐时，由于匆忙吞咽，不慎发生噎食。她突然脸色苍白，用手捂住嘴巴，发出轻微的咳嗽声。坐在旁边的李阿姨察觉到了异常，立即起身查看。

[迅速判断]李阿姨作为养老院的志愿者，平时接受过基础的急救培训。她迅速观察了张奶奶的症状，发现她虽然有些紧张，但呼吸尚算平稳，没有明显的呼吸困难或窒息迹象。根据这些观察，李阿姨初步判断张奶奶的噎食情况属于轻微噎食，没有生命危险。

[安抚情绪]李阿姨保持冷静，用温和的语气对张奶奶说："张奶奶，您别着急，慢慢呼吸。我知道您可能有点难受，但没关系，我在这里陪着您，您很快会好的。"同时，她轻轻拍打张奶奶的背部，帮助她放松肌肉，缓解紧张情绪。在张奶奶的情绪逐渐稳定后，李阿姨迅速叫来了养老院的医护人员。医护人员到场后，对张奶奶进行了进一步的检查和评估，确认她的噎食情况已经得到缓解。

[后续处理]经过医护人员的处理，张奶奶很快恢复了正常。为了防止类似情况再次发生，医护人员向张奶奶和她的家人普及了关于老年人饮食安全的知识，并建议她们在以后的饮食中注意细嚼慢咽、避免匆忙吞咽。同时，养老院也加强了对老年人的饮食监管和护理人员的培训，确保类似情况能够得到及时有效的处理。

4. 老年人噎食窒息的沟通技巧

（1）老年人噎食窒息的初步处理与安抚

老年人噎食窒息的应对——海姆立克急救法

快速响应：在发现老年人噎食窒息后，工作人员应立即启动紧急处理流程，如使用海姆立克急救法等方法进行急救，同时呼叫医护人员和行政值班人员。

安抚情绪：在紧急处理的同时，工作人员要用温和的语气和态度安抚老年人的情绪。告诉他们正在接受救治，并强调他们的生命安全是最重要的。避免使用过于紧张或激动的语言，以免增加老年人的恐慌感。

（2）与老年人的沟通技巧

尊重与理解：在与老年人沟通时，工作人员要尊重他们的感受和体验。理解他们在噎食窒息后的恐惧和焦虑，用真诚的口头语言和非口头语言进行抚慰。

清晰表达：使用简单明了的语言向老年人解释噎食窒息的原因、处理方法和可能的后果。避免使用过于复杂或专业的术语，以免老年人产生误解或不安。

鼓励与支持：鼓励老年人积极面对噎食窒息的问题，告诉他们只要采取正确的措施就可以很快恢复。

（3）与家属的沟通技巧

及时通知：在老年人噎食窒息后，工作人员应立即通知家属，并告知他们老年人的情况和正在进行的救治措施。保持与家属的密切联系，及时通报救治进展和老年人的情况。

坦诚沟通：在与家属沟通时，工作人员要坦诚地告诉他们老年人的救治情况。不要隐瞒或夸大事实，以免增加家属的恐慌和焦虑感。

理解家属情绪：家属在得知老年人噎食窒息后，可能会感到极度担忧和恐慌。工作人员要理解家属的情绪，用同理心和关心的态度与他们进行沟通，并提供必要的心理支持和帮助。

提供建议与指导：根据老年人的救治情况，工作人员可以向家属提供一些建议和指导，如协助老年人完成日常生活起居、注意饮食安全等。同时，也要鼓励家属积极参与老年人的照护和康复工作。

（4）后续处理与跟进

跟进救治情况：在老年人噎食窒息后，工作人员要密切关注他们的救治情况，并与医护人员保持密切联系。及时了解老年人的病情变化和救治进展，以便为家属提供准确的信息和支持。

分析总结原因：对于老年人噎食窒息的原因进行深入分析，找出问题所在并提出改进措施。例如，加强老年人的饮食监管、提高照护人员的急救技能等。

提供心理支持：在老年人噎食窒息后，他们可能会产生一定的心理阴影和恐惧感。工作人员要为他们提供必要的心理支持和帮助，如陪伴他们聊天、鼓励他们参加一些轻松愉快的活动等。

加强与家属的沟通：在后续处理过程中，工作人员要加强与家属的沟通，及时通报老年人的情况和救治进展。同时，也要了解家属的反馈和意见，以便为今后的工作提供参考和改进方向。

一、理论测试

请扫描二维码，完成知识测试。

二、案例分析

张大爷，75岁，患有高血压和糖尿病。一天，张大爷在小区花园散步时突然感到头晕，随后摔倒在地。周围的居民发现后，赶紧通知了社区老年服务中心工作人员小李。小李赶到现场后，看到张大爷躺在地上，意识有些模糊。

思考：小李在这种情况下应该如何运用沟通技巧与张大爷进行交流。

三、能力训练

1. 假设一位老年人在养老机构内突然昏迷，作为工作人员，你需要立即与家属进行沟通。请设计一段对话，展示你是如何与家属进行有效沟通的，并提供必要的信息和支持。

2. 在养老院的餐厅里，老年人正在吃午餐。突然，张大爷在吃一块肉的时候被噎住了，他开始咳嗽，脸色发红。你是养老院的工作人员,正好在餐厅巡视。

要求:进行情境模拟,展示你与张大爷的沟通及处理过程。

任务 2　正确应对纠纷与投诉

情境案例

孙奶奶,今年 85 岁,因年龄增长和身体原因,家人决定将她送至某知名养老机构进行照顾。在入住前,孙奶奶的家属与养老机构签订了详细的老年服务合同,明确了服务内容、费用、照护等级以及双方的权利和义务。

入住养老机构不久后,孙奶奶的精神状态逐渐变差,出现了明显的焦虑和抑郁症状。家属多次向养老机构反映孙奶奶的情况,并要求机构提供更为专业的心理关怀服务。然而,养老机构表示他们的服务范围并不包括专业的心理治疗,且孙奶奶的情况并未达到需要特殊护理的程度。随着孙奶奶的精神状态持续恶化,家属决定自行带孙奶奶去看心理医生,并得到了专业治疗建议。家属认为,如果养老机构能够及时发现并提供相应的心理关怀服务,孙奶奶的情况可能不会如此严重。因此,家属向养老机构提出了索赔要求,要求机构承担孙奶奶的心理治疗费用和精神损失赔偿。

思考:面对与孙奶奶及家属的纠纷,养老机构的工作人员在沟通的过程中应注意哪些事项?

学习目标

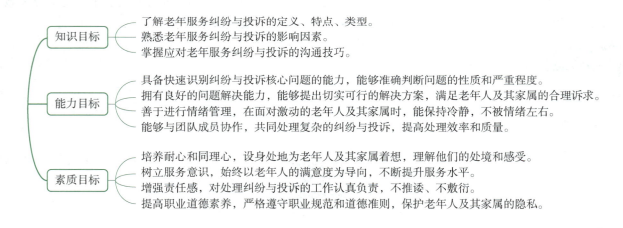

知识储备

知识点一:老年服务纠纷

1. 老年服务纠纷的定义

老年服务纠纷是指老年人或其家属与所入住的养老机构(包括依法设立的养老院、护养院、敬老院以及社区老年服务中心等)之间因老年服务合同履行问题或其他相关事宜而引发的争议。

2. 老年服务纠纷的特点

（1）情感因素突出　老年人往往更加敏感，对服务中的态度、关怀等情感因素较为在意。如果老年服务从业人员在沟通中语气不佳、缺乏耐心，容易引发纠纷。家属也会因为对老年人的关爱，在觉得老年人未得到妥善照顾时，容易产生强烈的情绪反应，从而引发纠纷。

（2）健康问题关联度高　老年人身体状况相对脆弱，很多纠纷往往与健康问题密切相关。比如，因照护不当导致老年人身体出现不适或病情加重，或者在医疗服务不及时、不专业的情况下引发纠纷。而且老年人可能对自身健康变化较为紧张，容易将一些正常的身体反应误认为是服务不到位所致。

（3）沟通难度较大　部分老年人可能存在听力、视力下降，认知能力减退等情况，在沟通交流时容易产生误解。例如，对服务内容的理解出现偏差，或者对工作人员的解释听不清、记不住，进而引发矛盾。一些老年人习惯用过去的经验和观念来评判现在的服务，与现在的服务理念存在差异，也增加了沟通的难度。

（4）影响范围较广　一旦发生纠纷，老年人可能会向家人、朋友，甚至其他老年人诉说，容易在老年人群体中产生不良影响，降低老年服务机构的口碑。家属也可能通过各种渠道表达不满，如向相关部门投诉、在社交媒体上发声等，扩大纠纷的影响范围。

（5）处理周期较长　老年人及其家属在面对纠纷时，可能会比较谨慎和固执，不容易快速达成解决方案。他们可能需要更多时间去思考、协商，甚至可能反复纠结于一些细节问题，导致纠纷处理周期延长。

（6）法律意识相对淡薄　部分老年人对自身权益的认识不够清晰，在发生纠纷时不一定能准确运用法律手段维护自己的权益。但家属在介入后，可能会通过咨询律师等方式增强法律意识，从而对老年服务机构提出更高的法律要求。

（7）对安全感需求强烈　老年人特别注重生活的稳定性和安全感，一旦发生服务纠纷，他们会感到自身安全受到威胁，情绪波动较大。例如，在居住环境、饮食安全等方面出现问题时，老年人会表现出极大的不安和不满。

3. 老年服务纠纷的类型

（1）按纠纷的性质分　可分为人身类服务纠纷和财产类服务纠纷。人身类服务纠纷主要涉及因养老机构服务管理、老年人自身因素而引发的意外伤害、死亡等。例如，老年人摔伤、噎食、骨折、走失、烫伤、自杀、猝死等情况都属于此类。财产类服务纠纷涉及老年人或其家属与养老机构之间的财产损失。可能由于老年人或其家属的原因对养老机构造成财产损失，也可能由于养老机构的原因造成老年人或其家属的财产损失。

（2）按发生的频率分　可分为经常性服务纠纷和偶发性服务纠纷。经常性服务纠纷在养老机构中发生频率较高，如老年人摔跌、坠床等。偶发性服务纠纷发生频率较低，如爆炸、中毒等引起的纠纷。

（3）按发展顺序分　可分为原发性服务纠纷和继发性服务纠纷。原发性服务纠纷是最初发生的服务纠纷。继发性服务纠纷是由最初的服务纠纷诱发而来的新的服务纠纷。

（4）按可避免性程度分　可分为有可能避免的服务纠纷和难以避免的服务纠纷。前者指通过合理设计老年人无障碍生活设施、定期对老年人进行体检和健康评估、定期对老年人进行心理疏导和人文关怀等，可以在一定程度上避免的服务纠纷。对于后者，可以通过建立健全预警机制和应急预案，及时、快速地解决异常征兆，从而有效降低服务纠纷发生的概率。

（5）按法律性质分　可分为服务合同纠纷和侵权责任纠纷。服务合同纠纷主要因服务的标准、效果与合同约定不符等引发。侵权责任纠纷多为因养老机构违反安全保障义务、照护义务等导致老年人人身损害。

4. 老年服务纠纷的应对

老年人服务纠纷的应对技巧是一个复杂且需要细致处理的过程，以下是处理老年服务纠纷的技巧。

（1）理解纠纷本质　在处理老年人服务纠纷时，首先要深入了解纠纷的本质。这包括明确纠纷的双方,涉及的服务内容,纠纷的起因、经过,以及各方的诉求等。只有充分理解纠纷的本质,才能有针对性地制定应对策略。

（2）保持冷静与耐心　面对老年服务纠纷,保持冷静和耐心至关重要。老年人可能因为身体或心理原因,在表达诉求时显得较为激动或混乱。此时,需要耐心聆听他们的诉求,理解他们的情绪,并尽量用简单明了的语言与他们沟通。同时,保持冷静有助于客观分析纠纷情况,避免因情绪化而做出错误的决策。

（3）依法依规处理　在处理老年人服务纠纷时,需要遵循相关法律法规和政策规定。例如,可以依据《中华人民共和国老年人权益保障法》、民政部《养老机构管理办法》等法律法规来维护老年人的合法权益。同时,也要确保机构的服务符合相关标准和规范,避免因服务质量问题而引发纠纷。

（4）积极沟通与协商　沟通是解决纠纷的关键。在处理老年人服务纠纷时,需要与老年人及其家属进行积极沟通,了解他们的诉求和意见,并尽量解释和说明老年服务机构的立场和解决方案。通过沟通和协商,可以找到双方都能接受的解决方案,从而化解纠纷。

知识点二:老年服务纠纷的沟通技巧

1. 聆听与理解

（1）保持专注和耐心

在处理老年人服务纠纷时,聆听与理解是至关重要的第一步。当老年人及其家属带着不满和诉求找到工作人员时,首先要做的就是给予他们充分的时间和空间来表达自己的想法和感受。保持耐心和专注,身体微微前倾,眼神与他们交流,让他们知道工作人员在认真听他们说话。

老年人可能由于年龄的原因,表达起来会比较缓慢或者重复,但我们不能因此而表现出不耐烦。他们的每一句话都可能蕴含着重要的信息,比如,问题发生的具体情况、他们的期望和需求等。当他们讲述时,可以适时地给予一些回应,如点头、微笑或者简短的语言反馈,如"嗯,我在听""您继续说"等,让他们感受到工作人员的关注和尊重。

（2）用理解的态度回应

理解他们的诉求不仅仅是听到他们说的话,更要深入体会他们的情绪和感受。老年人在养老机构中,往往希望得到关爱、尊重和安全的保障。当出现纠纷时,他们可能会感到失望、焦虑甚至愤怒。要站在他们的角度去思考问题,理解他们的情绪来源。例如,如果是因为照护人员的疏忽导致老年人受伤,家属肯定会非常担心和生气。可以说:"我能理解您的担心,换作是我也会很着急。我们一定会认真对待这个问题,给您一个满意的答复。"聆听与理解,为解决纠纷奠定了良好的基础。

2. 表达共情

（1）设身处地为老年人及其家属着想,表达对其处境的同情

表达共情是化解老年服务纠纷的关键环节。设身处地为老年人及其家属着想,能够让他们感受到工作人员真正关心他们的处境。当听到他们的遭遇时,可以用一些富有同情心的话语来表达感受。

老年服务纠纷中的共情话术

比如,如果家属对老年人的饮食情况感到不满,可以说:"我能理解您对老年人饮食的关注,毕竟吃得好才能身体好。我们也希望老年人能在这里吃得开心、健康。"这样的话语能够让家属知道机构人员和他们一样关心老人的生活质量。

（2）承认问题的存在,并积极表达解决问题的意愿

不要试图掩盖问题或者推卸责任,这只会让矛盾更加激化。可以诚恳地说:"我们确实在这方面有做得不到位的地方,对此我们深感抱歉。我们会立即采取措施,改进我们的服务,确保类似的问题不再发生。"这样的表态能够让老年人及其家属看到机构的诚意和决心,为解决纠纷创造有利的氛围。

表达共情不仅能够缓解紧张的气氛,还能建立起良好的信任关系。当他们感受到机构的理解和关心时,会更愿意与机构合作,共同寻找解决问题的方法。

3. 使用恰当的语言

（1）语言简洁明了

老年人可能听力下降或者理解能力有限，复杂的句子和专业术语会让他们感到困惑。应该用通俗易懂的语言表达自己的意思，确保他们能够轻松理解。例如，不要说"我们会采取综合干预措施来改善老年人的状况"，可以说"我们会多关心老年人，帮老年人翻身喂饭的时候更细心些，让老年人舒服点"。这样的表达更加直观，容易被老年人及其家属接受。

（2）语气温和诚恳

避免使用生硬、指责的语言，以免引起对方的反感。即使是对方存在错误，也应该以委婉的方式指出，而不是直接批评。比如，不要说"这是你们的责任，你们没做好"，可以说"我们一起看看在这个事情上，可以从哪些方面做得更好呢"。

（3）词汇积极正面

尽量使用积极、正面的词汇，给人以希望和信心。例如，当讨论解决方案时，可以说"我们可以一起努力，让老年人的生活更美好"，而不是"我们只能尽量试试，不一定能行"。这样的语言能够激发老年人及其家属的积极性，共同为解决问题而努力。

（4）语速适中

此外，还要注意语速适中，不要过快或过慢。过快的语速会让老年人听不清，过慢的语速可能会让他们觉得不耐烦。恰当的语速有助于更好地与老年人及其家属沟通，促进纠纷的顺利解决。

4. 提供解决方案

在处理老年服务纠纷时，及时提供切实可行的解决方案是关键。当充分了解了问题的情况和老年人及其家属的诉求后，就应该迅速思考并提出解决方案。

（1）提出切实可行的方案

可以根据问题的性质和严重程度，提出几种不同的方案供他们选择。例如，如果是照护服务不到位的问题，可以提出增加照护人员、加强培训、制定更加严格的照护标准等方案。同时，详细地向老年人及其家属介绍每个方案的具体内容、实施步骤，以及可能带来的效果。

（2）强调解决方案的好处

在介绍方案时，要强调解决方案的好处，让他们看到机构是在为他们着想，努力解决问题。比如，如果提出增加照护人员的方案，可以说："这样可以确保老年人随时都能得到照顾，减少等待时间，让老年人更加舒适和安心。"如果是费用纠纷，可以解释清楚收费标准和费用上涨的原因，并提出一些优惠措施或者调整方案，让他们感受到诚意。

（3）听取老年人及其家属的意见和建议

在提供解决方案的过程中，要充分听取老年人及其家属的意见和建议。他们可能会有一些独特的需求或者想法，可以结合他们的意见对方案进行调整和完善。这样不仅能够提高方案的可行性和满意度，还能让他们感受到自己的参与和价值。

（4）明确解决方案的实施时间和责任人

最后，要明确解决方案的实施时间和责任人。让老年人及其家属知道会在什么时间采取什么行动，谁来负责具体的实施。这样可以增加他们对机构的信任，也有助于推动问题的尽快解决。

5. 确认与反馈

在与老年人及其家属沟通解决服务纠纷的过程中，确认与反馈是不可或缺的环节。确认与反馈不仅可以让老年人及其家属感受到机构的认真负责，还能进一步增强他们的信任。同时，也为后续的跟进工作提供了明确的方向和依据。

（1）确认老年人与家属是否满意

在沟通结束前，需要确认老年人及其家属对解决方案是否满意。可以用询问的方式，如"您觉得这个方案怎么样？还有什么其他的要求吗？"这样可以让他们有机会再次表达自己的想法和意见，确保解决方案真正符合他们的期望。如果他们对方案有一些疑虑或者建议，要认真倾听，并根据实际情况进行调整。

(2) 对沟通的内容进行总结反馈

对沟通的内容进行总结反馈也是非常重要的。可以简要地回顾一下问题的发生、双方的讨论过程，以及最终确定的解决方案。例如，"今天我们讨论了老年人在饮食方面的问题，您提出了饭菜口味不合适和送餐不及时的情况。我们一起商量了改进饭菜口味、优化送餐流程的方案。您看我理解得对吗？"这样的反馈可以确保双方对沟通的内容理解一致，避免产生误解。

6. 后续跟进与持续关注

(1) 后续跟进

后续跟进是解决老年人服务纠纷的重要保障。按照解决方案，认真落实各项措施是工作人员的首要任务。要明确责任分工，确保每一个环节都有人负责，并严格按照时间节点推进工作。例如，如果解决方案是改善居住环境，要安排专人对房间进行清洁、维修设施设备，并及时向老年人及其家属反馈进展情况。可以通过电话、短信或者当面沟通的方式，让他们知道正在积极解决问题。

(2) 持续关注

要定期持续关注老年人的感受和意见，确保问题得到彻底解决，避免纠纷再次发生。如果老年人对改进后的服务仍然不满意，要及时调整方案，继续努力，直到老年人满意为止。此外，还可以通过回访等方式，了解老年人及其家属对处理纠纷的满意度。这不仅有助于机构不断改进工作，提高服务质量，还能增强他们的信任和忠诚度。

总之，通过后续跟进和持续关注，可以将纠纷转化为提升服务水平的契机，为老年人提供更加优质的服务。

知识点三：老年服务中的投诉

1. 老年人及其家属的投诉

老年人及其家属的投诉通常是指在老年人接受服务（如老年服务、医疗服务等）过程中，由于服务质量、服务态度、设施条件、管理问题等原因，导致老年人或其家属对服务机构或服务人员产生不满，并通过一定渠道提出意见、要求改进或解决问题的行为。

2. 老年服务投诉的影响因素

(1) 服务期望与实际体验的差异　老年人或其家属在接受服务前，通常会对服务有一定的期望。如果实际体验到的服务与这些期望存在较大差异，无论是服务质量、响应速度，还是服务态度，都可能引发投诉。

(2) 个人需求和偏好的不同　每个老年人和其家属都有其独特的需求和偏好。如果服务机构未能充分了解和满足这些个性化需求，或者对老年人的生活习惯和健康状况不够敏感，就可能导致投诉。

(3) 沟通障碍与误解　在提供服务过程中，沟通是非常关键的一环。如果服务机构和老年人或其家属之间存在沟通障碍，如语言差异、理解偏差，或信息传递不准确，就可能引发误解和投诉。

(4) 服务质量和专业能力的不足　服务机构的服务质量和专业能力直接影响老年人的满意度。如果服务人员技能不足、态度不佳，或缺乏必要的培训和指导，就可能导致服务质量下降，进而引发投诉。

(5) 环境设施和安全问题的疏漏　老年人对环境设施和安全问题的关注程度通常较高。如果服务机构的环境设施不完善、存在安全隐患或未能及时维修和保养，就可能引起老年人或其家属的担忧和投诉。

(6) 经济负担与费用问题　老年人及其家属可能面临经济压力，对服务费用较为敏感。如果服务费用过高、收费项目不清晰，或存在不合理的加价行为，就可能引发投诉。

（7）情绪因素与心理压力　老年人在接受服务时，可能会受到情绪和心理压力的影响。如果服务机构未能提供足够的情感支持和心理疏导，或者处理问题时缺乏同理心和耐心，就可能加剧老年人的不满和投诉。

3. 老年服务投诉的类型

老年服务投诉可以从不同的角度进行分类，以下是一些常见的分类方式：

（1）投诉内容

按投诉内容分，可以分为服务质量投诉、经济投诉、人际关系投诉、合同投诉。

服务质量投诉涉及老年服务机构提供的服务不符合标准或期望，如照护不周、饮食质量差、居住环境不佳等。经济投诉包括收费不合理、押金或保证金问题、退费问题等。人际关系投诉，即与老年服务机构工作人员、其他老年人或其家属之间的关系处理不当引发的投诉。合同投诉，即服务合同内容不明确、合同变更或解除等引起的投诉。

（2）投诉方式

按投诉方式分，可以分为直接投诉和间接投诉。

直接投诉，即老年人或其家属直接向养老机构提出投诉。间接投诉，即通过第三方机构、媒体或社交平台等，间接向养老机构提出投诉。

（3）投诉对象

按投诉对象分，可分为对照护服务的投诉、对管理服务的投诉、对设施设备的投诉。

对照护服务的投诉，如照护人员的态度、技能、责任心等。对管理服务的投诉，如养老机构的管理制度、服务水平、安全措施等。对设施设备的投诉，如房间设施、公共区域设施、医疗设备等的状况。

（4）严重程度

按投诉的严重程度分，可分为一般投诉和严重投诉。

一般投诉涉及小问题或轻微不满，可以通过简单沟通或调整解决。严重投诉涉及重大问题或严重不满，可能需要深入调查、协商或采取法律手段解决。

（5）解决方式

按投诉的解决方式，可分为即时解决投诉、限期解决投诉、无法解决投诉。

即时解决投诉，即投诉问题简单，可以立即给出解决方案并实施的。限期解决投诉，即投诉问题需要一定时间调查、协商或整改的。无法解决投诉，即由于某些原因，投诉问题无法完全解决或满足投诉人要求的。

4. 老年服务投诉的应对

老年人及其家属投诉的处置是一项细致、需要耐心和专业性的工作。以下是对老年人及其家属投诉的处置原则。

（1）认识投诉的重要性

首先，要认识到老年人及其家属的投诉是宝贵的反馈，是他们对机构服务质量的直接评价。通过投诉，可以了解到服务中存在的问题，从而及时进行改进，提升服务质量。因此，应该以积极、开放的态度面对投诉，而不是将其视为麻烦或负担。

（2）接待投诉的技巧

第一，耐心聆听。当老年人或其家属提出投诉时，应该保持耐心，认真聆听他们的诉求和不满。不要打断他们的发言，也不要急于辩解或推卸责任。通过聆听，可以更全面地了解问题的来龙去脉，为后续的解决提供基础。

第二，给予回应。在聆听过程中，可以适当给予回应，如点头、微笑或简单的"是的""我明白"等。这可以让投诉者感受到工作人员的关注和尊重，增强沟通的效果。

第三，记录信息。在接待投诉时，应该及时记录相关信息，如投诉人的姓名、联系方式、投诉内容、时间等。这有助于后续跟进处理,并确保问题得到妥善解决。

(3) 分析投诉原因

在接到投诉后,需要对投诉内容进行分析,找出问题的根源。可能的原因包括服务人员的态度问题、服务质量不达标、设施设备不完善、管理制度不合理等。只有找到问题的根源,才能有针对性地制定解决方案。

(4) 制定解决方案

针对投诉原因,需要制定相应的解决方案。例如:如果是服务人员的态度问题,可以加强培训和教育,提高服务人员的职业素养和服务意识;如果是服务质量不达标,可以优化服务流程,提升服务质量;如果是设施设备不完善,可以加大投入,改善设施设备条件;如果是管理制度不合理,可以调整管理制度,确保制度的合理性和有效性。

(5) 实施解决方案

制定好解决方案后,需要及时实施。在实施过程中,要保持与投诉者的沟通,及时反馈进展情况,确保问题得到妥善解决。同时,也要对解决方案的实施效果进行评估,确保问题得到根本解决,避免类似问题再次发生。

(6) 后续跟进与反馈

在问题得到解决后,需要进行后续跟进和反馈。这包括向投诉者了解他们对解决方案的满意度、收集他们的意见和建议等。通过后续跟进和反馈,可以进一步了解服务中存在的问题和不足,为今后的服务改进提供参考。

知识点四:处理老年人及其家属投诉的沟通技巧

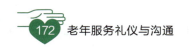

处理老年人及其家属投诉的禁忌

在处理老年人及其家属投诉时,沟通技巧的重要性不言而喻。有效的沟通不仅能够缓解紧张的气氛,还能够增强双方的信任感,从而更有效地解决问题。

1. 保持冷静与耐心

(1) 保持冷静

当面对老年人及其家属的投诉时,保持冷静是至关重要的第一步。老年人及其家属在投诉时往往情绪比较激动,可能会大声表达自己的不满和委屈。在这种情况下,工作人员如果也被他们的情绪所带动,同样激动、冲动,那么不仅无法有效地解决问题,还可能使矛盾进一步升级。所以,要在心里不断提醒自己,保持平和的心态,以理性的思维去面对投诉。比如,当一位老年人的家属情绪激动地投诉照护人员照顾不周到时,接待人员可以微笑着说:"别着急,慢慢说,我在这里认真听着呢。有什么问题我们一起解决。"这样的话语和态度能够让他们的情绪逐渐稳定下来,为后续的沟通和问题解决奠定基础。

(2) 保持耐心

耐心是处理投诉过程中不可或缺的品质。老年人可能由于年龄的原因,表达比较缓慢,或者会重复讲述问题。这时,工作人员不能表现出丝毫的不耐烦,而要给予他们充分的时间和空间,让他们把心中的不满完全倾诉出来。可以微微前倾身体,用专注的眼神看着他们,让他们感受到工作人员的认真倾听。

2. 聆听与理解

(1) 耐心聆听

当接到老年人或其家属的投诉时,首先要做的是耐心聆听他们的诉求和不满。不要急于打断或辩解,而要给予他们充分的时间来表达自己的意见。通过聆听,能够更全面地了解问题的来龙去脉,为后续的处理提供基础。在聆听过程中,要注意自己的表情和肢体语言。保持微笑和友善的眼神,让投诉者感受到机构人员的关注和尊重。同时,避免交叉手臂或瞪视等可能让投诉者感到不安或威胁的姿势。

(2) 复述与确认

为了确保准确理解投诉者的诉求，可以适时地复述或确认他们的投诉内容。例如，可以说："我明白您的意思了，您是对我们的服务不满意，觉得我们的服务态度不够好，是吗？"这样的复述不仅有助于更好地理解问题，还能让投诉者感受到机构的重视和关注。

3. 表达与回应

(1) 道歉与认可

在了解投诉内容后，首先要向投诉者表达歉意和认可。例如，可以说："非常抱歉给您带来不愉快的体验，我们确实在某些方面做得不够好。"这样的道歉和认可能够减轻投诉者的情绪负担，为后续的处理创造良好的氛围。"非常抱歉给您带来这样的困扰。我明白您的心情和担忧。您能具体说说您母亲的情况吗？我们会尽快调查并找出原因。"

(2) 给予回应

针对投诉者的诉求和不满，要给予积极的回应。这包括解释问题的原因、说明解决方案以及承诺改进等。例如，可以说："关于您提到的问题，我们已经了解到了原因，接下来我们会尽快采取措施进行改进。同时，我们会加强员工培训，提高服务质量，确保类似问题不再发生。"

(3) 情感支持

在处理投诉时，不仅要关注问题的本身，还要关注投诉者的情感需求。通过情感支持，让投诉者感受到工作人员的关心和理解。例如，可以说："我们非常理解您的心情，也感谢您能够向我们提出宝贵的意见。我们会尽快解决问题，让您满意。"

4. 积极寻求共识

(1) 提出共同目标

在沟通中，要积极提出共同的目标，即解决问题并提升服务质量。例如，可以说："我们的目标是一致的，都是让您母亲获得更好的服务。让我们一起努力找到解决问题的办法。"

(2) 尊重对方意见

在处理投诉时，要尊重投诉者的意见和建议。即使某些意见并不合理或可行，也要以礼貌和尊重的方式表达。例如，可以说："非常感谢您的建议，我们会认真考虑并尝试改进。"

(3) 寻求双赢方案

在解决投诉时，要努力寻求双赢的方案，即既能满足投诉者的需求，又能保证服务机构的利益。这需要在沟通中保持灵活和开放的态度，积极寻找双方都能接受的解决方案。例如，可以说："非常感谢您的反馈。我们已经了解到您母亲摔倒的原因，接下来我们会尽快采取措施进行改进。同时，我们会加强适老化改造，提高服务质量，确保类似问题不再发生。再次向您表示歉意，并感谢您能够向我们提出宝贵的意见。"

(4) 采用开放式问题

使用开放式问题可以引导投诉者更详细地描述问题。例如，可以说："您能具体描述一下您遇到的问题吗？"这样的提问有助于更全面地了解问题的情况和细节。

(5) 同理心表达

通过表达同理心，可以让投诉者感受到机构人员的关心和理解。例如，可以说："我能理解您现在的感受，这确实是一个让人不愉快的问题。"这样的表达有助于缓解投诉者的情绪负担，并增强双方的信任感。

(6) 积极引导

在沟通中，要积极引导投诉者关注问题的解决方案，而不是问题本身。例如，可以说："我们一起想想办法，看看如何更好地照顾您母亲吧。如果您有任何建议或需求，请随时告诉我们。"这样的引导有助于将注意力转移到积极寻找解决方案上。

5. 跟进与反馈

（1）及时跟进

在确定解决方案后，认真落实并及时跟进是处理老年人及其家属投诉的关键环节。要将解决方案分解为具体的步骤和任务，明确责任人和时间节点，确保每一个环节都能顺利推进。同时，要密切关注问题的解决过程，及时发现并解决可能出现的新问题。

（2）及时反馈

在跟进过程中，向老年人及其家属反馈处理进度是非常重要的。可以通过电话、短信，或者当面沟通的方式，让他们了解问题解决的进展情况。例如，可以说："您好，上次您反映的问题我们已经采取了措施，目前正在实施环节，预计在下个月可以完全解决。请您放心，我们会持续关注这个问题，直到问题得到妥善解决。"这样的反馈能够让他们感受到机构的负责态度，增强他们的信任。

（3）再次确认

在问题解决后，要再次与老年人及其家属联系，确认他们是否满意。可以询问他们对解决方案的效果和对服务态度的意见和建议。如果他们还有其他问题或者需求，要及时给予回应和解决。同时，要感谢他们的理解和支持，让他们知道机构非常重视他们的意见和反馈。例如，可以说："非常感谢您对我们工作的支持和理解。如果以后还有任何问题，欢迎随时联系我们。"通过跟进与反馈，不仅能够解决当前的投诉问题，还能为今后的服务改进提供宝贵的经验。

一、理论测试

请扫描二维码，完成知识测试。

二、案例分析

张大爷入住了一家养老机构。入住一段时间后，张大爷的家属前来探望，发现张大爷的房间卫生状况较差，衣服也没有及时洗。家属非常生气，找到养老机构的负责人进行投诉，认为养老机构没有尽到应有的照顾责任，要求养老机构给出解释并立即改善服务质量。

思考：

（1）请分析该案例中产生投诉的原因。

（2）如果你是养老机构的负责人，你会如何处理这个投诉？

三、能力训练

某养老机构近期收到了一位老年人家属的投诉，称老年人在机构内受到了不公正的待遇，对机构的照护服务和环境卫生存在不满。养老机构决定成立一个小组，模拟与家属的沟通现场，并探讨如何有效处理这一投诉。

任务：

（1）小组内部分工，模拟养老机构的工作人员和家属角色。

（2）进行模拟沟通，围绕纠纷的具体内容进行对话。

（3）沟通结束后，小组内交流各自的感受，总结处理纠纷和投诉的沟通技巧。

主要参考文献

References

[1] 陈刚,王维利. 人际关系与沟通[M]. 合肥:安徽大学出版社,2011.
[2] 杜慕群,朱仁宏. 管理沟通[M]. 3版. 北京:清华大学出版社,2018.
[3] 康青,蔡惠伟. 管理沟通教程[M]. 4版. 上海:立信会计出版社,2018.
[4] 雷雨,陶娟. 老年服务礼仪与沟通技巧[M]. 北京:北京理工大学出版社,2021.
[5] 林婉玉. 老年人活动策划组织[M]. 北京:人民卫生出版社,2022.
[6] 刘淑霞,王晓莉,李馨. 护理礼仪与人际沟通[M]. 2版. 北京:中国医药科技出版社,2022.
[7] 刘文清,潘美意. 老年服务沟通技巧[M]. 2版. 北京:机械工业出版社,2023.
[8] 龙璇. 人际关系与沟通技巧[M]. 2版. 北京:人民邮电出版社,2020.
[9] 孟令君,贾丽彬. 老年服务伦理与礼仪[M]. 北京:北京大学出版社,2015.
[10] 民政职业大学. 养老护理员国家职业技能培训评价教材[M]. 大连:大连理工出版社,2024.
[11] 秦东华. 护理礼仪与人际沟通[M]. 2版. 北京:人民卫生出版社,2019.
[12] 苏勇,罗殿军. 管理沟通[M]. 2版. 上海:复旦大学出版社,2021.
[13] 孙青,韩彦国,梁文欣. 老年人服务礼仪与沟通[M]. 长春:东北师范大学出版社,2024.
[14] 王会勇. 沟通技巧[M]. 长春:吉林大学出版社,2016.
[15] 王建民. 管理沟通实务[M]. 6版. 北京:中国人民大学出版社,2023.
[16] 王晓斐,赵岩. 养老服务礼仪与实务[M]. 北京:中国人民大学出版社,2020.
[17] 谢红霞. 沟通技巧[M]. 3版. 北京:中国人民大学出版社,2018.
[18] 徐晨,于立博. 老年人沟通技巧[M]. 北京:人民卫生出版社,2021.
[19] 徐晓霞,许红霞. 护士礼仪教程[M]. 北京:人民卫生出版社,2006.
[20] 杨竹. 护理礼仪与人际沟通[M]. 南京:江苏凤凰教育出版社,2016.
[21] 查富芹,李慧. 老年服务礼仪与沟通技巧[M]. 南京:东南大学出版社,2024.
[22] 赵慧军. 管理沟通:理论.技能.实务[M]. 4版. 北京:首都经济贸易大学出版社,2018.
[23] 周朝霞. 国际商务礼仪实训教程[M]. 南京:南京大学出版社,2017.
[24] 周淑英,化长河. 老年服务伦理与礼仪[M]. 北京:北京师范大学出版社,2023.
[25] 朱庆欣. 老年服务礼仪与沟通技巧[M]. 北京:清华大学出版社,2024.

图书在版编目(CIP)数据

老年服务礼仪与沟通/陶娟,张玲,周美晨主编.
上海:复旦大学出版社,2024.12. -- ISBN 978-7-309-17757-2
Ⅰ.D669.6;C912.11
中国国家版本馆 CIP 数据核字第 202407KU46 号

老年服务礼仪与沟通
陶　娟　张　玲　周美晨　主编
责任编辑/张彦珺

复旦大学出版社有限公司出版发行
上海市国权路 579 号　邮编:200433
网址:fupnet@fudanpress.com　http://www.fudanpress.com
门市零售:86-21-65102580　　团体订购:86-21-65104505
出版部电话:86-21-65642845
上海丽佳制版印刷有限公司

开本 890 毫米×1240 毫米　1/32　印张 11.5　字数 340 千字
2024 年 12 月第 1 版第 1 次印刷

ISBN 978-7-309-17757-2/C・459
定价:50.00 元

如有印装质量问题,请向复旦大学出版社有限公司出版部调换。
版权所有　　侵权必究